Contratos de Longo Prazo
e Dever de Cooperação

Contratos de Longo Prazo e Dever de Cooperação

2016

Giuliana Bonanno Schunck

CONTRATOS DE LONGO PRAZO E DEVER DE COOPERAÇÃO
© Almedina, 2016

Autor: Giuliana Bonanno Schunck
Diagramação: Almedina
Design de Capa: FBA.

ISBN: 978-858-49-3164-4

Dados Internacionais de Catalogação na Publicação (CIP)
(Câmara Brasileira do Livro, SP, Brasil)

Schunck, Giuliana Bonanno
Contratos de longo prazo e dever de cooperação /
Giuliana Bonanno Schunck. – São Paulo : Almedina,
2016.
Bibliografia.

ISBN 978-85-8493-164-4

1. Contratos - Brasil 2. Contratos (Direito
civil) - Brasil I. Título.

16-07759   CDU-347.44(81)

Índices para catálogo sistemático:

1. Brasil : Contratos : Direito civil 347.44(81)

Este livro segue as regras do novo Acordo Ortográfico da Língua Portuguesa (1990).

Todos os direitos reservados. Nenhuma parte deste livro, protegido por copyright, pode ser reproduzida, armazenada ou transmitida de alguma forma ou por algum meio, seja eletrônico ou mecânico, inclusive fotocópia, gravação ou qualquer sistema de armazenagem de informações, sem a permissão expressa e por escrito da editora.

Outubro, 2016

Editora: Almedina Brasil
Rua José Maria Lisboa, 860, Conj.131 e 132, Jardim Paulista | 01423-001 São Paulo | Brasil
editora@almedina.com.br
www.almedina.com.br

Dedico esse livro ao maior amor da vida, Guilherme.

AGRADECIMENTOS

O doutorado exige muito esforço, abdicação e reclusão. E, principalmente na reclusão, percebemos o quanto as pessoas que nos cercam, que acabamos deixando um pouco distantes, são importantes em nossa vida. São muitas as pessoas que contribuíram direta ou indiretamente para o caminho do doutorado e para a elaboração deste trabalho, que agora com muita alegria se torna uma obra comercial e, apesar de tentar agradecer, de forma especial, a cada uma, tenho ainda a sensação de que deixarei de me lembrar de pessoas importantes. Por isso, desde já agradeço à família e aos amigos queridos que sabem o quanto foram importantes em todos os momentos, principalmente naqueles de descontração, fundamentais para que a jornada continuasse.

Agradeço muito ao Eduardo, pelo amor, carinho e orgulho que sempre teve de minhas conquistas. Mais ainda, agradeço sua paciência; sei que ele foi extremamente paciente, privando-se de muita coisa e demonstrando assim seu amor. Espero poder retribuir sempre.

Agradeço também, de forma especial, a meus pais, por toda a base que me deram e por me fazer ser quem eu sou. A minha mãe agradeço, ainda, pelo exemplo de dedicação e amor à vida e pela alegria, acima de tudo, mesmo com todas as dificuldades e correrias do passado. A meu querido irmão Márcio, novamente agradeço por tornar a vida tão mais alegre (barulhenta e agitada muitas vezes), por todo o carinho e apoio incondicional. Agradeço à minha tia Heloisa, pelo carinho durante toda a vida. Agradeço, com muitas saudades, a meus queridos avós Concetta e Rosario, que foram tão importantes na minha formação como pessoa.

Tenho muitíssimo a agradecer à querida Professora Teresa Ancona Lopez, que me deu um voto de confiança no mestrado, acolhendo-me no meio do caminho, e, com isso, proporcionou-me partilhar de seu maravilhoso convívio e amizade. O caminho do doutorado certamente tornou-se muito mais agradável e menos cansativo pela oportunidade de desfrutar de momentos tão prazerosos ao lado de professora de tanto saber, que cativa seus alunos pela gentil e solícita orientação e por dividir lições de vida e experiência. Além disso, a Professora Teresa tem o dom de escolher muito bem seus orientandos (plagiando aqui meu amigo Gilberto Bergstein a quem também agradeço por todo o apoio de sempre), selecionando não apenas estudantes brilhantes, mas também pessoas fantásticas (não me incluindo nesse rol). Com isso, tiver o prazer de compartilhar momentos agradabilíssimos ao lado de seus demais orientandos (agora já orientados), e agradeço a todos, sem exceção, pela ajuda e convívio.

Agradeço ao Professor Fabio Maria De-Mattia (in memoriam), extremamente inteligente, prestativo e gentil, que, por me aceitar como sua orientanda de mestrado, propiciou-me o início dos estudos de pós-graduação stricto sensu na Faculdade de Direito da USP.

Aos Professores do curso de graduação da PUC-SP, agradeço por terem despertado em mim o gosto pelos estudos do Direito, principalmente do Direito Civil. Aos Professores do curso de pós-graduação da Faculdade de Direito da USP, agradeço pelas valiosas lições de suas aulas e por me proporcionarem aprofundar os estudos do Direito.

Agradeço à Professora Patrícia Faga Iglecias Lemos pela convivência na Faculdade, pelas interessantes discussões em aulas e trocas de ideias e, ainda, por sua participação na banca de qualificação, pontuando aspectos que muito contribuíram para esta tese, que espero terem sido bem assimilados. Agradeço também ao Professor Cristiano de Sousa Zanetti pelas importantes considerações na banca de qualificação, as quais igualmente espero possam estar aqui refletidas de forma adequada.

Agradeço aos professores que compuseram a banca final, Fernando Campos Scaff, Otavio Luiz Rodrigues Junior, Wanderley Fernandes e Giovanni Ettore Nanni pelas discussões, sugestões e críticas. Ao Professor Wanderley Fernandes agradeço ainda todas as discussões durante a época das aulas da Profa. Teresa e sua sempre cordial atenção, inclusive após a banca, com o envio de seus valiosos comentários e sugestões. Ao Professor Giovanni Ettore Nanni também agradeço em especial, pelas trocas de ideias durante a redação deste trabalho, pela sugestão de bibliografia importante e por toda a gentil ajuda com a publicação deste trabalho.

Ao Vicente Gomes de Oliveira Filho agradeço pela valiosa ajuda, sempre amiga e gentil, com parte da pesquisa.

Agradeço às amigas da vida toda, Ana Paula Galvão Farias e Heloisa Righetto pela amizade incondicional e carinho sempre.

Agradeço, ainda, aos advogados que partilham (e partilharam à época deste trabalho) o dia a dia do escritório, pela genuína e especial torcida, pela ajuda carinhosa e por terem sempre me socorrido quando tive que me ausentar para estar na Faculdade ou elaborar a tese. Agradeço à Joelma Ovidia da Silva pelo sempre generoso auxílio nas tarefas cotidianas, permitindo-me economizar um pouco de tempo para usá-lo nos estudos.

Por fim, mas talvez o mais importante, agradeço ao meu filho Guilherme (que começou sua vida ainda na barriga um pouquinho antes da banca final), amor maior do mundo, e que hoje em dia não me deixa mais ter a mesma dedicação com os estudos do Direito, mas, claro que, por motivos muito mais deliciosos.

APRESENTAÇÃO

Senti-me honrado com o convite formulado pela Doutora Giuliana Bonanno Schunck para escrever a apresentação de seu livro *Contratos de longo prazo e dever de cooperação*, que será publicado pela Editora Almedina Brasil.

A obra consiste na versão editorial de sua tese de doutoramento aprovada perante a Faculdade de Direito da Universidade de São Paulo, cuja banca examinadora tive o privilégio de compor, convidado pela sua orientadora, Professora Titular Teresa Ancona Lopez.

É uma rica contribuição às letras jurídicas pátrias, discorrendo sobre tema, no contexto da abordagem, até então não versado, revelando daí seu ineditismo.

O trabalho de Giuliana Bonanno Schunck representa um excelente exemplo da elogiável postura da Editora Almedina Brasil. Explica-se. É sabida a dificuldade atual para publicação de textos acadêmicos, dissertações de mestrado e teses de doutoramento, visto que o mercado, segundo se comenta, não se apresenta atrativo para o editor.

Contudo, em conversa com a Diretora da Editora Almedina Brasil, Senhora Carolina Santiago, na qualidade de Presidente do Instituto de Direito Privado – IDiP, consultei sobre a viabilidade de publicação de valiosos escritos acadêmicos de seus associados.

Ainda que o mercado editorial jurídico apresente tais circunstâncias, a Senhora Carolina Santiago foi assertiva na posição de que a divulgação de conhecimento se enquadra no plano de negócios da Editora Almedina Brasil. Postura que foi concretizada, merecendo, por isso, ovação.

O presente trabalho é um dos qualificados livros de associados do IDiP que será publicado pela casa editorial de origem portuguesa, enquadrando-se perfeitamente na premissa de *divulgação de conhecimento*.

A autora não é uma iniciante no ramo. Já havia publicado antes a conceituada obra *A onerosidade excessiva superveniente no Código Civil*: críticas e questões controvertidas. São Paulo: LTr, 2010, que analisa com precisão os contornos de tão relevante instituto do direito obrigacional.

Além disso, é experiente advogada de renomada banca, com associação internacional, com ampla atuação na área de resolução de disputas, em variadas especialidades.

Detém, portanto, vivência em complexas disputas englobando empresas nacionais e multinacionais, nas quais é muito comum apresentar-se um contrato de longo prazo como veículo do negócio, de alta complexidade, que reclama uma especial atenção dos operadores do direito. É o plano de partida da obra.

Se todas as relações contratuais são marcadas pelo dever de cooperação, tal vicissitude mostra-se muito mais evidente nos contratos de longo prazo, visto que os pactos de duração apresentam feição distinta em relação àqueles de execução instantânea, reclamando uma disciplina particular, lastreada na confiança.

Sendo assim, a autora inicia sua obra analisando as características dos contratos de longo prazo, justamente examinando sua fisionomia própria, que demanda um papel acentuado da boa-fé objetiva como norma de conduta e de seus deveres anexos, pugnando assegurar a eficiência do programa contratual e de seus aspectos econômicos.

Em seguida, avalia o alcance do dever de cooperação, não só expondo acerca de seu conceito, mas também de sua aplicabilidade e estudo de casos práticos de emprego.

Após bem firmar as suas premissas, esclarece no que consiste a violação do dever de cooperação nos contratos de longa duração, explicando as consequências de seu inadimplemento.

Passados pouco mais de dois anos da defesa da tese de doutoramento de Giuliana Bonanno Schunck, tive o renovado privilégio de reler o trabalho, hoje em versão editorial. Mais uma vez fiquei animado com o bem escrito texto, que permite uma fácil compreensão das proposições e profícuas reflexões.

Certamente será uma obra de consulta obrigatória para os que vivenciam situações jurídicas envolvendo contratos de longa duração, consubstanciando um livro de qualificado domínio de Direito Civil por parte da autora, merecendo, por isso, cumprimentos e votos de continuado sucesso.

Giovanni Ettore Nanni

Mestre e Doutor em Direito Civil pela PUC/SP. Professor de Direito Civil nos Cursos de Graduação e de Pós-Graduação *Stricto Sensu* na PUC/SP. Presidente do Instituto de Direito Privado – IDIP. Vice-Presidente do Comitê Brasileiro de Arbitragem – CBAr. Advogado em São Paulo.

PREFÁCIO

O dever de cooperação nos contratos é, talvez, o mais importante dentre todos. De sua obrigatoriedade depende o bom desempenho da relação contratual, ou seja, uma execução eficiente que cumpra os objetivos do negócio jurídico.

Dever anexo à boa-fé objetiva, o dever de cooperação vem ganhando força desde os meados do século passado (lembre-se Emilio Betti, em 1954) exigência para o bom desempenho do vínculo credor/devedor dentro do contrato.

Essa cooperação deve existir em todo tipo de obrigação. As partes não devem se portar como adversários, que precisam egoisticamente ter vantagem uma sobre a outra. Pelo contrário, credor e devedor devem cooperar reciprocamente para alcançar o fim ou objeto da avença. Em outras palavras, ambos devem almejar um contrato que produza os efeitos previstos e que cumpra sua função econômica e, por que não dizer, social.

O livro que **Giuliana Bonanno Schunck** acaba de ver publicado é um estudo profundo, moderno e oportuno do dever de cooperação nas relações contratuais em geral e, em especial, nos contratos de longo prazo.

A tese defendida pela Autora é que nos contratos de longo prazo, que muitas vezes são também contratos relacionais, a ligação entre as partes tem caráter diferenciado, porquanto seus sujeitos terão obrigatoriamente muitos contatos posteriores até a conclusão do negócio. Dessa forma, o dever de cooperação entre credos e devedor deve ser mais intenso que nos negócios de cumprimento imediato ou a curto prazo.

Para elaborar seu trabalho, agora transformada em livro, a Autora estudou profundamente a teoria e a prática da boa-fé objetiva no nosso país e também no direito estrangeiro, inclusive no ângulo da *Common Law*. Assim, usando como pano de fundo os contratos de longa duração, mostra que dentro do dever de cooperação estão agasalhados o dever de informar, um dos pilares do direito contratual mas principalmente das relações de consumo, o dever de mitigar o próprio prejuízo (*duty to mitigate the loss*), o dever de renegociar e outros tantos que se colocam como deveres anexos à boa-fé objetiva.

Importante destacar que como o dever de cooperação é mais intenso e muito mais exigível nos contratos de longo prazo seu descumprimento poderá levar ao rompimento do contrato com resolução mais perdas e danos. Ou seja, mesmo não havendo inadimplemento (relativo ou absoluto) no tocante à obrigação principal, em contratos de longo prazo é possível a resolução e somente, ou principalmente, com fundamento na quebra do dever de cooperação, o que inclui a confiança, que as partes se devem reciprocamente.

A Autora também mostra que esse tipo de contrato tem características próprias, como ser quase sempre também contratos relacionais. Por outro lado, padecem de incompletude. Nesse ponto o livro nos mostra toda a teoria dos contratos incompletos, de origem norte-americana, e a interpretação desses negócios segundo a visão da escola da *Law & Economics* (vantagens/desvantagens). O direito italiano (*contratto di durata*) e o direito francês (*perennité contractuelle*) também ajudam a interpretar os contratos de longa duração.

Gostaria de destacar a importância da obra **"CONTRATOS DE LONGO PRAZO E O DEVER DE COOPERAÇÃO"**. Na sociedade atual os contratos mais importantes, em termos econômicos, são quase sempre de longo prazo, como as grandes construções, as empreitadas de grandes obras, os contratos de fornecimento de insumos, os de locação, os de seguros em geral, os de seguro-saúde, os de previdência privada, os de mútuo para aquisição da casa própria, etc. Mencione-se ainda que muitas dessas relações dizem respeito ao direito do consumidor que mantém um vínculo de dependência com o fornecedor e que deve ser fundamentado na confiança. Os autores se referem a eles como contratos cativos de consumo.

Em suma, vem à lume obra que estava faltando na literatura jurídica de nosso país. Sem dúvida, trata-se de obra indispensável para conhecimento e interpretação dos contratos em geral, por sua imersão no conceito de boa-fé objetiva, e dos contratos de longo prazo nos quais o dever anexo de cooperação faz parte de sua validade. Além disso, é obra moderna e atual com farta bibliografia estrangeira e nacional, o que vem em auxílio de todos que se interessarem pelo tema.

Finalmente, foi uma honra prefaciar mais um livro de **Giuliana Bonanno Schunck**, grande estudiosa do Direito e advogada atuante. Tive a grande alegria de ser sua orientadora no brilhante doutorado defendido na Faculdade de Direito da USP.

Teresa Ancona Lopez

SUMÁRIO

INTRODUÇÃO	21

1. CONTRATOS DE LONGO PRAZO — 27
   - 1.1. O tempo no cenário contratual — 33
   - 1.2. Doutrinas que analisam questões relacionadas com a longa duração — 38
     - 1.2.1. Contratos relacionais — 39
       - 1.2.1.1. Nível de cooperação aumentado nos contratos relacionais — 50
     - 1.2.2. Contratos incompletos — 52
     - 1.2.3. *Contratto di durata* — 65
     - 1.2.4. *Pérennité contractuelle* — 70

2. COOPERAÇÃO E CONTRATOS — 77
   - 2.1. Uma análise da cooperação (e o dilema do prisioneiro) — 78
   - 2.2. Papel da cooperação nos contratos — 84
   - 2.3. O incentivo à cooperação nos contratos – a boa-fé — 86

3. ORIGEM DO DEVER DE COOPERAÇÃO – BOA-FÉ OBJETIVA — 91
   - 3.1. Função de criação de regras de conduta — 103
     - 3.1.1. A boa-fé na fase pré-contratual — 104
     - 3.1.2. Deveres anexos na fase contratual — 106
     - 3.1.3. Culpa *post pactum finitum* — 113
   - 3.2. Função interpretativa — 115
   - 3.3. Função de limitação de exercício de direitos subjetivos — 118

4. DEVER DE COOPERAÇÃO E DEVERES ANEXOS DE CONDUTA — 127
   4.1. Dever de cooperação — 127
      4.1.1. Conceito e observações gerais — 128
      4.1.2. Dever de cooperação e sua ligação com outros deveres anexos — 137
      4.1.3. Dever de cooperação de todos os contratantes — 146
         4.1.3.1. Teorias conceituais do comportamento cooperativo do credor — 148
            4.1.3.1.1. Cooperação como obrigação do credor — 148
            4.1.3.1.2. Cooperação como ônus do credor — 151
            4.1.3.1.3. Dever lateral de conduta — 153
      4.1.4. Análise de casos práticos sobre o dever de cooperação — 154
   4.2. Dever de informar — 160
   4.3. Dever de mitigar o próprio prejuízo — 173
   4.4. Dever de renegociar — 189
   4.5. Dever de cooperação em maior intensidade nos contratos de longo prazo — 200

5. QUEBRA DO DEVER DE COOPERAÇÃO E CONSEQUÊNCIAS — 207
   5.1. Violação positiva do contrato — 207
   5.2. Natureza e origem da responsabilização pela violação de deveres anexos — 218
      5.2.1. Responsabilidade subjetiva — 218
      5.2.2. Responsabilidade contratual — 223
   5.3. Consequências do descumprimento do dever de cooperação — 227
      5.3.1. Resolução do contrato — 227
      5.3.2. Exceção do contrato não cumprido — 232
      5.3.3. Perdas e danos — 235
      5.3.4. Execução específica do dever anexo de conduta — 236

CONCLUSÃO — 241

REFERÊNCIAS — 245

SITES CONSULTADOS — 259

INTRODUÇÃO

Vivemos num mundo cada vez mais dinâmico, onde tudo acontece com muita velocidade e parece que o tempo se acelerou. Neste mundo contemporâneo, pós-industrialização e da sociedade da informação, vive-se depressa e com pressa, sem tempo e valorizando-se cada vez mais a rapidez e a velocidade. Parece que a urgência, a volatilidade e a instantaneidade são as novas dominantes da sociedade. Mal acaba de ser lançado um produto e, na sequência, já se está comentando sobre sua nova versão, que igualmente será lançada em poucos meses. As pessoas anseiam por consumir a novidade, e as coisas tornam-se velhas e desinteressantes quase de imediato. A internet aproximou as pessoas[1] e acelerou os processos. Transações bancárias são literalmente instantâneas. Sair de casa para ir ao banco ou comprar um produto já não é mais necessário. Temos a sensação de que podemos resolver tudo com o famoso "um clique".

Sem dúvida, com a transformação da sociedade houve grandes mudanças de paradigmas, e já não se pode comparar a sociedade atual nem sequer com aquela de poucas décadas atrás. A transformação é cada vez mais célere e profunda. A tecnologia mudou a forma de as pessoas viverem, trabalharem, suas preferências de consumo, a forma como se comunicam, entre diversas outras ações.

---

[1] Ainda que se possa questionar o quanto essa aproximação é efetivamente real, já que cada dia mais as pessoas passam tempo na frente de seus computadores, em vez de interagir umas com as outras.

As contratações são instantâneas, automáticas. Compra-se de tudo pela internet e, assim, contrata-se com quem jamais se viu na vida. A pessoalidade fica cada vez mais relegada a alguns campos muito específicos, e normalmente não é necessário nem mesmo conversar-se para fechar negócios. A comunicação toda é feita por meios eletrônicos e muitas vezes inexiste comunicação, já que a internet substitui a necessidade de as partes se comunicarem seja pela forma verbal ou escrita, especialmente quando ocorrem compras em sites comerciais ou naqueles de anúncios de produtos.

Com base em tudo isso, não seria até mesmo obsoleto falar-se em contratos de longo prazo e analisar-se suas peculiaridades?

Parece-nos que não.

Se por um lado a sociedade vive em ritmo cada vez mais veloz, está automática e especializada, justamente por isso, por outro lado, mantém-se a necessidade, especialmente nos contratos empresariais e nos contratos de massa (ainda que isso possa parecer paradoxal) de as partes contarem com contratos de longo prazo.

No âmbito dos contratos empresariais, as sociedades precisam cada vez mais de produtos e serviços específicos e feitos sob medida, customizados como se diz em outras áreas, que não são ofertados em qualquer esquina e por qualquer pessoa. Nesse sentido, a contratação de determinado serviço ou produto com um nível enorme de especificidade acaba exigindo parcerias sólidas e duradouras entre empresas, na medida em que o comprador não encontrará no mercado qualquer um que lhe ofereça o que pretende adquirir; e o vendedor tampouco poderá comercializar seu produto a qualquer um, já que, dada a especialidade, poucos (ou até mesmo nenhuma outra parte) terão interesse pelo seu produto ou serviço, na forma então ofertada.

Ainda, contratos desse tipo levam consigo a alta carga de confiança de uma parte na outra, considerando justamente que o prestador do serviço ou vendedor do produto acaba sendo um dos únicos no mercado apto a realizar aquela atividade, dentro das especificidades do comprador ou tomador dos serviços. Esse aspecto de atender a determinados padrões extremamente rígidos de certa indústria específica acaba fazendo com que o fator confiança tenha sua importância aumentada em tais contratações.

No caso de contratos de massa, verifica-se que, até mesmo pelas necessidades da vida moderna, iniciando-se pelos serviços mais básicos, como o fornecimento de água, energia elétrica, e seguindo-se por outros que poderiam ser considerados, em outras épocas, menos essenciais, tais como telefonia móvel, internet banda larga, entre outros, as pessoas contratam por longos períodos. Sem contar aqueles serviços já considerados essencialíssimos, como seguro saúde.[2]

Dessa forma, chama-nos a atenção o fato de os contratos de longo prazo terem características próprias, mas ainda pouco estudadas e difundidas no Direito brasileiro. Gradativamente, parece que nossa doutrina tem dado maior atenção ao assunto, mas não consideramos que já exista efetivamente uma cultura de aplicação de regras e princípios diferenciados (ou aplicados de forma distinta) para esse tipo de contratação, que contém características e necessidades tão peculiares.

O ponto que traremos para a análise nesta tese é justamente o fato de que o comportamento das partes, em contratações de longo prazo, deve ser diferenciado daquele comportamento que as partes guardam em contratações instantâneas. E, nesse sentido, como sustentaremos, faz-se necessária uma maior cooperação entre as partes, em todas as fases contratuais, principalmente na fase de execução, que se protrai no tempo.

As partes que se mantêm vinculadas por um longo período enfrentarão questões e dificuldades mais acentuadas, que serão bastante diferentes do relacionamento pontual em contratos instantâneos ou contratos que se protraem no tempo, mas por período curto. As circunstâncias fáticas que circundam a relação contratual certamente passarão por transformações durante a vida do contrato. As prestações serão entregues em momentos diferentes, cada momento com características próprias. As partes precisarão de uma interação maior entre elas, para que a dinâmica do contrato seja sempre moldada de acordo com a situação atual.

Não é difícil pensar, por exemplo, nas diversas situações vividas por contratantes em uma construção de grande obra, ou, ainda, no fornecimento de matéria-prima com características bastante específicas e complexas, para a fabricação de produtos em determinada indústria. Mesmo contratos

---

[2] Para os contratos de consumo, desenvolveu-se a teoria dos contratos cativos de longa duração, visando especialmente proteger-se o consumidor vulnerável, que precisa da contratação. Nesse sentido, ver: MARQUES, Cláudia Lima. *Contratos no Código de Defesa do Consumidor: o novo regime das relações contratuais*. 4. ed. São Paulo: Ed. Revista dos Tribunais, 2002, p. 79 e ss.; KARAM-SILVEIRA, Marco Antonio. Contratos cativos de longa duração: tempo e equilíbrio nas relações contratuais. In: MARQUES, Claudia Lima (Coord.). *A nova crise do contrato: estudos sobre a nova teoria contratual*. São Paulo: RT, 2007, p. 482-503.

que não guardam contornos de tanta complexidade, tal como uma locação, acabam demandando um nível de cooperação maior, em razão de todas as situações vivenciadas pelos contratantes ao longo do tempo.

A interação entre as partes e a postura que delas se espera no dia a dia de tais contratações nos mostram que existe realmente a necessidade de uma observação diferenciada de tais contratos.

A maior cooperação que entendemos ser necessária entre as partes é importante não porque as partes devem se comportar de acordo com a moral ou com base no solidarismo contratual, mas, muito além disso, porque a cooperação será objeto indispensável para que o contrato seja executado da forma mais eficiente para as partes. Com isso, será possível realizar-se o programa contratual de forma ótima, com maior resultado e benefícios aos contratantes.

Dessa forma, pretendemos inicialmente estudar os contratos de longo prazo e suas características diferenciadas, em uma tentativa de verificar se as particularidades que se observam em tais contratações seriam aptas a justificar uma diferenciação da postura esperada dos contratantes em tais contratos.

Na sequência, analisaremos a cooperação, seus impactos e implicações nas contratações. Verificaremos se a cooperação possui um papel importante nos contratos, em especial nos contratos de longo prazo e, com isso, tentaremos compreender de que forma o Direito Contratual contempla o papel da cooperação e a incentiva.

Com base em tais análises e feito, na sequência, um rápido estudo da origem do dever de cooperação nos contratos, por meio da boa-fé objetiva, trataremos de estudar como o dever de cooperação se manifesta nos contratos, com base na concreção dos deveres anexos de conduta.

Por fim, verificaremos quais são as consequências da violação do dever anexo de cooperação e como tais consequências impactam a relação contratual, em especial com o viés para a relação contratual de longo prazo.

Pretendemos, com tudo isso, demonstrar que a cooperação fará com que o contrato seja cumprido de forma eficiente, resultando no maior benefício possível com a contratação para as partes (inclusive entendendo-se aí o maior proveito econômico). Portanto, diferentemente do que se possa apressadamente pensar, de início, a cooperação entre as partes é medida que revelará maior utilidade do contrato e, com isso, será desejada inclusive nos contratos empresariais, para que as partes possam retirar do contrato o maior benefício econômico possível.

E ainda nessa esteira, durante as análises realizadas, estudaremos os limites e a extensão da cooperação da parte, já que entendemos que ela não poderá causar ônus ao contratante que terá que prestá-la. O contratante que cooperará fará isso sem que haja custo adicional para ele com tal postura, dentro dos ditames da razoabilidade, que circundam toda e qualquer análise sobre a boa-fé objetiva.

Por fim, vale lembrar que nossa análise é voltada aos contratos de longo prazo, tanto aqueles relativos ao ambiente empresarial, quanto os contratos de longo prazo estritamente civis, tais como a locação e a empreitada. De forma geral, poderíamos dizer que a análise aqui realizada leva em conta o Direito Civil e alguns aspectos do Direito Comercial, especialmente relativos aos contratos empresariais, mas deixa de lado um enfoque específico do Direito do Consumidor. Eventualmente, porém, faremos comentários sobre tais contratos de consumo, com um viés de comparação.

Contratos de Longo Prazo

O contrato de longo prazo não é um fenômeno exclusivo da sociedade em que vivemos. Sem dúvida ele existe desde que as sociedades começaram a fazer contratos, provavelmente na Roma antiga, Grécia e tempos assim remotos.

Naquela época já era possível que a sociedade conhecesse fenômenos como o fornecimento de produtos, contratos de prestação de serviços, empreitadas de obras, entre outros nos quais o tempo é fator necessário para a consecução do objetivo contratual. O mesmo certamente se poderia observar na Idade Média. Obviamente, com o advento da sociedade industrial, os contratos de longa duração, e aí já se voltando mais para aqueles com caráter empresarial, podem ser facilmente pensados.

Nossa pesquisa visa estudar os atuais contornos do contrato de longo prazo e as formas pelas quais as partes contratantes se comportam, para podermos verificar a necessidade de exigir-se maior rigor na conduta das partes em contratos de longa duração, por meio do dever de cooperação em grau aumentado.

Com o advento da sociedade informacional[3], diversos fenômenos sociais ocorreram, alterando de forma significativa o modo como a socie-

---

[3] "L'emersione di un mercato dell'informazione segna una traccia ulteriore nel complesso delle tipologie contrattuali, poiché è di intuitiva evidenza che le transazioni tipiche del cd. capitalismo digitale hanno caratteri distintivi rispetto a quelle che rimangono legate alla produzione e distribuzione di servizi e di beni materiale." (GRANIERI, Massimiliano. *Il tempo e il contratto. Itineario storico-comparativo sui contratti di durata*. Milano: Giuffrè, 2007, p. 63.)

dade interage.[4] Cada vez mais se torna necessária à conformação social, seja no aspecto empresarial, civil ou consumerista, a celebração de contratos perenes.

Conforme sustenta Rachel Sztajn, seria mais eficiente recorrer a contratos de longo prazo em substituição a seguidas contratações, inclusive como forma de evitar custos de transação.[5] Partes dos custos de transação podem ser consideradas como a própria necessidade de obter informação; assim, os contratos de longo prazo diminuem o custo de informação porque, se a contratação sempre tivesse que ser sempre refeita, as partes teriam de investir em pesquisas de preço, qualidade, confiança e crédito da contraparte, entre outros aspectos.[6]

Outro elemento que reduz os custos de transação é a confiança que um contratante detém no outro, diminuindo a necessidade de obtenção

---

[4] José Eduardo Faria observa o fenômeno de espaços infranacionais, necessidade de acordos cada vez mais similares, mesmo que em países distintos, com uma consequência de normatividade própria conforme cada setor. Além disso, os organismos internacionais que visam unificar regulamentações possuem cada vez mais destaque. A importância dos usos e costumes comerciais também aumenta, pelo fato de tais organismos sistematizarem tais condutas. (FARIA, José Eduardo. *O Estado e o direito depois da crise*. São Paulo: Saraiva, 2011, p. 58-59.)

[5] SZTAJN, Rachel. Sociedades e contratos incompletos. *Revista da Faculdade de Direito da Universidade de São Paulo*. v. 101, p. 171-179, jan/dez., 2006, p. 177. Definindo custo de transação, ainda Rachel Sztajn sustenta que: "Custo de transação é expressão que, também esta, vem da ciência econômica e cuja relevância, na tomada de decisões pelos agentes econômicos, demonstra-se crescente. Transação, no jargão dos economistas, é qualquer operação econômica, operação de circulação de riqueza entre agentes econômicos. Custos de transação são aqueles custos em que se incorre, que de alguma forma oneram a operação, mesmo quando não representados por dispêndios financeiros feitos pelos agentes, mas que decorrem do conjunto de medidas tomadas para realizar uma transação." (SZTAJN, Rachel. Externalidades e custos de transação: a redistribuição de direitos no novo Código Civil. *Revista de Direito Mercantil, Industrial, Econômico e Financeiro*, São Paulo, v. 43, n. 133, p. 7-31, jan./mar. 2004, p. 9.) Ainda, Fernando Araújo sustenta que, na "Teoria do Contrato" (conceito que ele explica dentro da análise econômica do contrato), os custos de transação normalmente correspondem a três causas principais: custos de redação do clausulado, custos de disciplina contratual e contingências imprevistas. (ARAÚJO, Fernando. *Teoria económica do contrato*. Coimbra: Almeida, 2007, p. 198.)

[6] LORENZETTI, Ricardo Luis. *Tratado de los contratos*. Tomo 1. Buenos Aires: Runbizal-Culzoni, 1999, p. 116. No mesmo sentido, Francesco Macario afirma que os custos de transação são fatores significativos nos contratos de longo prazo, em vista da especificidade do investimento naquele negócio específico. (MACARIO, Francesco. *Adeguamento e rinegoziazione nei contratti a lungo termine*. Napoli: Jovene Editore, 1996, p. 28).

de informação, bem como custos com a busca de elementos artificiais que supram a ausência da confiança, tal como a maior participação dos advogados, a exigência de garantias, entre outros.[7] No entanto, justamente porque a confiança nem sempre existe, os contratos de longo prazo acabam sendo interessantes, visto que os custos com os elementos artificiais que substituem a confiança são restringidos já que a contratação é uma só que se prolonga no tempo.

E, sem dúvida, com os avanços de nossa sociedade, que requerem empresas cada vez mais eficientes e lucrativas, o recurso a contratos de longo prazo se mostra até mesmo óbvio, considerando as necessidades empresariais.

Oliver Hart e John Moore afirmam que a principal função do contrato de longo prazo é facilitar o negócio entre duas partes que precisam fazer investimentos específicos no relacionamento. No momento em que os investimentos tiverem sido feitos e as partes estiverem atreladas uma a outra, a concorrência externa terá impactos pequenos no negócio das partes.[8]

Igualmente, Robert E. Scott menciona que as partes mantêm relações contratuais contínuas para explorar os benefícios do planejamento e coordenação de longo prazo.[9] Além disso, a escolha por contratos de longo prazo no âmbito das relações comerciais faz parte também da decisão de a empresa não internalizar determinados serviços e produções, sempre visando atingir sua dimensão ótima.[10]

---

[7] REGO, Anna Lygia Costa. *Confiança e investimento estrangeiro: uma análise do ambiente jurídico brasileiro*. São Paulo: Singular, 2013, p. 199.

[8] HART, Oliver; MOORE, John. Incomplete Contracts and Renegotiation. *The Review of Economics Studies*, vol. 56, n. 4, p. 755-785, Jul., 1988 p. 755.

[9] SCOTT, Robert E. Conflict and Cooperation in Long-Term Contracts. *California Law Review*, vol. 75, p. 2005-2054, 1987, p. 2007.

[10] MACARIO, Francesco. *Adeguamento e rinegoziazione nei contratti a lungo termine*, cit., p. 25-27. Sobre eficiência e níveis ótimos, não iremos fazer considerações e citar definições econômicas (incluindo-se aí a análise de eficiência de Pareto e ótimo de Pareto e, por outro lado, a eficiência pelo critério de Kaldor-Hicks), mas nos referimos aos seguintes títulos com relação a tais conceitos: MENDONÇA, Diogo Naves. *Análise econômica da responsabilidade civil: o dano e a sua quantificação*. São Paulo: Atlas, 2012, p. 23 e ss.; PINHEIRO, Armando Castelar; SAADI, Jairo. *Direito, Economia e Mercados*. São Paulo: Campus, 2005, p. 147. Vale, também, considerar a conceituação feita por Bruno Salama: "eficiência diz respeito à maximização de ganhos e minimização de custos. Dessa ótica, um processo será considerado eficiente se não for possível aumentar os benefícios sem também aumentar os custos". (SALAMA, Bruno Meyerhof. O que é direito

A duração, como sustenta Fernando Araújo, é crucial "para incentivar investimentos irrecuperáveis entre as partes, para abrir oportunidades de ajustamento entre elas", além de fomentar a troca de tecnologia, o florescimento de sinergias e de aprendizagem organizativa, sedimentar estruturas de governo eficientes, e estabilizar "soluções contratuais complexas ou muito amplas (do tipo das alianças estratégicas, dos consórcios, das <<joint ventures>>)"[11].

Em pesquisa de campo realizada por Paulo Dóron Rehder de Araújo, para sua tese de doutorado, o autor verificou que não se pode dizer que exista uma tendência atual de estabelecimento de relações duradouras, comparativamente há alguns anos. No entanto, os profissionais que responderam ao questionário informaram que cerca de 1/3 (um terço) dos contratos por eles celebrados possui prazos longos ou muito longos.[12]

Anne-Sophie Lavefve Laborderie observa que os contratos de longa duração são abundantes em todos os campos do Direito interno (francês) e internacional e que há uma tendência de especialização dos contratos que não para de crescer, sustentada pelo progresso científico em geral.[13]

De fato, pode-se dizer que o contrato de longo prazo é "modalidade de negócio jurídico que ganhou ampla difusão com os avanços empresariais do século XX e com a necessidade surgida em seus albores de que fosse possível a celebração de vínculos associativos que perdurassem no tempo"[14].

Assim, os contratos de longo prazo estão fortemente presentes nas atividades empresariais e representam volume expressivo de suas contratações. Mesmo na esfera estritamente civil, é bastante comum verificar-se contratações que perduram por longo prazo.

---

e economia. In: TIMM, Luciano Benetti (Org.) *Direito & Economia*. Porto Alegre: Livraria do Advogado, p. 49-62, 2008, p. 55.)

[11] ARAÚJO, Fernando. *Teoria econômica do contrato*, cit., p. 380.

[12] ARAÚJO, Paulo Dóron Rehder de. *Prorrogação Compulsória de Contratos a Prazo*. 2011. Tese (Doutorado) – Faculdade de Direito, Universidade de São Paulo, São Paulo, 2011, p. 255.

[13] LABORDERIE, Anne-Sophie Lavefve. *La Pérennité Contractuelle*. Paris: LGDJ, 2005, p. 12.

[14] NITSCHKE, Guilherme Carneiro Monteiro. Tempo e equilíbrio contratual. In: MOTA, Mauricio; KLOH, Gustavo (Org.). *Transformações Contemporâneas do Direito das Obrigações*. Rio de Janeiro: Elsevier, p. 85-122, 2011, p. 90.

Dessa forma, é de genuíno interesse estudar os contratos de longo prazo, com enfoque no dever de cooperação das partes, como veremos adiante.

Como afirma Paula Forgioni, os conceitos de contratos de longa duração, confiança como base da relação contratual e boa-fé objetiva estão sendo revisitados e revitalizados atualmente por nossa doutrina e jurisprudência, o que reforça a importância de um estudo mais aprofundado dos contratos de longo prazo e, especialmente, da aplicação da boa-fé objetiva em tais contratações.[15]

No entanto, ainda sentimos que a revisitação e a revitalização precisam ser mais difundidas. Em outros países, os juristas se debruçaram mais sobre essa questão e sobre as peculiaridades que devem ser consideradas nessa modalidade de contratação.[16] Lorenzetti afirma que o tempo é um elemento que modifica a forma como analisamos as obrigações na contratação moderna.[17]

Massimiliano Granieri sustenta que o momento unificante da dimensão funcional do contrato de duração é representado pela necessidade de maximização da utilidade contratual e pela gestão do problema do oportunismo dentro da relação contratual.[18]

Na lição de Claudia Lima Marques:

"não só o número de contratos concluídos é bem maior, em virtude do desenvolvimento da sociedade de consumo, como novos tipos contratuais foram criados (por exemplo: leasing, franchising, factoring, know-how, hedging, shopping center), demonstrando a maleabilidade e a fecundidade deste instrumento jurídico)."[19]

Já para Antonio Junqueira de Azevedo, os contratos de longa duração "exigem constante relação de confiança entre as partes. A economia moderna se desenvolve intensamente por meio desses contratos de dura-

---

[15] FORGIONI, Paula A. *Contrato de Distribuição*. São Paulo: RT, 2005, p. 73.
[16] Podemos aqui destacar, entre outros, os trabalhos de Ian Macneil, Anne-Sophie Lavefve Laborderie, Giorgio Oppo e Massimiliano Granieri, relacionados na bibliografia.
[17] LORENZETTI, Ricardo Luis. *Tratado de los contratos*, cit., p. 115.
[18] GRANIERI, Massimiliano. *Il tempo e il contratto. Itineario storico-comparativo sui contratti di durata*, cit., p. 324.
[19] MARQUES, Cláudia Lima. *Contratos no Código de Defesa do Consumidor: o novo regime das relações contratuais*, cit., p. 154.

ção: a complexidade das novas situações que vão surgindo favorecem esses contratos que têm cláusulas abertas ou não-rígidas"[20].

Além disso, o dever de cooperação se torna cada vez mais presente e demandado, decorrendo da lei, inclusive, como uma obrigação anexa ao contrato, como desdobramento do princípio da boa-fé objetiva.

O novo Código Civil e Comercial Argentino, que entrou em vigor em agosto de 2015, cuja redação foi coordenada por Ricardo Lorenzetti, contém artigo específico sobre contrato de longo prazo, determinando que as partes exercitem seus direitos conforme um dever de colaboração:

> "ARTÍCULO 1011. – Contratos de larga duración. En los contratos de larga duración el tiempo es esencial para el cumplimiento del objeto, de modo que se produzcan los efectos queridos por las partes o se satisfaga la necesidad que las indujo a contratar.
>
> Las partes deben ejercitar sus derechos conforme con un deber de colaboración, respetando la reciprocidad de las obligaciones del contrato, considerada en relación a la duración total.
>
> La parte que decide la rescisión debe dar a la otra la oportunidad razonable de renegociar de buena fe, sin incurrir en ejercicio abusivo de los derechos."[21]

Justamente porque nos contratos de longa duração as partes mantêm um relacionamento duradouro – que, na maioria das vezes, acaba demonstrando que as condições contratuais se tornam ultrapassadas ou se mostram incompletas –, é necessário esperar delas uma postura diferente daquela postura que teriam as partes em contratações instantâneas. Até porque, normalmente, o nível de complexidade das contratações instantâneas é muito menor que a observada em contratos de longo prazo. Por vezes, a duração do contrato é necessária para que se possa implementar o programa contratual, tal como em grandes obras, compra e venda ou fornecimentos de produtos bastante específicos, transações societárias, parcerias comerciais, *joint-ventures*, etc.

---

[20] AZEVEDO, Antonio Junqueira de. *Novos estudos e pareceres de direito privado*. São Paulo: Saraiva, 2009, p. 100.

[21] Disponível em < http://www.infoleg.gob.ar/infolegInternet/anexos/235000-239999/235975/norma.htm>. Acesso em 30.01.2016.

Tendo em vista que, seguindo o desenvolvimento econômico, os contratos têm se tornado cada vez mais complexos[22], a boa-fé e seu desdobramento em dever de cooperação tornam-se cada vez mais importantes para propiciar o efetivo desenvolvimento do programa contratual, evitando-se custos de transação desnecessários ou não esperados pelos contratantes.[23]

Dessa forma, necessário dar-se uma atenção maior ao contrato de longo prazo, que deve ser observado e interpretado de forma peculiar, considerando suas características e propósitos.[24]

1.1. O tempo no cenário contratual
Como afirma Giovanni Ettore Nanni: "O tempo é um elemento que modificou o modo de apreciar as obrigações na contratação moderna"[25].

---

[22] O dicionário Houaiss define o termo complexo como: "1 diz-se de ou conjunto, tomado como um todo mais ou menos coerente, cujos componentes funcionam entre si em numerosas relações de interdependência ou de subordinação, de apreensão muitas vezes difícil pelo intelecto e que ger. apresentam diversos aspectos ‹ sociedade c. › ‹ personalidade c. › ‹ c. petrolífero › ‹ c. aeroespacial › ‹ c. de atividades › ‹ c. de fatores ›".
Ou ainda: "10 passível de ser encarado ou apreciado sob diversos ângulos. ‹ conjunto c. › ‹ relação c. ›
11 falto de clareza, obscuro. ‹ a relação daqueles dois é muito c. ›", entre outras definições que não nos parecem as mais apropriadas para nossa análise. Entendemos que contratos complexos são aqueles que envolvem as mais diferentes e sofisticadas prestações e contraprestações e transações bastante específicas e peculiares, inclusive em razão de deveres anexos que fogem do dia-a-dia de contratações simples. Antonio Junqueira de Azevedo sustenta que o contrato complexo não seria "subsumível a nenhum modelo simples dos vários tipos contratuais", que seria atípico (*Novos estudos e pareceres de direito privado*, cit., p. 148). Em nossa opinião, porém, mesmo contratos típicos podem ser complexos, em razão das peculiaridades das obrigações e deveres das partes.

[23] ARAÚJO, Fernando. Uma análise econômica dos contratos – a abordagem econômica, a responsabilidade e a tutela dos interesses contratuais. In: TIMM, Luciano Benetti (Org.). *Direito & Economia*. Porto Alegre: Livraria do Advogado, p. 97-174, 2008, p. 141.

[24] "I contratti in general la cui esecuzione è distante dalla formazione, ed i contratti di durata in maniera particolare, richiendono una più attenta considerazione di tutti i segmenti dell'existenza giuridica, dal momento della instaurazione del vincolo a quella della scadenza del rapporto o a quello eventuale del verificarsi di cause di risoluzione diverse dall'inadempimento." (GRANIERI, Massimiliano. *Il tempo e il contrato. Itineario storico-comparativo sui contratti di durata*, cit., p. 220.)

[25] NANNI, Giovanni Ettore. A obrigação de renegociar no Direito Contratual brasileiro. In: *Revista do Advogado*, São Paulo, AASP, Ano XXXII, nº 116, p. 88-97, Julho de 2012, p. 91.

De fato, nossa perspectiva sobre relações contratuais duradouras realmente demonstra que elas devem ser apreciadas de forma diferenciada. Nesse contexto, vamos aqui brevemente fazer uma análise sobre o tempo e seu destaque nas relações contratuais.

Inicialmente, explicamos que optamos por utilizar a terminologia "contratos de longo prazo" em detrimento de outras que poderiam ser utilizadas, tais como contratos de longa duração, contratos de duração, contratos perenes. Entendemos que contratos de longo prazo são o mesmo que contratos de longa duração, mas na doutrina brasileira tornou-se mais comum verificar-se a terminologia "longo prazo".

Já contratos de duração podem ser compreendidos, como se verá adiante, como apenas algumas categorias de contratos de longo prazo, tendo em vista que há, na doutrina italiana, uma linha que sugere serem contratos de duração apenas aqueles para os quais a duração é efetivamente querida e faz parte do programa e das necessidades contratuais. Como não queremos limitar nossa análise[26], nem a aplicação do dever de cooperação aumentado apenas para alguns tipos de contratos de longa duração, decidimos não utilizar a terminologia que tem origem no Direito italiano.

Contratos perenes serão analisados mais a frente, como uma teoria doutrinária francesa, que também não se encaixa com rigor na proposta de nossa análise, já que queremos ter uma abrangência vasta e mais focada na experiência nacional.

Judith Martins-Costa denomina de "contratos evolutivos" os contratos que têm obrigações diferidas ou obrigações duradouras, destacando que tais contratos possuem problemas específicos, diferentes daqueles dos contratos instantâneos.[27]

Entendemos que a terminologia mais adequada para nossa análise, guardando relação com a doutrina nacional e os conceitos brasileiros, seria mesmo a de "contratos de longo prazo".

---

[26] Ainda que, conforme discutimos em algumas passagens do texto, parece-nos que para alguns tipos de contratos de execução diferida – tal como a simples compra e venda com pagamento diferido – não haveria efetivamente a necessidade de observarem-se as singularidades dos contratos de longo prazo, já que em tal figura tem-se apenas uma das prestações protraída no tempo.

[27] MARTINS-COSTA, Judith. A cláusula de hardship e a obrigação de renegociar nos contratos de longa duração. In: MOTA, Mauricio; KLOH, Gustavo (Org.). *Transformações Contemporâneas do Direito das Obrigações*. Rio de Janeiro: Elsevier, p. 257-280, 2011, p. 260.

Passando à análise do contrato de longo prazo, tem-se que, por ele, as partes acordam sobre "o modo como vão agir no tempo e futuro e acabam definindo hoje, como será o amanhã. O programa contratual é uma domesticação (ou tentativa de domesticação) dos eventos futuros"[28].

Em realidade, como sustenta Carneiro da Frada, o contrato de longa duração representa "simples acordo-quadro de um relacionamento prolongado que se projecta, para além do intercâmbio de prestações, num amplo programa de cooperação entre sujeitos com vista a objetivos comuns".[29]

Interessante a forma como o autor aborda o contrato de longo prazo como se fosse apenas uma contrato-quadro, cujos contornos efetivos acabam se ajustando ao longo da dinâmica da relação contratual.

Dessa forma, a rigidez do texto contratual muitas vezes se mostra inadequada ou incompatível com os contratos de longo prazo, havendo a necessidade de flexibilização, em razão de novas circunstâncias e realidades, ou mesmo de complementação do conteúdo, em razão de sua incompletude, como trataremos mais adiante. A dificuldade de se harmonizar as condições escritas com a dinâmica contratual da prática mostra a tensão existente nos contratos de longo prazo.[30] Assim, o contrato de longo prazo exige das partes uma contínua renegociação e adaptação.

Torna-se um verdadeiro desafio manter a equivalência entre as prestações, especialmente em razão dos fatores que impactam a contratação, tais como novas tecnologias, novas necessidades das partes. A correção monetária, que foi inicialmente criada com esse intuito, apesar de vastamente utilizada até hoje, tem amplitude limitada, já que resolve apenas o problema do valor da prestação.[31]

Como sustenta Ricardo Luis Lorenzetti, além do fenômeno da existência de novos contratos que são de longo prazo em razão das especificidades do mercado e da indústria, contratos que antes eram de câmbio e

---

[28] SILVA, Luis Renato Ferreira da. O tempo no direito e o tempo do direito. Provocação para uma releitura entre direito e literatura a partir de um tema borgiano. In: MARTINS-COSTA, Judith (Coord.). *Narração e normatividade: ensaios de direito e literatura*. Rio de Janeiro: GZ Ed., p. 95-100, 2013, p. 96.

[29] FRADA, Manuel A. Carneiro da. *Teoria da Confiança e Responsabilidade Civil*. Coimbra: Almedina, 2001, p. 560.

[30] Sobre o assunto: NITSCHKE, Guilherme Carneiro Monteiro. Tempo e equilíbrio contratual, cit.

[31] LORENZETTI, Ricardo Luis. *Tratado de los contratos*, cit., p. 115.

instantâneos hoje se tornam de longo prazo, tal como ocorre com o leasing, que pode facultar à parte a opção de compra do bem ao final de seu prazo. Outros contratos que já eram de longo prazo, como o depósito, hoje apresentam novos problemas, tais como aqueles relacionados à tecnologia.[32]

Ademais, contratos de fornecimento e assistência tecnológica também encontram dificuldades, como a imposição de preços, face à exclusividade, que impede o cliente do fornecedor e o cliente da assistência de procurarem outros parceiros.[33] Outro aspecto preocupante em tais contratos é a verdadeira dependência entre as partes, dada a especificidade do produto ou do serviço, não sendo possível encontrar concorrência efetiva no mercado.

As relações duradouras contêm em si características específicas e marcantes que demonstram a necessidade de sua diferenciação e compreensão particular, face aos contratos instantâneos. Normalmente, são relações de confiança e dependência, de relevada complexidade, que se destacam pelo dinamismo e pelo efetivo desenrolar do programa contratual.[34]

Nos contratos de longo prazo o tempo é essencial à efetivação do programa contratual.[35] Orlando Gomes distingue os contratos instantâneos de execução imediata e os contratos instantâneos de execução diferida. Nos primeiros o contrato se exaure imediatamente com a entrega da prestação e contraprestação; nos segundos a entrega da prestação e/ou da contraprestação ocorre em momento diferido do momento da celebração do contrato.[36]

Em contratações duradouras, o interesse do credor não é satisfeito a não ser por meio de uma prestação contínua ou reiterada no tempo. Por isso se diz que o tempo se vincula com o objeto do contrato, já que este não pode ser cumprido senão através de um prolongamento temporal. A duração não é tolerada, mas de fato querida pelas partes, já que a utilidade do contrato é proporcional à sua duração.

Outrossim, nos contratos de longo prazo a execução não pode cumprir-se de forma instantânea. Se isso for possível e as partes optarem por

---

[32] LORENZETTI, Ricardo Luis. *Tratado de los contratos*, cit., p. 113.
[33] LORENZETTI, Ricardo Luis. *Tratado de los contratos*, ci. p. 114.
[34] FRADA, Manuel A. Carneiro da. *Teoria da Confiança e Responsabilidade Civil*, cit., p. 560-562.
[35] LORENZETTI, Ricardo Luis. *Tratado de los contratos*, cit., p. 118.
[36] GOMES, Orlando. *Contratos*. 26ª ed. Rio de Janeiro: Forense, 2009, p. 93-94.

fracionar a execução no tempo, o contrato não é de longo prazo, rigorosamente.[37]

Por isso, muitas vezes se consideram os contratos de execução diferida como se não fossem da categoria de longa duração, porque na execução diferida o tempo é acessório, considerado como distância, visto separar a celebração da execução. Ele não é efetivamente necessário ao programa contratual.

Assim, nos contratos de execução diferida, o tempo separa a celebração do cumprimento e é um elemento acidental das obrigações, porque elas estão submetidas a prazos e condições, tal como costuma ocorrer no exemplo mais usual de contratos de execução diferida, a venda a prazo.

Já nos contratos de longa duração, o tempo responde a um interesse do credor e é essencial, porque o contrato não desenvolve seus efeitos senão por meio do tempo. Isso é o que normalmente ocorre nos contratos de execução continuada e nos contratos de execução periódica ou trato sucessivo (expressões utilizadas como sinônimos). Os contratos de trato sucessivo ou execução periódica são aqueles "que se executam mediante prestações periodicamente repetidas"[38]. Já os contratos de execução continuada são "aqueles em que a prestação é única mas ininterrupta"[39].

Orlando Gomes faz algumas considerações sobre exemplos de contratos de trato sucessivo (ou execução periódica) e execução continuada. Para ele, a locação seria de execução continuada, porque o objeto é único, ainda que a obrigação do locatório de pagar aluguel vença periodicamente (mês a mês, como de costume). No entanto, ele explica que há quem possa considerar tal contrato, por referida característica, como um contrato de trato sucessivo.[40] De todo modo, ele mesmo afirma que a rigor essa distinção pouco importa, na medida em que seja de trato sucessivo ou de execução

---

[37] GOMES, Orlando. *Contratos*, cit., p. 94. O autor fala em contrato de duração.
[38] GOMES, Orlando. *Contratos*, cit., p. 94. O autor fala também da categoria de contratos de execução escalonada, tais como contratos de fornecimento que não possuem periodicidade fixa, mas que as partes desejaram convertê-los em contratos de longo prazo, em vez de celebrar contratações distintas a cada necessidade. No entanto, entendemos que, atualmente, é possível considerar tais contratos na categoria de contratos de trato sucessivo ou execução periódica, sem ser de extrema importância a questão da periodicidade.
[39] GOMES, Orlando. *Contratos*, cit., p. 94-95.
[40] GOMES, Orlando. *Contratos*, cit., p. 333.

continuada, as implicações serão as mesmas (principalmente no tocante à prescrição e resolução).[41]

Com isso, os contratos de trato sucessivo (ou execução periódica), como o de fornecimento ou o de locação, bem como os de execução continuada, tal como o contrato de sociedade, o de trabalho, o de distribuição, têm o tempo como desejado entre as partes.[42]

Francesco Macario defende ser legítima a tentativa de reorganizar de forma sistemática a matéria dos contratos de duração – como ele os denomina – já que os contratos de longo prazo são marcados por uma autonomia conceitual própria, chamando a atenção para os elementos de equilíbrio entre as prestações, cooperação e confiança, e duração do negócio no tempo, elementos esses que ganham relevância decisiva.[43]

Como já dissemos anteriormente, porém, nosso estudo visa à análise alargada dos contratos de longo prazo, podendo muitas vezes até mesmo abarcar aqueles contratos de execução diferida, tal como a empreitada, já que, nesses casos, pode sim ser necessário observar-se uma cooperação aumentada das partes.

Dessa forma, consideraremos nosso estudo nesse particular sem limitações, obviamente sendo necessária uma interpretação mais casuística, já que pode haver certos contratos de execução diferida que, por suas características, não precisariam ser interpretados como outros contratos de longo prazo, na medida em que a prestação pendente de entrega pode ser bastante pontual e não exigir esforços ou uma relação mais estreita entre as partes. Por outras vezes, é bem possível também que contratos de execução diferida exijam uma relação muito próxima, contínua e de muita cooperação entre as partes.

1.2. Doutrinas que analisam questões relacionadas com a longa duração
É possível verificar, com a análise de diferentes doutrinas que tratam de questões relacionadas com a longa duração – ou seja, analisam o enfoque do tempo agindo no contrato –, que há efetiva importância em dedicar-se à análise dos contratos de longo prazo e de suas características peculiares, tal como fazemos neste trabalho.

---

[41] GOMES, Orlando. *Contratos*, cit., p. 96.
[42] AZEVEDO, Antonio Junqueira de. *Novos estudos e pareceres de direito privado*, cit., p. 357.
[43] MACARIO, Francesco. *Adeguamento e rinegoziazione nei contratti a lungo termine*, cit., p. 90.

Interessante destacar que cada uma das diferentes doutrinas a seguir analisadas possui enfoques e preocupações diferenciadas, mas todas elas demonstram a relevância do assunto.

Assim, parece-nos adequado fazer uma breve análise de tais estudos, que nos trarão ideias e preocupações iniciais sobre a matéria dos contratos de longo prazo e se mostrarão basilares ou complementares para o desenvolvimento de nosso raciocínio e compreensão de nossas preocupações.

A observação de análises específicas sobre os contratos de longo prazo permitirá, ainda, uma reflexão sobre aspectos particulares de tal forma de contratação para podermos verificar se há necessidade de exigir-se uma conduta diferenciada das partes e quais são os aspectos que eventualmente justificam essa diferenciação.

Obviamente que as considerações serão breves e terão por foco as principais ideias úteis à completa compreensão e demonstração das discussões aqui trabalhadas.

1.2.1. Contratos relacionais

Ainda é pouco estudada e difundida no Brasil a já relativamente antiga teoria dos contratos relacionais[44], desenvolvida principalmente pelo jurista norte-americano Ian Macneil[45] a partir de meados dos anos 70 nos Estados Unidos e posteriormente reanalisada e discutida por outros juristas americanos e europeus. [46]

---

[44] Conforme afirma Robert W. Gordon, no resumo de seu artigo, trata-se de uma teoria a ser seguida pelo Direito Contratual e não uma análise de tipos contratuais: "A abordagem relacional dos contratos visa a transformar os fundamentos da teoria contratual. Ela não é a teoria de algum tipo de contrato, o contrato relacional." (GORDON, Robert W. Macaulay, Macneil e a Descoberta da Solidariedade e do Poder no Direito Contratual. Trad. Ludwig Marcos de Campos. *Revista Direito GV*, v. 3, nº 11, p. 187-202, jan.-jun. 2007.)

[45] Outros juristas também contribuíram para o desenvolvimento da teoria, mas Macneil parece-nos o mais importante. O próprio Macneil sustenta que: "My students, for example, all know that I invented relational contract, and I daresay Stewart Maucalay's students all know that he invented relational contract." (MACNEIL, Ian. Relational contract: what we do and do not know. *Wisconsin Law Review*, p. 483-525, 1985, p. 483.)

[46] Farta bibliografia nesse sentido é citada por MACEDO Jr., Ronaldo Porto. *Contratos relacionais e defesa do consumidor*. 2ª ed. São Paulo: RT, 2007, p. 122-123. Igualmente David Campbell traz grande lista bibliográfica sobre o assunto: CAMPBELL, David. *Ian Macneil and the relational theory of contract*. Disponível em <http://www.lib.kobe-u.ac.jp/repository/80100023.pdf>. Acesso em 20.04.2012.

Como entendemos que a análise dessa teoria acaba tendo bastante relevância para os estudos dos contratos de longo prazo, fazemos aqui uma análise, ainda que de forma não tão aprofundada, para podermos utilizar seus conceitos.

Macneil desenvolveu essa teoria porque observou que a teoria contratual clássica já não era suficiente para interpretar contratos e resolver conflitos deles advindos, na medida em que muitos de seus princípios e conceitos acabavam se tornando pouco aplicáveis às contratações analisadas.[47]

Assim, a teoria dos contratos relacionais foi desenvolvida em oposição ao formalismo legal (especialmente considerando a doutrina contratual americana dos anos 70 e 80), que tinha foco principalmente nos termos expressos do contrato, praticamente ignorando as questões que resultam do contexto da relação contratual.[48] Naquele cenário, a liberdade contratual, expressão da autonomia privada[49], era destaque e levava os juristas, inclusive os brasileiros, a se apegarem efetivamente ao que as partes haviam previsto na avença.

Segundo a teoria de Macneil, os contratos podem ser divididos em contratos descontínuos ("discrete") e relacionais. Os contratos descontínuos

---

[47] "That theory is the most promising basis for the construction of the alternative jurisprudence of market transactions now widely recognized to be necessary following the 'death' of 'the classical law of contract'." (CAMPBELL, David. *Ian Macneil and the relational theory of contract*, cit., p. 2.) Antonio Junqueira de Azevedo, ao analisar os contratos relacionais, afirma que: "Essa expressão, ainda não inteiramente assimilada nos direitos da família romano-germânica, representa uma importante tentativa de renovação da dogmática contratual clássica." (AZEVEDO, Antonio Junqueira de. *Novos estudos e pareceres de direito privado*, cit., p. 354.)

[48] Diathesopoulos, Michael D., *First Approaches Towards Relational Contracts*. Disponível em <http://ssrn.com/abstract=1625364>. Acesso em 23.04.2012.

[49] Antonio Junqueira de Azevedo defende três visões para a autonomia da vontade, a primeira seria a visão individualista (autonomia da vontade), a segunda a visão estatizante (autonomia privada, decorrente do poder que o Estado outorga ao particular) e, por fim, a social (decorrente da própria sociedade, que aceita os efeitos vinculantes do negócio jurídico). Sustenta o autor que a última deve prevalecer e sugere a utilização do termo autonomia social. (AZEVEDO, Antonio Junqueira de. *Estudos e pareceres de direito privado*. São Paulo: Saraiva, 2004, p. 47). Já Fernando Noronha afirma que: "'Princípio da autonomia privada' é expressão que tende a substituir aquela de 'princípio de autonomia da vontade' cunhada por Gounot em 1912, para, como vimos anteriormente, caracterizar a concepção individualista e liberal que ao seu tempo imperava". (NORONHA, Fernando. *O direito dos contratos e seus princípios fundamentais*. São Paulo: Saraiva, 1994, p. 111).

seriam aqueles instantâneos, "spot"[50], que são celebrados e cumpridos em um só instante, sendo que as obrigações das partes são cumpridas imediata e simultaneamente. Cada contrato descontínuo, ainda que entre as mesmas partes, constitui unidade separada e desvinculada. Tais contratos não dão destaque para a pessoalidade do contratante, nem para o relacionamento entre as partes. Como dito anteriormente, a expressão utilizada por Macneil para denominar tais contratos é "discrete", que optamos por traduzir como "descontínuos".[51]

Na parte da "apresentação" do livro de Macneil o "Novo Contrato Social", em sua versão em língua portuguesa, Ronaldo Porto Macedo Jr. afirma que:

"o modelo simplificado do contrato promessa, especialmente em sua versão liberal clássica (especialmente simplificada), descreve com relativa precisão a prática dos contratos descontínuos, i.e., contratos nos quais é possível determinar quase que completamente as contingências futuras no momento presente em que é realizada a promessa, através de uma negociação instrumental,

---

[50] Pontual. Segundo o dicionário de inglês Longman, "for buying or paying immediately, not at some future time". (Disponível em <http://www.ldoceonline.com/dictionary/discrete>. Acesso em 20.04.2012.)

[51] Segundo se verifica no dicionário de inglês Longman, a definição de discrete é "clearly separate", ou seja, claramente separado. (Disponível em <http://www.ldoceonline.com/dictionary/discrete>. Acesso em 20.04.2012.) Já o dicionário de inglês Cambridge define "discrete" como: "having a clear independent shape or form; separate", ou seja, tendo uma forma claramente separada, separado. Seria até possível utilizar a expressão "discreto" em vez de "descontínuo" para nos referirmos a tais contratos, como inclusive o faz Erik Frederico Gramstrup em algumas passagens de seu texto. (Contratos Relacionais, In: LOTUFO, Renan; NANNI, Giovanni Ettore. *Teoria Geral dos Contratos*. São Paulo: Atlas, p. 321-333, 2011.) Segundo o dicionário Houaiss da língua portuguesa, na definição de discreto: "7 Rubrica: física, matemática. Constituído por unidades distintas (diz-se de uma grandeza); descontínuo". (Disponível em <http://houaiss.uol.com.br/busca.jhtm?verbete=discreto&stype=k&x=0&y=0>. Acesso em 20.04.2012.) No entanto, parece-nos mais apropriado utilizar a palavra "descontínuo" para a referência em questão, já que no uso corrente da língua portuguesa não se utiliza com frequência a palavra discreto em tal sentido. Ronaldo Porto Macedo Jr. também opta por utilizar a expressão "descontínuo" ao se referir ao "discrete contract". (MACEDO Jr., Ronaldo Porto. *Contratos relacionais e defesa do consumidor*, cit.) A tradução para o português da obra de Macneil, também assim o faz. (MACNEIL, Ian. *O novo contrato social: uma análise das relações contratuais modernas*. Trad. Alvamar Lampareli. Rio de Janeiro: Elsevier, 2009.)

racional, orientada por interesses e preferências individuais e segundo uma moralidade de que a promessa deve ser cumprida"[52].

Exemplo típico de contrato descontínuo dado por Macneil é a compra e venda de combustível por um consumidor em posto de gasolina de local onde referido consumidor não reside e só esteja de passagem esporádica (isso porque, se considerarmos ser o posto de gasolina da esquina da casa do consumidor ou aquele em seu caminho rotineiro, certamente estaremos falando de um contrato relacional). Ainda assim, como sustentado por Macneil e como discorreremos mais adiante, referido contrato também contém contornos que não são essencialmente de um contrato descontínuo, já que o vendedor provavelmente atenderá bem seu cliente para que ele volte a comprar o produto (na medida em que o vendedor não saberá do fato de que o consumidor está lá apenas de passagem); além disso, o cliente decidiu parar naquele posto específico confiando em uma determinada marca do distribuidor de combustível. Dessa forma, mesmo em contratos descontínuos, instantâneos, pode haver certos aspectos semelhantes àqueles que existem nos contratos relacionais. [53]

Para o referido autor, uma transação verdadeiramente descontínua seria completamente separada não apenas de todas as outras relações no presente, mas de todas as relações passadas e futuras também.[54] Em oposição aos contratos descontínuos, Macneil defende os contratos relacionais, que são aqueles contratos duradouros, nos quais as partes mantém um relacionamento mais intenso e próximo. Os contratos relacionais destacam o papel da interação, da colaboração, confiança e do interesse comum da relação. A relação possui importância fundamental. Contratos relacionais em geral envolvem relações complexas entre os contratantes.

A confiança é tida como aspecto primordial em tais contratos, na medida em que o relacionamento entre as partes será diferenciado porque elas imaginam que poderão sempre estar em frequente contato. Por isso, a

---

[52] MACNEIL, Ian. *O novo contrato social*, cit., p. XXXIII.
[53] MACNEIL, Ian. The many future of contracts. *South California Law Review*, vol. 47, p. 691-816, 1973-1974, p. 720. O mesmo exemplo é citado por ele no texto: Contracts: adjustment of long-term economic relations under classical, neoclassical, and relational contract law. *Northwestern University Law Review*, vol. 72, p. 854-905, 1977-1978, p. 857.
[54] Contracts: adjustment of long-term economic relations under classical, neoclassical, and relational contract law, cit., p. 856.

confiança entre elas é maior e tende a facilitar a relação em razão de diminuição de custos e esforços.[55]

Ainda, para Macneil: *"Two common characteristics of long-term contracts are the existence of gaps in their planning and the presence of a range of process and techniques used by contract planners to create flexibility in lieu of either leaving gaps or trying to plan rigidly."*[56] Assim, na maioria das vezes os contratos relacionais são também incompletos; as partes não conseguem prever todos os aspectos[57] de seu relacionamento complexo e de longo prazo.[58]

---

[55] Para uma análise mais detida da confiança ver REGO, Anna Lygia Costa. *Confiança e investimento estrangeiro: uma análise do ambiente jurídico brasileiro*, cit.

[56] Contracts: adjustment of long-term economic relations under classical, neoclassical, and relational contract law, cit., p. 865. No mesmo sentido, vide a obra do autor: *O novo contrato social*, cit., p. 23.

[57] Vale transcrever a seguinte passagem do texto de Ronaldo Porto Macedo Jr., que sucintamente descreve as características dos contratos relacionais: "Os contratos relacionais (como por exemplo contratos de franquia, de trabalho, de cooperação tecnológica, fornecimento entre empresas, previdenciários e alguns tipos de contratos bancários), em contraste com os contratos descontínuos, são contratos de longa duração baseados na própria dinâmica estabelecida no curso da relação contratual. As principais diferenças entre os contratos relacionais e os contratos descontínuos podem ser resumidas da seguinte maneira. Em primeiro lugar, é impossível especificar completamente o contrato relacional de longa duração em termos de preço, quantidade, qualidade e entrega, dada a sua mutabilidade constante. Isto porquanto ele envolve elementos não facilmente mensuráveis e visa regular situações que demandam alto grau de flexibilidade. Em segundo lugar, dadas as contínuas mudanças no produto ou características do serviço prestado, é impossível prever todas as contingências do futuro e especificar os termos dos ajustes nos contratos relacionais. A sua indeterminação ultrapassa os limites das soluções neoclássicas, como o contrato aberto, que estipulava regras definidas (ainda que mais abertas em relação à teoria clássica) para os reajustes contratuais. A própria possibilidade do estabelecimento de um "standard" objetivo e prefixado para o reajuste tal como formalizado pela teoria neoclássica começa a se demonstrar insuficiente face o aumento expressivo do grau de contingencialidade e variação dos termos das relações contratuais. O contrato assume, numa dimensão maior do que a teoria neoclássica é capaz de admitir e incorporar, uma dimensão processual, que adquire a forma de um jogo reflexionante que produz "in fieri" a medida de sua razoabilidade e justiça contratual. Em substituição às cláusulas de reajuste, os contratos relacionais incluem termos estabelecendo processos institucionais pelos quais os termos de troca e ajuste serão especificados no curso da performance ou cumprimento contratual. Deste modo, os contratos relacionais fazem mais do que regular a troca de mercadorias e seu ajuste. Eles estabelecem o processo para cooperação interorganizacional no produto ou serviço, na produção e na estruturação da forma de gerenciamento. Assim é que em muitas contratações relacionais, como por exemplo o fornecimento entre empresas, até mesmo o sagrado princípio

Analisaremos a teoria desenvolvida pelos estudos de Direito e Economia sobre contratos incompletos e seus reflexos no item 1.2.2, mas por ora é importante destacarmos mais essa característica dos contratos relacionais, que, portanto, faz com seja necessária maior colaboração entre as partes, inclusive para que elas possam completar o conteúdo do contrato conforme necessário.

Stewart Macaulay – outro autor considerado relacionalista – diz que, muito mais do que uma fotografia, o contrato relacional deve ser visto como um filme; ou seja, devemos considerar a relação das partes tal como ela efetivamente ocorre no dia a dia e levar em conta todos esses aspectos na análise contratual.[59] Esse entendimento descreve bem o que deve ser con-

---

da instrumentalidade da empresa começa a ser questionado e se torna objeto de negociação. Empresas integradas em redes produtivas ou "networks" num sistema de produção pós-fordista intensificam a troca de informações e começam a compartilhar livros e planilhas de custos. A divisão de lucros passa a ser objeto de negociação entre as empresas no curso da performance contratual que as vincula. O lucro será agora menos o produto da barganha entre as partes e mais o produto de mútua cooperação, dentro de novos princípios de solidariedade e onde o conceito de boa-fé passa a ter uma importância antes inexistente. Por fim, os contratos relacionais de modo geral envolvem relações complexas entre diversas partes, nas quais os vínculos pessoais e de solidariedade, confiança e cooperação são determinantes." (*Contratos relacionais no direito brasileiro*, p. 7-8. Disponível em <http://lasa.international.pitt.edu/LASA97/portomacedo.pdf>. Acesso em 15.04.2012.)

[58] "Les approches relationnelles considèrent, quant à elles, des échanges répétés à caractère relationnel et ayant une orientation de long terme délibérée. Elles mettent en exergue le role des phénomènes d'interaction et s'intéressent à l'ensemble de la relation entre les partenaires et non pas seulement à un accord spécifique. L'unité d'analyse devient la relation. Le contrat est relationnel dans le sens où les parties sont incapables de déterminer, de façon exhaustive, les termes importants du contrat en obligations bien définies. Les approches relationnelles abordent la relation et sa coordination comme un phénomène bilatéral où des adaptations et des ajustements ont lieu en permanence, et ce grâce à des attentes et des normes de comportement partagées qui peuvent différer largement d'un contexte à un autre." (AMBROISE, Laure; MAQUE, Isabelle; PRIM-ALLAZ, Isabelle. Ian Macneil et la théorie du contrat social: Proposition d'un outil d'analyse dês relations pour l'emsemble des domaines de gestion. Disponível em <http://halshs.archives-ouvertes.fr/docs/00/47/05/70/PDF/AIMS09_Ambroise_Maque_Prim_V2.pdf>. Acesso em 20.04.2012.) Falaremos mais sobre os contratos incompletos no item 1.2.2.

[59] MACAULAY, Stewart. Relational contracts floating on a sea of custom? Thoughts about the ideas of Ian Macneil and Lisa Bernstein. *Northwestern University Law Review*, vol. 94, p. 775-804, 1999-2000. Disponível em <http://heinonline.org/HOL/Print?collection=journals&handle=hein.journals/illlr94&id=786.> Acesso em 23.04.2012.

siderado para os fins da análise do contrato relacional, ou seja, não apenas o que se quis no momento de sua assinatura, mas todos os contornos que foram dados ao contrato ao longo de sua execução pelas partes, considerando a destacada importância da efetiva dinâmica contratual.

Como afirma Erik Frederico Gramstrup:

> "A expressão tradicional contratos de trato sucessivo (aqueles que perduram no tempo quanto à execução) não é adequada para descrever os relacionais, pois há semelhanças e diferenças conceituais. Não que uns e outros sejam totalmente estranhos. Concordamos com a observação de Luiz Guilherme Loureiro de que os primeiros (relacionais) estão em relação de gênero e espécie com os segundos, em contraposição aos contratos de execução instantânea. Mas se fossem confundidas as duas figuras, então a noção de contrato relacional seria definida exclusivamente pela duração no tempo, o que não é suficiente"[60].

Assim, além de suas características de contratos de longo prazo, os contratos relacionais possuem algo mais do que uma simples relação de longo prazo. Em nossa opinião, porém, todos os contratos de longo prazo exigem o dever de cooperação de forma mais intensa entre as partes, e isso se assemelha muito com as características que deveriam ser observadas em contratos relacionais.

Com isso, em razão das características próprias dos contratos relacionais, a boa-fé possui papel de destaque em tais contratações, para assegurar a colaboração recíproca dos contratantes.[61]

Muito provavelmente o mais aprofundado trabalho que temos sobre contratos relacionais na doutrina brasileira é o de Ronaldo Porto Macedo Jr., que analisou em detalhes a teoria de Macneil. Para o autor, a teoria dos

---

[60] *Contratos Relacionais,* cit., p. 322.
[61] "É di tutta evidenza, peraltro, che i contratti relazionali e di durata posiedono proprie specifiche caratteristiche che li rendono particolarmente bisognosi di regole capaci di assicurare la collaborazione reciproca dei contraenti. Pertanto, un'interpretazione della buona fede che sia solidale rispetto a question fine è concepibile e opportuna perché sorretta dalla presunzione, o dalla verifica, che le parti, nell'addivenire all'accordo, hanno contratto su un piede di parità ed hanno inoltre um programma economico in linea di massina comune." (D'ANGELO, Andrea; MONATERI, Pier Giuseppe; SOMMA, Alessandro. *Buona fede e giustiza contrattuale. Modelli cooperativi e modelli conflittuali a confronto.* Torino, G. Giappichelli Editore, 2005, p. 127.)

contratos relacionais nos permite "encontrar um enquadramento teórico mais adequado e poderoso para a compreensão das mudanças no direito contratual moderno"[62]. Ainda, e como veremos mais adiante com relação aos contratos de longo prazo de modo geral, Ronaldo Porto Macedo Jr. afirma também que a boa-fé funciona como "verdadeira 'norma de calibração' da teoria contratual relacional"[63]. Em nossa opinião, como será aprofundado a seguir, de fato a boa-fé tem importância de destaque na apreciação de contratos de longo prazo, especialmente obrigando as partes a observarem com rigor maior determinadas condutas que derivam dos deveres anexos.

Os autores do *common law* que defendem a teoria dos contratos relacionais sugerem que a teoria contratual clássica, com a prevalência dos termos acordados sobre a realidade fática contratual, já não pode mais ser considerada como outrora, sendo imprescindível aplicar-se a teoria do contrato relacional, valendo-se das lições que consideram a realidade fática e exigem dos contratantes muito maior colaboração.[64] Como dizem os doutrinadores do *common law*, seria o "real deal" prevalevendo sobre o "paper deal".[65]

Para nós, que temos um direito de *civil law*, inspirado no direito europeu continental, no qual os "novos princípios contratuais"[66] regem a rela-

---

[62] *Contratos relacionais e defesa do consumidor*, cit., p. 124.
[63] *Contratos relacionais no direito brasileiro*, cit., p. 10.
[64] Ver críticas de Macneil à "classical law of contract" em CAMPBELL, David. Ian Macneil and the Relational Theory of the Contract, cit., p. 6. No mesmo sentido, LEIB, Ethan. Contracts and friendships. *Emory Law Journal*, vol. 59, p. 649-726, 2010, p. 655. Vale citar o que diz Hugh Collins: "For these relational contracts, the assumption of the classical law that the contractual terms provide self-regulation is plainly untenable." (COLLINS, Hugh. *Regulating Contracts*. Oxford: Oxford University Press, 2002, p. 141.)
[65] CAMPBELL, David; COLLINS, Hugh; WIGHTMAN, John. *Implicit Dimensions of Contract: Discrete, Relational and Network Contracts*. Oxford: Hart, 2003. O livro todo é direcionado à discussão das "dimensões implícitas" dos contratos, que seriam os termos não escritos, mas que fazem parte da avença. Especificamente sobre o "real deal" e o "paper deal" ver o artigo de MAUCALAY, Stewart. The Real and the Paper Deal: Empirical Pictures of Relationships, Complexity and the Urge for Transparent Simple Rules, In: CAMPBELL, David; COLLINS, Hugh; WIGHTMAN, John. *Implicit Dimensions of Contract: Discrete, Relational and Network Contracts*. Oxford: Hart, p. 51-102, 2003.
[66] "Estamos em época de hipercomplexidade, os dados se acrescentam, sem se eliminarem, de tal forma que, aos três princípios que gravitam em volta da autonomia da vontade e, se admitido como princípio, ao da ordem pública, somam-se outros três – os anteriores não devem ser considerados abolidos pelos novos tempos, mas, certamente, deve-se dizer que viram seu

ção tanto quanto os princípios contratuais clássicos, ou, dependendo da situação específica, acabam até se sobrepondo a eles, muitas vezes pode parecer que a teoria dos contratos relacionais nos seria despicienda.[67] No entanto, muito embora tenhamos outros meios de resolver determinados problemas contratuais (que a *common law* eventualmente não tenha[68]), sem dúvida a teoria dos contratos relacionais deve ser por nós considerada para fins de estudo, especialmente tendo em vista nosso foco de contratos de longo prazo e colaboração entre as partes.

número aumentado por três novos princípios. Quais são esses *novos princípios*? A boa-fé objetiva, o equilíbrio econômico do contrato e a função social do contrato." (AZEVEDO, Antonio Junqueira de. *Estudos e pareceres de direito privado*, cit., p. 140.) Ver também, sobre os novos princípios: LÔBO, Paulo Luiz Netto. Princípios sociais dos contratos no Código de Defesa do Consumidor e no novo Código Civil. *Revista de Direito do Consumidor*, São Paulo, v. 11, n. 42, p. 187-195, abr./jun. 2002.

[67] Antonio Junqueira de Azevedo, sobre a aceitação da teoria do contrato relacional no Direito brasileiro, afirma que: "Há, porém, dois pontos, ambos referentes à sua origem, que tornam difícil a integração do contrato relacional no mundo mental dos juristas romano-germânicos São a sua fonte na sociologia e no universo intelectual norte-americano." (*Novos estudos e pareceres de direito privado*, cit., p. 355.)

[68] Como menciona Ethan Leib, vale notar, no entanto, que mesmo para o Direito norte-americano, o Direito Contratual moderno, por meio do Uniform Commercial Code, já adotou determinadas maneiras de resolver certos problemas, tais como incorporando costumes comerciais, dando valor aos usos e dinâmica contratual, observando a boa-fé, ou seja, levando em conta as "dimensões implícitas" (implicit dimensions): "*In relational theory's most modest form, its adherents urge incorporating trade usages, courses of dealing, courses of performance, and a general good faith obligation. But this urging has largely already been adopted by modern contract law through the Uniform Commercial Code – another way we are all relationalists now. The common law also already embraces many of these minimalist relationalist prescriptions. True devotees of relational contract theory, however, believe that these modest incorporation strategies do not go far enough. The relational contract theory camp recommends a much more substantial effort to mine parties' relationships for implicit understandings and social norms and to analyze their relational properties to help resolve disputes. These implicit understandings can play a role in adjudicating questions of formation, performance, modification, interpretation, or remedies.*" (Contracts and friendships, cit., p. 663.) No tocante ao Direito inglês, vale destacar que, apesar de a Inglaterra não ter propriamente um conceito de cláusula geral de boa-fé, há quem diga que a introdução de tal conceito seria desnecessária tendo em vista a aplicação do conceito de "reasonable expectations of the parties", ou razoáveis expectativas das partes. Outros são favoráveis à introdução da cláusula geral de boa-fé, refletindo a visão do contrato como um empreendimento cooperativo, diferentemente da visão tradicional e individualista de livre mercado. (ZIMMERMANN, Reinhard; WHITTAKER, Simon. *Good Faith in European Contract Law: surveying the legal landscape*. Cambridge: Cambridge University Press, 2004, p. 47.)

Sustentando a importância da análise dos contratos relacionais mesmo para o Direito brasileiro (especialmente para o estudo dos contratos de distribuição), Paula Forgioni afirma que a utilidade da análise reside no fato de ela colocar em relevo a relação entre as partes e a força da boa-fé, da confiança.[69]

Macneil tentou alterar, durante seus trabalhos, a terminologia da teoria dos contratos relacionais para "teoria contratual essencial"[70], tendo inclusive sustentado isso em um de seus trabalhos que conjugam os pensamentos revelados em diversos outros.[71] Mas parece que a doutrina contratual acabou não adotando de forma efetiva essa nova terminologia, já que a definição de contratos relacionais e de sua teoria estava já arraigada nos estudos do Direito Contratual.[72]

Vale destacar que, a teoria dos contratos relacionais encontra também críticas de determinados autores da *common law*, que se dizem não "relacionalistas". Apenas como exemplo citamos o artigo de Ethan Leib, que defende a teoria, mas ilustra críticas tais como: o fato de não haver uma correta definição de quais contratos deveriam ser considerados relacionais; não haver um conjunto de regras bem definidas para a aplicação a tais contratos; ser necessário ao intérprete levar em conta padrões de relacionamento, o que muitas vezes foge ao Direito. Enfim, a crítica que ele menciona, principalmente de Eisenberg, é no sentido de não haver regras claras nas quais se possa subsumir determinados padrões de contratos, nem mesmo regras claras sobre qual será a sua interpretação e o Direito a ser aplicado. Além disso, a alegação de alguns doutrinadores não relacionalistas (especialmente da escola de Direito e Economia[73], como Leib

---

[69] FORGIONI, Paula A. Contrato de Distribuição, cit., p. 75.
[70] MACNEIL, Ian. Relational contract theory: challenges and queries. *Northwestern University Law Review*, vol. 94, p. 877-907, 1999-2000, p. 881.
[71] "O Novo Contrato Social é um compêndio de uma determinada teoria contratual relacional desenvolvida durante duas décadas antes de sua publicação em 1980 [destaca-se que essa é a versão americana, sendo que a tradução para o português, aqui utilizada, é bem recente, de 2009]. Desde então passei a chamar aquela teoria de "teoria contratual essencial". Isto porque não que ache essencial que o mundo atente para ela, mas porque contém aquilo que acredito constituírem os elementos mínimos essenciais em uma teoria abrangente acerca do funcionamento da troca na vida real." (MACNEIL, Ian. *O novo contrato social*, cit., p. XIII.)
[72] "That re-branding has not been successful, and I prefer to stick with the old terminology and its thirty years of history and development." (LEIB, Ethan. Contracts and friendship, cit., p. 657.)
[73] Falaremos brevemente sobre Direito e Economia no item 1.2.2.

afirma, dando o exemplo de Eric Posner) no sentido de que os juízes não teriam competência para entender corretamente a dinâmica contratual e então julgar os casos com base na teoria dos contratos relacionais, também é refutada por Leib, que considera, com base em outros exemplos, que se eles não têm competência para aplicar a teoria relacional, tampouco são capazes de julgar o caso com base no formalismo extremo, especialmente porque contratos de longo prazo são incompletos e não há formalização de tudo o que as partes gostariam, por razões de custos, assimetria de informação, etc.[74]

David Campbell, defensor da teoria de Macneil, afirma que a principal razão para a resistência à teoria relacional do contrato, em sua opinião, é o fato de que ela foi interpretada como uma teoria muito paternalista, em oposição à teoria da liberdade contratual, tendo, aparentemente, deixado pouco espaço para a concorrência e questões de mercado.[75] No entanto, ele diz que essa não era a intenção de Macneil e que referida teoria pode ser interpretada sim de forma mais liberal e de modo a dar lugar à livre concorrência.[76]

Hugh Collins, apesar de reconhecer a teoria e entendê-la como importante, sustenta que ela não é suficiente na análise do comportamento contratual.[77] Dessa maneira, no Direito inglês, que em certa medida recepcionou a teoria dos contratos relacionais, também se encontra resistência a ela.

Entendemos, no entanto, que, para nossa análise do dever de cooperação nos contratos de longo prazo e considerando as peculiaridades do Direito brasileiro, que se insere no sistema do *civil law*, seguindo fortemente as tendências do Direito europeu continental, onde já existe toda uma cultura de boa-fé e observância da efetiva dinâmica contratual – dinâmica esta que passa a fazer parte inclusive do acordo escrito –, tais críticas

---

[74] LEIB, Ethan. Contracts and friendships, cit., p. 664-667 e p. 669-670.
[75] Em sentido similiar, Fernando Araújo afirma que: "Não surpreende que Macneil tenha ficado tão longamente conotado com a mais elementar causa do anti-formalismo, antes que tivesse compreendido o alcance pleno de sua proposta <<relacional>>." (ARAÚJO, Fernando. *Teoria económica do contrato*, cit., p. 408.)
[76] CAMPBELL, David. The incompleteness of our understanding of the law and economics of relational contract. *Wisconsin Law Review*, p. 645-678, 2004, p. 661.
[77] COLLINS, Hugh. *Regulating contracts*, cit., p. 128-132.

não nos parecem levar ao questionamento da efetividade e aplicação prática da teoria dos contratos relacionais.

Podemos, assim, considerar os conceitos da teoria relacional para nossa análise dos diferentes aspectos que os contratos de longo prazo requerem das partes contratantes no que toca à sua cooperação.

Apesar de não fornecer conceitos seguros e precisos sobre os contratos que estariam sob a égide de sua análise, especialmente porque muito contratos contêm características relacionais[78], entendemos que o paradigma relacional é importante porque se contrapôs ao Direito Contratual clássico, numa tentativa de ultrapassar as barreiras e as dificuldades que a abordagem clássica trazia ao intérprete.

Além disso, sem dúvida a teoria relacional demonstra a necessidade de se ter um novo olhar sobre os contratos, especialmente sobre aqueles de longo prazo, levando em conta suas particularidades, a confiança que uma parte deposita na outra, a complexidade da avença, a relação sopesada de forma diferenciada.[79]

1.2.1.1. Nível de cooperação aumentado nos contratos relacionais

Muito embora dediquemos abaixo outro item para falarmos sobre o fato de se exigir das partes uma cooperação aumentada nos contratos de longo prazo, entendemos interessante já destacar como a doutrina relacional impôs um novo olhar à cooperação das partes, já há certo tempo.

Como sustenta Antonio Junqueira de Azevedo: "Há no contrato relacional um contrato de duração que exige fortemente colaboração. (...) O princípio da boa-fé deve ser mais intensamente considerado nos primeiros [relacionais], tendo em vista seu caráter aberto, com forte indefinição na sua projeção para o futuro, impondo, para atingir os seus fins, muita lealdade entre as partes."[80]

Vale a pena ressaltar, assim, o estudo dos contratos relacionais no sentido de que diversos autores atribuem às partes que contratam tal moda-

---

[78] ARAÚJO, Fernando. *Teoria económica do contrato*, cit., p. 417.

[79] Também em sentido favorável a um olhar relacional aos contratos de longo prazo, mesmo em sistema de *civil law*: MACARIO, Francesco. Adeguamento e rinegoziazione nei contratti a lungo termine, cit., p. 54 e ss.

[80] AZEVEDO, Antonio Junqueira de. *Novos estudos e pareceres de direito privado*, cit., p. 355-356.

lidade um grau de cooperação aumentado, deixando mais fortes, por consequência, os deveres anexos ao contrato, resultantes do princípio da boa-fé objetiva. Isso vai exatamente ao encontro de nossa análise neste trabalho, no sentido de que o dever de cooperação deve ser maior para os contratos de longo prazo, como discorreremos com mais vagar nos tópicos seguintes.

Para Macneil, contrariamente às contratações instantâneas, a contratação relacional depende inteiramente de ulterior cooperação, não apenas para executar o que estava acordado, mas também para planejamento futuro das atividades.[81] Ele afirma, ainda, que "muitos dos fatores encontrados nas relações – por exemplo, a necessidade de cooperação futura – criam altos níveis de interdependências em que os interesses de cada parte se tornam os interesses das outras partes"[82].

A cooperação dentro dos contratos relacionais assume uma importância crucial e, conforme defende Ronaldo Porto Macedo Jr., passa a ser analisada não apenas como um dever anexo ou lateral de conduta dentro das diretrizes traçadas pela boa-fé objetiva, mas como fator central de dever dos contratantes.[83]

Em nossa opinião, não podemos elevar o dever de cooperação a fator central ou mesmo à obrigação principal, mas, sem dúvida, ele estaria presente num grau mais acentuado nos contratos relacionais. Mesmo em contratos descontínuos, existe o dever de colaboração em "nível básico", para possibilitar a efetiva realização da transação.[84] Assim, apesar de tal dever ser ínsito a todas as categorias de contratos, de fato o dever de cooperação possui posição de destaque nos contratos relacionais, dadas as características inerentes a tais contratos, que obrigam as partes a se comportarem com mais lealdade e confiança do que em avenças que não guardam as mesmas características.

---

[81] *The many future of contracts*, cit., p. 781.
[82] *O novo contrato social*, cit., p. 27.
[83] *Contratos relacionais e defesa do consumidor*, cit., p. 153.
[84] DEAKIN, Simon; LANE, Christel; WILKINSON, Frank. Contract Law, Trust Relations, and Incentives for Co-operation: A Comparative Study. In: DEAKIN, Simon; MICHIE, Jonathan (Ed.). *Contracts, Co-operation and Competition: Studies in Economics, Management, and Law*. Oxford: Oxford University Press, p. 105-142, 2003 p. 106.

Como afirma Erik Gramstrup:

"A diferença, portanto, entre o grupo dos assim chamados 'contratos relacionais' e os congêneres 'discretos' se resume numa questão de grau e não de essência. [...] Vale dizer, esse dever, inerente a qualquer contrato, é sentido mais intensamente no caso dos ajustes relacionais, estando aí a diferença meramente de grau a que aludimos"[85].

O que ocorre, na verdade, e como aprofundaremos mais adiante, é uma elevação do grau do dever de cooperação, fazendo com que os *standards* da boa-fé objetiva, que guiam o comportamento das partes, sejam diferenciados para as contratações de longo prazo, como deve ocorrer nos contratos relacionais.

1.2.2. Contratos incompletos

Como dissemos anteriormente, os contratos de longo prazo, em sua maioria, são também contratos incompletos, ou seja, as partes não conseguem de antemão definir absolutamente todas as condições que vão reger a contratação, ainda que façam praticamente tudo que está ao seu alcance para evitar que o contrato contenha lacunas ou deixe de conter informações importantes para a transação.

É praticamente impossível a existência de contratos completos, já que, "contratos completos seriam aqueles capazes de especificar, em tese, todas as características físicas de uma transação, como data, localização, preço e quantidades, para cada estado da natureza futuro"[86]. Assim, não haveria nenhuma necessidade de se considerarem outros direitos e obrigações das partes durante a execução do contrato, já que ele seria absolutamente suficiente em seu conteúdo de todas as condições do negócio firmado entre as partes.

Dessa forma, pelos fatores aqui analisados, será praticamente impossível termos um contrato efetivamente completo. É claro que a incomple-

---

[85] GRAMSTRUP, Erik Frederico. *Contratos Relacionais*, cit., p. 323.
[86] CATEB, Alexandre Bueno; GALLO, José Alberto A. Breves considerações sobre a teoria dos contratos incompletos. Berkley Program in Law and Economics Working Papers: 050107-4/2007. Disponível em <http://repositories.cdlib.org/bple/alacde/050107-4>. Acesso em 15.04.2012, p. 2.

tude contratual em um grau mínimo e para transações descontínuas acaba sendo de pouca relevância, já que não trará grandes implicações às partes. No entanto, ainda assim veremos que dificilmente poderemos considerar contratos (especialmente os de longo prazo) como sendo completos.[87]

A teoria dos "contratos incompletos"[88] foi desenvolvida por economistas e é bastante estudada pelo movimento do Direito e Economia, que é um método de análise do Direito criado principalmente nos Estados Unidos em meados do século XX[89]. Bruno Salama afirma que a disciplina de Direito e Economia pode ser conceituada como "um corpo teórico fundado na aplicação da Economia às normas e instituições jurídico-políticas"[90].

Fernando Araújo, ao conceituar a disciplina "Análise Econômica do Direito", afirma que ela surge na década de 60 do século passado com a

---

[87] "Recent scholarship in the field of contract law has concentrated on contractual incompleteness-that is, on the fact that except in the simplest and most basic transactions, contracting parties do not work out all of the relevant details and contingencies of their relationship at the outset." (KATZ, Avery W., Contractual incompleteness: a transactional perspective. *Case Western Res. Law Review*, vol. 56, p. 169-186, 2005-2006, p. 169.)

[88] Craswell critica a literatura dos contratos incompletos por entender que, para a análise que a ele interessa, não seria mais apropriado fazer-se a distinção entre contratos completos e incompletos. Segundo ele, considerando que todos os contratos são incompletos, ele deseja, por meio de uma nova literatura, trabalhar no desenho eficiente de alternativas jurídicas para os contratos que não são completamente especificados. (CRASWELL, Richard. The "incomplete contracts". Literature and efficient precautions. *Case Western. Res. Law Review*, vol. 56, p. 151-168, 2005-2006, p. 153.)

[89] SZTAJN, Rachel. Direito e Economia. *Revista de Direito Mercantil. Industrial, Econômico e Financeiro*. São Paulo, ano XLV, n. 144, p. 221-235, out-dez/2006.

[90] O que é direito e economia, cit., p. 51. Para uma análise das bases do movimento Direito e Econômica, realizada por autores brasileiros: ZYLBERSZTAJN, Decio; SZTAJN, Rachel. Análise Econômica do Direito e das Organizações. In: ZYLBERSZTAJN, Decio; SZTAJN, Rachel (Org.). *Direito & Economia*. Rio de Janeiro: Elsevier, p. 1-15, 2005; PEREIRA, Haroldo, Aspectos teóricos e do *desenvolvimento histórico da "análise econômica do direito"*, Dissertação (Mestrado) – Pontifícia Universidade Católica de São Paulo, 2009. MENDONÇA, Diogo Naves. *Análise econômica da responsabilidade civil: o dano e a sua quantificação*, cit.; TOMASEVICIUS FILHO, Eduardo. Informação assimétrica, custos de transação, princípio da boa-fé. Tese (Doutorado) – Faculdade de Direito da Universidade de São Paulo, 2007. Interessante, ainda, transcrever a seguinte lição extraída de Tese de Doutorado desta Faculdade: "O método *Law and Economics* não se propõe a substituir o método jurídico. É uma visão complementar, frequentemente convergente com a abordagem tradicional, mas com o foco direcionado mais para o aspecto funcional do que estrutural do contrato." SOUZA, Thelma de Mesquita Garcia e. *O dever de informar e sua aplicação ao contrato de seguro*. Tese (Doutorado) – Faculdade de Direito da Universidade de São Paulo, 2012, p. 18.

análise do Teorema de Coase, os estudos pioneiros de Guido Calebresi, as elaborações de Gary Becker e alguns outros artigos importantes para o desenvolvimento do assunto.[91]

Apesar de este trabalho não ser um trabalho com enfoque específico em Direito e Economia, sem dúvida essa análise enriquece nossa pesquisa, especialmente considerando a grande interação que o Direito e Economia possuem com a análise de contratos, inclusive de contratos de longo prazo, seja pela teoria dos contratos incompletos, pela teoria dos jogos que veremos mais à frente e, ainda, levando em conta outros conceitos econômicos que importam à análise do Direito contratual. Até porque, como sustenta Roppo, "o contrato-conceito jurídico e o direito dos contratos são instrumentais da operação econômica, constituem a sua veste formal, e não seriam pensáveis abstraindo dela", mas possuem certa autonomia em relação à ela.[92]

Obviamente temos que entender a teoria dos contratos incompletos dentro de sua contextualização e observando os problemas que existem no sistema norte-americano, que foi o desenvolvedor da teoria. Naquele sistema, as regras de interpretação contratual e preenchimento de lacunas são diferentes das nossas, e o formalismo ainda é muito grande. Apesar de o sistema prever determinadas cláusulas abertas, assim como o nosso, tal como a boa-fé prevista no Uniform Commercial Code, muitas são as diferenças entre os ordenamentos, e as preocupações igualmente podem se mostrar diferentes.

No entanto, entendemos que as bases da teoria dos contratos incompletos, bem como suas principais preocupações, acabam sendo importantes e interessantes à nossa análise, mesmo sob a ótica de nosso sistema jurídico. Isso porque, como veremos a seguir, no fundo, a teoria dos contratos incompletos tenta transferir às partes a resolução de seus próprios

---

[91] ARAÚJO, Fernando. Análise económica do direito: programa e guia de estudo. Coimbra: Almedina, 2008, p. 15. Fernando Araújo também destaca que: "Foram Sanford Grossman e Oliver Hart que, em 1986, colocaram os contratos incompletos no centro das atenções dos economistas, ainda que a primazia deva ser atribuída, em muitos aspectos, às intuições pioneiras de Herbert Simon. E, como veremos, foi a abordagem 'relacional', reforçada com o potencial analítico da Teoria dos Jogos, que intensificou ainda mais a atenção sobre o tema." (*Teoria económica do contrato*, cit., p. 158.)

[92] ROPPO, Enzo. *Contrato*. Trad. Ana Coimbra, M. Januario C. Gomes. Coimbra: Almedina, 2009, p. 11.

problemas, conferindo elevada importância à boa-fé e à colaboração entre os contratantes.

Nesse sentido, ainda que haja determinados enfoques da teoria dos contratos incompletos que possam não ser de extrema relevância para nossa análise específica – aí se incluindo alguns aspectos de contencioso e de como os juízes vão interpretar e preencher (ou não) as lacunas deixadas pelas partes – em nossa opinião uma análise breve da teoria dos contratos incompletos acaba por (com o perdão do trocadilho) complementar nosso raciocínio para fundamentar nossas análises dos contratos de longo prazo.

Os contratos são incompletos por alguns fatores que invariavelmente atingem as partes contratantes, ainda que em maior ou menor grau.[93] O primeiro deles é a assimetria de informação. As partes costumam ter mais informação sobre seu próprio negócio do que sobre o negócio da outra parte; assim muito elas sabem sobre sua prestação, mas não conseguem saber tudo sobre a contraprestação ou o negócio da outra parte. Muito embora o dever de informar exista desde a fase pré-contratual, também se verifica que, ainda que o contratante informe, não raro ele não disponibilizará absolutamente todas as informações sobre seu negócio à outra parte, seja porque isso não lhe traz benefícios comerciais (muitas vezes pode inclusive lhe ser prejudicial), seja porque não tem interesse, tempo ou até mesmo as efetivas condições para fornecer as informações.

Outro aspecto que ainda atinge a assimetria de informação é a falta de compreensão da outra parte. Dessa forma, ainda que um dos contratantes informe determinados aspectos da transação, que em tese deveriam ser considerados no contrato de forma expressa por serem importantes para aquele negócio específico, muitas vezes a outra parte, por desconhecimento, acaba ignorando ou subestimando a informação, deixando, portanto, de fazer constar alguma condição que pudesse levar em conta tal aspecto.

Ademais, a assimetria de informação pode também levar o detentor de mais informação ao oportunismo, outro aspecto que tende a interferir na completude do contrato.

A assimetria de informação se relaciona, ainda, com o segundo fator que leva à incompletude dos contratos: os custos de transação. Isso por-

---

[93] CATEB, Alexandre Bueno; GALLO, José Alberto A. Breves considerações sobre a teoria dos contratos incompletos, cit., p. 2.

que, retomando o exemplo dado acima, muitas vezes o contratante que recebe determinada informação e não sabe exatamente como utilizá-la acaba preferindo dispensar qualquer análise mais aprofundada justamente por uma questão de custo.

Como os contratantes não conseguem conhecer todas as intempéries e aspectos futuros que podem impactar aquela transação, seria de se esperar que eles estudassem e fizessem as análises necessárias para poder prever tais aspectos em seus contratos. Porém, novamente por uma questão de custo, os contratantes podem preferir deixar seus contratos incompletos em vez de completá-los com todas as possíveis contingências, considerando que os custos que serão incorridos para possibilitar a complementação eventualmente serão bastante superiores àqueles relativos às medidas a ser tomadas para que se complemente o contrato.[94] Outro fator em jogo é o tempo a ser despendido com as análises para a complementação. Com isso, por diversos aspectos, muitas vezes não é vantajoso à parte esforçar-se amplamente para ter um contrato suficientemente completo.

Além disso, ainda que as partes possuam muita informação, elas nunca terão um conhecimento tão perfeito e de todos os aspectos e situações que circunscrevem aquele negócio específico. Trata-se de sua natural racionalidade limitada, como se diz no movimento Direito e Economia.[95] Segundo David Campbell, a racionalidade é limitada[96] por dois aspectos diferentes. O primeiro é a falta de informação e os custos que envolvem a obtenção de informação completa e correta. Devido aos custos, as partes podem preferir limitar suas análises e pesquisas, de modo a evitar custos de transação expressivos. Essa seria uma das razões pelas quais a racionalidade é limitada. A segunda razão seria o próprio fato de que temos limitações

---

[94] COLLINS, Hugh. *The Law of Contract*. 4 ed. Cambridge: Cambridge University Press, 2008, p. 26.
[95] CAMPBELL, David. The incompleteness of our understanding of the law and economics of relational contract, cit., p. 666.
[96] Hermalin, Katz e Craswell falam que o modelo mais simples de racionalidade limitada é o de que as pessoas cometem erros. Elas não conseguem prever todas as possíveis contingências e, assim, seus contratos sofrem pelas contingências imprevistas. (Tradução livre. HERMALIN, Benjamin E.; KATZ, Avery; CRASWELL, Richard. *The law and economics of contracts*. Disponível em <http://papers.ssrn.com/sol3/papers.cfm?abstract_id=907678##>. Acesso em 10.04.2012, p. 70.)

em processar e compreender as informações disponíveis, limitações estas que variam de um indivíduo para o outro, mas, mesmo para aqueles mais capazes, ainda existe certa limitação.[97]

Não há dúvida de que a informação obtida pela parte que possa ser utilizada para a celebração do contrato trará a ela um grau bem maior de segurança e certeza, em razão da tentativa de completar o contrato o tanto quanto possível. No entanto, a completa informação nunca estará disponível e, como afirma David Campbell, num determinado momento seu custo não mais compensará. Assim, o autor afirma que os custos de informação de determinada contingência serão menores quanto mais patente for a referida contingência, e, assim, a modificação do contrato *ex post* tenderá a ser menos custosa que sua alteração *ex ante*.[98]

Verifica-se que o grau de inacabamento contratual depende da ponderação de custos marginais, relativos aos custos de informação, de negociação, de análises e estudos, entre outros, e os benefícios marginais do completamente, tais como à redução de problemas de oportunismos e redução da necessidade de renegociação *ex post*.[99]

Além disso, vale destacar que as chances de um contrato ser incompleto são maiores quanto mais sofisticado e complexo for o ambiente de negócio das partes.[100] Não se pode negar que, em um ambiente sofisticado, as partes provavelmente estarão mais bem assistidas e seus assessores tentarão evitar ao máximo deixar o contrato incompleto. Mesmo assim, em razão da complexidade do contrato e de seus aspectos práticos, os próprios assessores das partes terão limitações em conceber e prever todos os cenários.

Essas são, de forma geral, as principais causas de contratos incompletos. Pode-se acrescentar a elas algumas outras, como o fazem Hermalin,

---

[97] The incompleteness of our understanding of the law and economics of relational contract, cit., p. 674.
[98] The incompleteness of our understanding of the law and economics of relational contract, cit., p. 666.
[99] ARAÚJO, Fernando. *Teoria económica do contrato*, cit., p. 161.
[100] Ilya Segal afirma que, em ambientes complexos, os custos de certos contratos podem ser proibitivos (fazendo aqui referência aos custos de deixá-los mais completos). SEGAL, Ilya. Complexity and Renegotiation: A Foundation for Incomplete Contracts. *The Review of Economic Studies*, vol. 66, n. 1, Special Issue: Contracts, p. 57-82, Jan., 1999.

Katz e Craswell[101], mas no fundo elas acabam se confundindo umas com as demais. Assim, para os fins de nossa análise, entendemos que tais causas já são suficientes para ilustrar as principais razões que levam à incompletude.

Rachel Sztajn afirma que os economistas entendem – o que, segundo ela, faz todo sentido – que em certos casos as pessoas racionais decidirão deixar determinados aspectos de sua contratação sem precisão efetiva para reduzir os custos de transação.[102]

Em razão de sua característica diferida no tempo, é comum que os contratos de colaboração – ou seja, aqueles contratos entre empresários nos quais se verifica uma grande interdependência entre eles – não prevejam todos os aspectos e problemas relativos à sua execução, já que no momento em que as partes celebram a avença não se pode "antever todas as situações e deter todas as informações relativas não apenas à negociação, mas à contraparte e às conjunturas do mercado"[103].

Em adição, como afirma Richard Craswell, a completude de qualquer contrato no mundo real também fortemente dependerá das regras de interpretação que são a ele aplicadas. Assim, dependendo do sistema jurídico sob o qual aquele contrato produzirá seus efeitos, a completude será compreendida em um grau ou em outro.[104] Nesse sentido, vale comentar o fato de que contratos elaborados por advogados de *common law* normalmente são muito mais descritivos e extensos que os elaborados por advogados de *civil law*. Isso porque um advogado de *common law* terá que fazer diversas considerações que são desnecessárias ao *civil law*, tal como deixar expressamente acordado que o devedor se libera em caso fortuito e força maior, além de descrever em detalhes quais eventos estariam cobertos por essas

---

[101] Tais autores trazem como "fontes" da incompletude: (i) racionalidade limitada, (ii) custos contratuais e a "descritibilidade" (tradução para *describability*), (iii) ambientes complexos, (iv) assimetria de informação, e (v) custos de verificação. (*The law and economics of contracts*, cit., p. 70-75.)

[102] Sociedades e contratos incompletos, cit., p. 174.

[103] BEZERRA, Andréia Cristina; PARENTONI, Leonardo Netto. A reconsideração da personalidade jurídica nos contratos mercantis de colaboração. *Revista de Direito Mercantil, Industrial, Econômico e Financeiro*, São Paulo, ano L, n. 158, p. 189-210, abr./jun. 2011, p. 197.

[104] CRASWELL, Richard. The "incomplete contracts". Literature and efficient precautions, cit., p. 154.

hipóteses.[105] Ainda que o *common law* esteja ficando cada vez mais codificado (com o Uniform Commercial Code, os European Principles of Contract, etc.), essa diferença ainda é muito recorrente.

Pela perspectiva econômica, portanto, é racional deixar um contrato incompleto e "o nível ótimo de lacunas dependerá dos riscos e do custo de tornar o contrato mais completo".[106] Além disso, imagina-se que o contrato seja parcialmente incompleto, de acordo com a possibilidade das partes de descrever a natureza daquela troca específica.[107]

A incompletude dos contratos acaba tendo implicações na eficiência de relações de longo prazo, como sustentam Hart e Moore.[108] O contrato deixa de atingir seu nível ótimo de eficiência justamente porque faltam elementos para o cumprimento da obrigação, da forma mais eficaz.

Trebilcock afirma que uma das funções do Direito Contratual é justamente preencher as lacunas de contratos incompletos, mas ele insiste que uma análise econômica também se perguntaria quais seriam as regras a ser aplicadas que maximizariam o bem-estar das partes, considerando que essas regras seriam normalmente as regras que partes racionais teriam acordado *ex ante*.[109] No mesmo sentido, Fernando Araújo sustenta o "interesse da ordem jurídica pelo estabelecimento de balizas supletivas, que, promovendo a eficiência da auto-disciplina contratual, ao mesmo tempo travem essa 'repercussão para frente'".[110]

Justamente nesse ponto, entendemos que os deveres anexos acabam tendo papel de destaque, de forma a direcionar a parte a determinados comportamentos que não estão acordados expressamente.

---

[105] GHESTIN, Jacques. L'Analyse Économique de la Clause Générale. In: GRUNDMANN, Stefan; MAZEAUD, Denis (Org.). *General Clauses and Standards in European Contract Law – Comparative Law, EC Law and Contract Law Codification*. The Hague: Kluwer Law International, p. 165-188, 2006, p. 186.

[106] PINHEIRO, Armando Castelar. Segurança Jurídica, Crescimento e Exportações. *Texto para discussão nº 1125*. IPEA, Rio de Janeiro, out. 2005, p. 7 (disponível em <http://www.ipea.gov.br/pub/td/2005/td_1125.pdf> Acesso em 25.04.2012.)

[107] HART, Oliver; MOORE, John. Foundations of Incomplete Contracts. *The Review of Economics Studies*, vol. 66, no. 1, Special Issue: Contracts, p. 115-138, Jan., 1999, p. 116.

[108] HART, Oliver; MOORE, John. Incomplete Contracts and Renegotiation, cit., p. 755.

[109] TREBILCOK, Michael J. *The limits of freedom of contract*. Cambridge: Harvard, 1997, p. 17.

[110] ARAÚJO, Fernando. *Teoria econômica do contrato*, cit., p. 174.

Como afirma Katz, é normal que as partes contratantes não foquem o fato de que seus contratos contêm lacunas de interpretação, até que se apresente uma divergência entre as partes, momento então em que elas vão verificar isso.[111]

Assim, o contrato incompleto exige das partes maior colaboração, em razão de diferentes aspectos. Inicialmente, nota-se que novas informações podem emergir gradualmente, sendo imprescindível que a parte detentora de tais informações, e que não a detinha no momento da negociação, prontamente as informe ao outro contratante, sob pena de ferir seu dever de informação e cooperação, como veremos em mais detalhes adiante, e, eventualmente, até mesmo sob pena de impossibilitar que a prestação seja cumprida.

Igualmente, as partes serão praticamente forçadas a renegociar alguns termos em razão de contingências e situações que surgirão após a celebração do contrato e das quais as partes não tinham ciência ou não previram expressamente nos termos do contrato. De fato, a negociação ou renegociação é tema de grande interesse na teoria dos contratos incompletos e muito desperta a atenção dos doutrinadores do assunto. Assim, como o contrato incompleto há de ser flexível, para que as partes o modifiquem conforme necessário, pode ocorrer também de haver comportamentos oportunistas de partes que se aproveitam de situações para evitar alterações ou complementações do contrato. Cabe ao Direito, portanto, criar mecanismos para evitar os comportamentos oportunistas de partes que não desejem colaborar e, nesse sentido, o dever de cooperação que decorre da boa-fé objetiva sem dúvida deve ser destacado.

Katz sustenta que a maioria dos autores que estudam os contratos incompletos acaba por focar sua análise na forma como as lacunas deverão ser preenchidas pelo Judiciário, o que se deve fazer quando o contrato é silente em algum aspecto, o que se deve considerar quando há discrepância entre os documentos apresentados pelas partes e o acordo escrito, entre outros aspectos. De fato, diversos autores da teoria dos contratos incompletos dedicam estudos para esse ponto, no sentido de como o Judiciário

---

[111] KATZ, Avery W. Contractual incompleteness: a transactional perspective. *Case Western Res. Law Review*, vol. 56, p. 169-186, 2005-2006, p. 169.

deveria resolver problemas decorrentes de lacunas.[112] No entanto, esse não é nosso foco e não entraremos em detalhes sobre esse ponto.[113]

Voltando a Katz, seu foco, diferentemente da maioria dos autores que analisam esses aspectos, não é como os Tribunais vão interpretar e preencher lacunas, mas sim como as partes, de forma privada e com o auxílio de seus advogados, serão capazes de fazer isso. Ele alega que há uma tendência, inclusive histórica, de os estudos de Direito, principalmente na graduação, levarem-nos sempre a observar como o Judiciário resolveria um determinado problema, mas isso se torna ultrapassado se considerarmos o fato de que muitas vezes disputas contratuais não são levadas ao Judiciário e sim resolvidas pelas próprias partes.[114]

Ainda, esse viés de se pensar apenas em como o Judiciário resolveria o problema não se coaduna com dois aspectos que ele pontua. O primeiro seria o de que a maioria dos alunos (e aí ele se refere a um de seus públicos-alvo, justamente os graduandos) não será juiz ou não terá um emprego envolvendo a justiça estatal, mas, ao contrário, será advogado e terá que resolver esses problemas em seu dia a dia.[115]

---

[112] Hermalin, Katz e Craswell afirmam que, para o Direito Contratual tradicional, havendo uma lacuna, o juiz não vai interpretar o contrato, mas considerá-lo nulo, tendo em vista a ausência de vontade comum das partes. Segundo os autores, apenas Cortes que apliquem o Direito Contratual mais moderno tentarão preencher a lacuna considerando um termo razoavelmente objetivo ou então o que entenderem ser mais próximo da vontade das partes. No entanto, às vezes as lacunas são tão expressivas que não haverá solução, mas apenas a declaração de nulidade do contrato, com o consequente retorno das partes ao *status quo ante*. (*The law and economics of contracts*, cit., p. 65-66.) No nosso Direito, em casos assim talvez a nulidade não fosse o remédio, mas a interpretação de acordo com a boa-fé ou até mesmo resolução do contrato por onerosidade excessiva em caso de fatos extraordinários ou mesmo a frustração do fim do contrato. Sobre as duas últimas figuras ver, respectivamente: de nossa autoria, SCHUNCK, Giuliana Bonanno. *A onerosidade excessiva superveniente no novo Código Civil: críticas e questões controvertidas*. São Paulo: LTr, 2010; COGO, Rodrigo Barreto. *A frustração do fim do contrato: o impacto dos fatos supervenientes sobre o programa contratual*. Rio de Janeiro: Renovar, 2012.

[113] Sobre o assunto, ver SCOTT, Robert E., The Case for Formalism in Relational Contract. University of Virginia School of Law. *Law and Economics Working Papers*. Working Paper No. 00-13, Maio, 2000. (Disponível em <http://papers.ssrn.com/paper.taf?abstract_id=215129>. Acesso em 10.04.2012.)

[114] KATZ, Avery. Contractual Incompleteness: a transactional perspective, cit., p. 171-172. Ainda nesse sentido: FARIA, José Eduardo. *Direito e Conjuntura*. São Paulo: Saraiva, 2009, p. 40-41.

[115] No Brasil também há, sem dúvida, uma tendência de os autores e professores basearem seus estudos em litígios e situações que envolvam a participação do Judiciário ou, no mínimo, de

O outro aspecto que é pontuado por ele é justamente o fato de a própria teoria dos contratos incompletos afirmar que o Judiciário não é capaz de compreender correta e suficientemente todos os aspectos que permeiam o contrato sob análise (inclusive todos os aspectos econômicos que foram considerados pelas partes na contratação[116]), de modo que o julgamento certamente será feito sem que haja informação suficientemente conhecida e analisada[117], demonstrando que a resolução do conflito pelo Judiciário não é uma solução eficiente.[118] Sobre o problema da falta de informação do Judiciário, Craswell afirma que poderíamos chamá-lo, na esteira de contratos incompletos, de "incomplete Courts" ou Judiciários incompletos.[119]

---

atores estatais, como o Ministério Público. No mesmo sentido, Ronald Gilson também critica as faculdades de direito por não darem a correta atenção à formação de profissionais que estejam preparados para negociar. (GILSON, Ronald J. Value Creation by Business Lawyers: Legal Skills and Asset Pricing. *Yale Law Journal.* New Haven. V. 94, n. 2, p. 239-313, Dec. 1984.)

[116] "One should add that it also depends on mitigation behavior, allocation of contractual risks, acquisition and exchange of information, negotiation, as well as the parties' internal organizational arrangements. To make the appropriate tradeoffs among these various dimensions of efficiency, however, one must have detailed information about a variety of factors, such as relative elasticities of demand, expected returns on investment, the discount rates the parties attach to future costs and benefits, relative bargaining power, costs of renegotiation, and the like. But, most of this information is local knowledge; it varies among contracting parties and is much more likely to be accessible to them in the context of planning than to a court in the context of adjudicating a dispute or to a legislature in the context of policy making." KATZ, Avery. Contractual Incompleteness: a transactional perspective, cit., p. 171-172.

[117] "Trata-se de uma perspectiva que, ostentando as suas raízes no universo do <<Common Law>>, peca por pressupor nos tribunais uma competência que na prática nem sempre se verificará – limitados que estão os julgadores pelas sua próprias insuficiências informativas, pelos seus vieses – tudo agravado pelo distanciamento entre o julgador e a situação julgada, um distanciamento que por definição será maior do que o das partes." (ARAÚJO, Fernando. *Teoria económica do contrato*, cit., p. 178.)

[118] KATZ, Avery. Contractual Incompleteness: a transactional perspective, cit., p. 170-171. Muito embora o autor não mencione a arbitragem, evidentemente que suas conclusões também se aplicam a ela, na medida em que o árbitro, ainda que tenha mais conhecimento especializado do que o juiz e possa se dedicar mais ao estudo do caso, igualmente não terá todas as informações necessárias para poder preencher a lacuna de forma correta.

[119] CRASWELL, Richard. The "Incomplete Contracts". Literature and Efficient Precautions, cit., p. 157. Vale ainda citar o seguinte trecho do autor que fala sobre como referidas decisões judiciais não levariam em conta a eficiência: "As noted earlier, though, it is not very realistic to expect our court system to be perfect. In particular, the recent literature on incomplete contracts generally assumes that the efficiency of key decisions *cannot* be evaluated perfectly by courts.

Ademais, Katz afirma que, em cada caso e dependendo da razão pela qual o contrato ficou incompleto, a solução será diferente. As partes podem achar que em determinada situação a melhor saída é a renegociação e, em outras, podem decidir pelo litígio. Ele sugere ainda quatro alternativas para lidar com a incompletude, de modo a evitá-la ao máximo, que seriam: (i) investimentos *ex ante* (ou seja, antes da celebração do contrato) para diminuir o custo da complementação *ex post*, tais como mais estudos e análises sobre as condições do negócio, de modo a evitar lacunas; (ii) estabelecimento no contrato de métodos de sua interpretação *ex post*; (iii) delegação de autoridade para complementar o contrato a um terceiro ou a uma das partes[120]; e (iv) desenhos de disposições contratuais que permitam ao contrato ser autoexecutável ou que estimulem a renegociação.

Interessante notar que já é relativamente usual verificarmos determinados contratos, principalmente de compra e venda de participação societária ou de ativos, em que as partes estabelecem certas fórmulas para o preço, que será apurado – ou parte dele – apenas em momento posterior e de acordo com certas condições variáveis da empresa.

Assim, as partes estabelecem, por exemplo, que havendo divergência, o preço será então fixado por uma das grandes empresas de auditoria de acordo com regras pré-estabelecidas.

Nosso Código Civil permite expressamente, aliás, a fixação de preço por terceiro[121] e não vemos nada que possa impedir que um terceiro seja indicado para resolver determinadas disputas entre as partes em casos de lacunas ou problemas de interpretação contratual, principalmente quanto a questões relativas ao cumprimento das obrigações. Isso sem dúvida denota a vontade das partes de evitar litígios.

After all, evaluations of efficiency generally depend on comparing various costs and benefits. If some of those costs or benefits are either unobservable or nonverifiable, that bodes ill for any legal regime that expects the courts to evaluate the efficiency of private actions." (p. 156)

[120] Macneil já falava da determinação do desempenho por terceiros, citando como exemplo contratos de construção e o papel do arquiteto em determinar alguns aspectos. Contracts: Adjustment of long-term economic relations under classical, neoclassical, and relational contract law, cit., p. 866.

[121] O artigo 485 do CC/2002 prescreve a possibilidade de fixação do preço por terceiro e encontra correspondência no artigo 1123 do CC/16 e no Código Comercial, em sua parte que foi revogada.

Hugh Collins menciona a possibilidade de as partes conferirem poderes a um terceiro neutro para especificarem em detalhes algum aspecto do contrato *ex post* e determinar, assim, como uma divergência entre as partes deverá ser resolvida. Segundo ele, é comum, por exemplo, que as partes elejam um terceiro, profissional da área, para arbitrar um novo preço de aluguel caso haja necessidade de adequação e caso as partes não sejam capazes de chegar a um consenso.[122]

Na mesma linha, Robert E. Scott sustenta a importância, em contratos de longo prazo, de um "árbitro" permanente, autorizado a investigar e inspecionar fatos, determinar renegociações cooperativas e, finalmente, determinar a solução quando as partes não conseguem chegar a um acordo.[123]

Verificamos em nossa prática, também, redações de contratos que estabelecem que as partes devem, antes de iniciar um litígio ou procedimento arbitral, recorrer à mediação. O único problema é que normalmente as regras para referida medição não são claras e, como não se estipula mediação como passo inicial de forma vinculante, tal recurso, infelizmente, acaba sendo pouco utilizado.

Dessa forma, vemos que, apesar da incompletude contratual ser uma dificuldade praticamente impossível de ser transposta na prática, criando assim situações em que lacunas devem ser preenchidas e conflitos podem se originar em razão da divergência entre as partes, é possível pensar em alternativas para que disputas possam ser resolvida amigavelmente, sempre observando-se um alto nível de colaboração entre as partes.

Como afirmam Alexandre Cateb e José Alberto Gallo: "as partes somente conseguiriam lidar com os riscos legais através do princípio da boa-fé objetiva, tanto na conclusão e durante a execução do contrato, quanto durante a fase pós-contratual, o que eliminaria a necessidade da excessiva previsão de contingências."[124] Segundo os autores, a completude dependerá da boa-fé, da cooperação, da solidariedade entre as partes e do interesse recíproco na realização do objeto contratual.[125]

---

[122] COLLINS, Hugh. *Regulating Contracts*, cit., p. 169.
[123] SCOTT, Robert E., Conflict and Cooperation in Long-Term Contracts, cit., p. 2049.
[124] CATEB, Alexandre Bueno; GALLO, José Alberto A. Breves considerações sobre a teoria dos contratos incompletos, cit., p. 10.
[125] CATEB, Alexandre Bueno; GALLO, José Alberto A. Breves considerações sobre a teoria dos contratos incompletos, cit., p. 10.

Sem dúvida tais conceitos nos ajudam a entender as dificuldades enfrentadas na análise de contratos de longo prazo e auxiliam na compreensão da necessidade de uma nova observação do dever de cooperação entre as partes.

1.2.3. *Contratto di durata*

Outra análise que estudaremos para sustentar a necessidade de um olhar diferenciado aos contratos de longo prazo é a do *contratto di durata* ou contrato de duração, feita de forma detalhada por Giorgio Oppo, renomado jurista italiano[126], diretor da *Rivista di Diritto Civile*. O autor escreveu um artigo dividido em duas partes, que foi publicado pela *Rivista di Diritto Commerciale* nos anos de 1943 e 1944.[127]

Muito embora referido estudo já possa ser considerado antigo, ele é um dos mais detalhados no tocante ao contrato de longa duração e seus efeitos, tendo tido forte influência da doutrina alemã, e ainda repercute principalmente na doutrina italiana.

Nossa análise da figura do *contratto di durata* de Oppo foi inserida nesse item, após as análises dos contratos relacionais e contratos incompletos, porque faremos mais adiante algumas ligações da análise do *contratto di durata* com as outras teorias já estudadas anteriormente. Dessa forma, apesar de os estudos do contrato *di durata* aqui realizados se relacionarem muito mais intimamente com o início do nosso trabalho e com nossa digressão sobre os conceitos e diferenças do contrato de longa duração, acabamos entendendo mais profícuo estudar a análise do *contratto di durata* apenas neste ponto.

Assim, interessante fazer uma breve análise dessa categoria desenvolvida por Giorgio Oppo, até para podermos demonstrar que nosso estudo ultrapassa a categoria específica dos contratos de duração do autor, já que pretendemos ser abrangentes e considerar a necessidade de proteção maior dos deveres anexos em praticamente todos os contratos de longo

---

[126] Sobre as obras de Oppo e seu perfil, ver o texto: IRTI, Natalino. Gli "scritti giuridici" di Giorgio Oppo: obligazione e negozio giuridico. *Rivista di Diritto Civile*, Padova, v. 38, n. 6, p. 547-49, nov./dic. 1992.

[127] OPPO, Giorgio. I Contratti di Durata – Parte I. *Rivista del Diritto Commerciale e del Diritto Generale dele Obligazioni*, v. XLI, Casa Editrice Dotore Francesco Vallardi, 1943, p. 143- 250. OPPO, Giorgio. I Contratti di Durata – Parte II. *Rivista del Diritto Commercial e del Diritto Generale dele Obligazioni*, v. XLII, Casa Editrice Dotore Francesco Vallardi, 1944, p. 17-46.

prazo. Nossa análise demonstrará que contratos simplesmente de execução diferida, tal como a compra e venda com pagamento diferido, não são exatamente objeto de nosso estudo, já que queremos tratar de contratos por assim dizer mais relacionais, nos quais a relação entre as partes é mais intensa pela natureza da contratação, muitas vezes de alta complexidade ou dependência. De todo modo, não queremos fazer exclusões aprioristicas e, como já dito, é possível que determinados contratos de execução diferida devam ser analisados de forma diferenciada.

Passemos, assim, à análise da categorização de Oppo para podermos verificar seus aspectos e aplicações.

Segundo o autor, a terminologia contrato de duração não seria a mais adequada, na medida em que não é o contrato, mas sim a relação que é duradoura. A característica da duração não é relativa à formação do contrato, sendo uma característica da sua execução. Dessa forma, para o autor o mais correto seria tratar-se de relação de duração.[128] E as relações de duração não seriam exclusivas do Direito das Obrigações, mas igualmente existiriam dentro do Direito de Família, dos Direitos Reais. De todo modo, justamente por existirem outras relações de duração, alheias ao campo dos contratos, e considerando que a expressão pouco comprometeria, já que não contém uma própria definição, limitando-se a indicar uma relevância à duração, ele sugere o uso da expressão contrato de duração mesmo não se mostrando a mais adequada.[129]

O conceito de contrato de duração, segundo o autor, é contraposto pelo conceito de contrato de execução instantânea, sempre visando à contratação que se protrai no tempo, por interesse e utilidade às próprias partes.[130]

Para o autor, é necessário analisar-se não apenas o prolongamento do contrato no tempo, para considerá-lo de duração, mas também o seu fim jurídico. Assim, nem todo contrato que se prolonga no tempo – ou seja, que não possui execução instantânea – deve ser compreendido como contrato de duração. Dessa forma, Giorgio Oppo sustenta que não são de duração os contratos de execução simplesmente diferida, tal como a compra e venda com pagamento a prazo[131] e o mútuo[132].

---

[128] Oppo, Giorgio. I Contratti di Durata – Parte I, cit., p. 145.
[129] Oppo, Giorgio. I Contratti di Durata – Parte I, cit., p. 146.
[130] Idem.
[131] Oppo, Giorgio. I Contratti di Durata – Parte I, cit., p. 148.
[132] Oppo, Giorgio. I Contratti di Durata – Parte I, cit., p. 161.

Mesmo no contrato de empreitada, como regra geral, o autor entende que não há que se falar em contrato de duração, já que a duração não é querida no contrato, mas apenas tolerada pelas partes, que precisam de certo prazo para a conclusão dos trabalhos.[133] Note-se aqui a forma como o autor tenta restringir essa categoria de contratos, dela retirando inclusive aqueles contratos nos quais o tempo não é efetivamente querido e esperado, mas apenas tolerado em razão da demora na conclusão da prestação[134].

Assim, nos contratos de duração o tempo se apresenta não como modalidade acessória, mas como um aspecto que verdadeiramente identifica a prestação. A obrigação só consegue ser cumprida integralmente com o decurso do tempo.[135]

O autor defende a necessidade de um conceito homogêneo do que seria o contrato de duração e observa que o contrato de duração por ele analisado como uma diferente categoria deve ser aquele no qual o tempo se coloca como necessário para a satisfação continuada do interesse duradouro. A duração deve se referir à execução e não apenas designar o intervalo de tempo entre a celebração e a execução, ou seja, um diferimento da execução. [136] Para Oppo, a duração é elemento essencial no contrato pela própria natureza daquela contratação específica.[137]

Ademais, o autor conceitua a categoria dos contratos de duração como tendo funções homogêneas, divididas no campo econômico e jurídico. A função econômica seria a de satisfação de interesses duradouros; já a função jurídica seria a do adimplemento continuado.

Com isso, Oppo observa que a doutrina entende possível considerar como contrato de duração aquele que possui prestações continuadas, bem como aqueles que possuem prestações periódicas ou repetidas, sempre de modo a satisfazer um interesse duradouro.[138]

---

[133] OPPO, Giorgio. I Contratti di Durata – Parte I, cit., p. 166.
[134] Como sustenta Paulo Dóron Rehder de Araújo: "Nesses casos, portanto, o tempo é um 'incômodo' indissociável do contrato. Não é o contrato que é de longa duração, é a prestação que leva tempo para ser realizada. O tempo não integra a causa do contrato, não está afeto ao seu núcleo definidor. O tempo está ali por acidente, dada a natureza da prestação. Ele é externo ao contrato." (*Prorrogação Compulsória de Contratos a Prazo*, cit., p. 85.)
[135] OPPO, Giorgio. I Contratti di Durata – Parte I, cit., p. 148.
[136] OPPO, Giorgio. I Contratti di Durata – Parte I, cit., p. 158-159.
[137] OPPO, Giorgio. I Contratti di Durata – Parte I, cit., p. 165.
[138] OPPO, Giorgio. I Contratti di Durata – Parte I, cit., p. 228.

O autor sustenta que tanto prestações negativas quanto positivas podem constituir o objeto de obrigações duradouras, que igualmente podem ser verificadas seja em contrato de execução continuada quanto naqueles de trato sucessivo.[139]

Ainda, Oppo critica autores alemães – e alguns italianos que os seguem – que defendem que o decurso do tempo produz a extinção da obrigação. Para ele, o decurso do tempo não extingue a obrigação se não for acompanhado do adimplemento integral.[140]

Oppo se coloca contrário a algumas doutrinas alemãs que afirmavam ser o contrato de duração, na verdade, uma pluralidade de diferentes contratações, com obrigações singulares e autônomas. Para o autor, não faria sentido compreender-se o contrato de duração como diversos contratos em um só com diversas obrigações separadas. Por óbvio, porém, que a cada prestação singular inadimplida, inicia-se o prazo prescricional do credor de tomar as medidas cabíveis contra o devedor, mas isso não interfere na compreensão do autor de que se trata de um único contrato com obrigações continuadas.[141]

Para o autor, ainda, no contrato de duração existe um sinalagma genético único, porque único é o contrato e únicas são as obrigações de cada uma das partes. Como o contrato de duração possui uma pluralidade de momentos executivos nos quais as prestações singulares das partes se correspondem, de forma sinalagmática, isso gera uma pluralidade de sinalagma de aspecto funcional.[142]

Dessa forma, podemos ver que, para Oppo, o contrato de duração contém certas características a ser observadas quanto ao interesse duradouro e à duração do adimplemento, que para nosso estudo não são efetivamente importantes, já que nosso viés acaba sendo muito mais a questão da relação contínua entre as partes que propriamente a tecnicidade que Oppo quer emprestar à sua categoria de contratos.

---

[139] Oppo, Giorgio. I Contratti di Durata – Parte I, cit., p. 234.
[140] Oppo, Giorgio. I Contratti di Durata – Parte I, cit., p. 236-237. Vale transcrever a seguinte passagem: "Adempimento è il prestare in ragione del tempo; adempimento totale é il prestare per tutta la durata del contratto e suo effetto é la liberazione integrale del debitore; adempimento parziale è il prestare per una certa durata con la conseguente estinzione dell'obligazione del debitor per il tempo transcorso." (Oppo, Giorgio. I Contratti di Durata – Parte I, cit., p. 237.)
[141] Oppo, Giorgio. I Contratti di Durata – Parte II, cit., p. 42-43.
[142] Oppo, Giorgio. I Contratti di Durata – Parte II, cit., p. 44.

É interessante, porém, observar que, desde aquela época, já se verificava a necessidade de se tutelar de forma diferenciada a contratação de longo prazo, na medida em que ela se destacava das contratações instantâneas e possuía interesses e formas de interpretação diferentes. A preocupação de Oppo, retratada logo na sequência da promulgação do Código Civil italiano de 1942, demonstra que a doutrina já caminhava para uma necessidade de diferenciação dos institutos e de aplicação da lei de forma específica para cada contratação diferente, prestigiando-se as peculiaridades de cada contrato.

Em um estudo moderno do contrato de duração, que abarca análises de Direito e Economia e outras análises de contratos sob a ótica da *common law*, Massimiliano Granieri afirma que não se pode considerar que contratos de duração, contratos relacionais e contratos incompletos são sinônimos, ainda que possuam características comuns. Eles podem se confundir muitas vezes, já que é usual observar as três figuras em um mesmo contrato, mas não se pode entender que são todos conceitos equivalentes.[143]

Ainda, o autor afirma que os contratos de duração seguramente possuem características relacionais, já que neles se criam vínculos de reciprocidade e interdependência; do mesmo modo são incompletos porque assim as partes o querem (por oportunismo e racionalidade limitada) e pela ação incontrastável do tempo sobre a vida do negócio.[144]

Muito embora a análise atual de Massimiliano Granieri seja fortemente influenciada pela *common law* e pelo Direito e Economia, ela ainda faz certas limitações à figura do contrato de duração[145], não considerando, por exemplo, os contratos de simples execução diferida, tal como o mútuo,

---

[143] GRANIERI, Massimiliano. *Il tempo e il contrato. Itineario storico-comparativo sui contratti di durata*, cit., p. 143.

[144] Tradução livre de: "i contratti di durata hanno sicuramente caratteristiche relazionale, nel senso che all'interno di essi creano vincoli di reciprocità ed interdipendenza; allo stesso modo, sono incompleti, perché cosí vogliano le parti (per opportunismo o razionalità limitata) e per l'azione incontrastabile del tempo sulla vita del rapporto." (GRANIERI, Massimiliano. *Il tempo e il contrato. Itineario storico-comparativo sui contratti di durata*, cit., p. 145.)

[145] A análise do autor tem viés claramente empresarial e exclui os contratos de consumo da figura por ele analisada. (GRANIERI, Massimiliano. *Il tempo e il contrato. Itineario storico-comparativo sui contratti di durata*, cit., p. 204.)

demonstrando que as lições iniciais de Oppo permanecem de certo modo arraigadas à doutrina italiana, embora com modificações.[146]

De todo modo, a análise de Massimiliano Granieri reforça a necessidade de uma diferenciação da categoria dos contratos de duração e corrobora nossa tese no sentido de que os contratos de longo prazo devem ser observados de forma diferenciada dos demais contratos, considerando-se suas particularidades, seu caráter relacional, sua incompletude, a dependência que muitas vezes existe entre as partes e as especificidades e complexidades de tal categoria de contratos.

1.2.4. *Pérennité contractuelle*

Anne-Sophie Lavefve Laborderie analisa a questão da perenidade contratual, que se distingue da perpetuidade, e que pode ser considerada a duração muito longa do contrato. A autora francesa tem uma tese de destaque e premiada, na qual atrela à noção de perenidade questões qualitativas referentes à manutenção do contrato da forma mais eficaz possível. Nota-se que a autora não sustenta apenas a importância de contratos de longo prazo e a perenidade no sentido da duração, mas também a sustentabilidade do contrato, no sentido de ele se fazer efetivamente um instrumento eficaz e útil. A inspiração da autora integra-se com a teoria francesa contratual de utilidade e justiça, de modo que a perenidade compreende a execução duradoura do contrato beneficiando os contratantes e a sociedade.[147]

Dessa forma, a análise da autora acaba indo ao encontro de muito do que pensamos para nossa tese, no sentido de que o contrato de longo prazo deve ser analisado e protegido de forma diferenciada, visando a que ele possa cumprir seu papel durante determinado tempo, fazendo com que a contratação seja a mais benéfica possível a ambos os contratantes. Para tanto, evidentemente que a cooperação que os contratantes devem ter em suas posições é papel de destaque na análise de contratos que perduram no tempo.

A autora se utiliza da definição da filosofia de que a perenidade resulta de uma atividade humana engenhosa em relação ao tempo.[148] E, analisando

---

[146] GRANIERI, Massimiliano. *Il tempo e il contratto. Itineario storico-comparativo sui contratti di durata*, cit., p. 206 e ss.
[147] LABORDERIE, Anne-Sophie Lavefve. *La Pérennité Contractuelle*, cit., p. VI (prefácio).
[148] LABORDERIE, Anne-Sophie Lavefve. *La Pérennité Contractuelle*, cit., p. 5.

a relação do Direito com o tempo, observa que o Direito se coloca o estranho desafio de domar o indomável, o tempo.[149]

O tempo tem papel de destaque também, para a autora, na elaboração das normas e suas alterações. Com as alterações legislativas necessárias em razão das modificações sociais, "o passado das normas fica esquecido em benefício de um novo presente, que tem por objeto criar o futuro"[150]. Ainda, ela sustenta que a estabilidade indispensável do direito não deve ser confundida com imobilismo e afirma que o direito tem a vocação de antecipar o por vir de modo a responder às exigências do presente.[151]

A perenidade se constitui, historicamente, como um princípio que rege as instituições e se opõe à ideia de evolução. Noções como a indissolubilidade do casamento, direito das sucessões e direito fundiário faziam prevalecer uma ordem social imutável que desafiava a noção de tempo. Com a Revolução Francesa, principalmente, essa noção de coisas imutáveis foi fortemente atacada e alterada. Dessa forma, a noção de perenidade se alterou fortemente por meio da evolução histórica das instituições. O princípio da perenidade das instituições não se define mais a partir de um direito imutável, que existe fora do tempo, mas designa um direito no tempo, integrando a evolução e o progresso social.[152]

A pesquisa de Anne-Sophie Lavefve Laborderie aponta para a dificuldade da longa duração do contrato em consideração às características flutuantes do tempo.[153]

Uma primeira reflexão colocada pela autora é a tensão que existe entre a necessária estabilidade do contrato e sua não menos necessária continuidade no tempo. A segurança jurídica e contratual, decorrentes da necessidade de estabilidade, ocupam uma posição de destaque como limite das possíveis medidas a ser tomadas a favor da longa duração dos contratos no

---

[149] LABORDERIE, Anne-Sophie Lavefve. *La Pérennité Contractuelle*, cit., p. 5.
[150] Tradução livre desta autora. LABORDERIE, Anne-Sophie Lavefve. *La Pérennité Contractuelle*, cit., p. 7.
[151] LABORDERIE, Anne-Sophie Lavefve. *La Pérennité Contractuelle*, cit., p. 7. Interessantes, também, os comentários da autora sobre o Código Civil francês e seus 200 anos de história. (Idem, p. 8.)
[152] LABORDERIE, Anne-Sophie Lavefve. *La Pérennité Contractuelle*, cit., p. 1-2.
[153] LABORDERIE, Anne-Sophie Lavefve. *La Pérennité Contractuelle*, cit., p. 11.

tempo.[154] Assim, a perenidade contratual não será desejada quando confrontar a segurança jurídica.[155]

Com relação à conceituação e definição dos contratos de longa duração, objeto de estudo em sua tese, a autora diz que prefere se referir a eles como "contrat de longue durée" (contrato de longa duração) em vez de se referir a eles como a doutrina francesa usualmente o faz, chamando-os de contratos "à exécution successive" (de trato sucessivo), para deixar em evidência a travessia do contrato no tempo.[156]

No entanto, a perenidade abarca uma realidade mais ampla que apenas a duração, aproximando-se da continuidade, da permanência.[157] A perenidade estudada leva em conta a permanência do contrato em um enquadramento temporal alargado, que compreende todas as fases do contrato, a pré-contratual, a fase de execução e a fase pós-contratual.[158] Nesse sentido, interessante destacar que a autora dá especial ênfase à boa-fé na forma de considerar a postura das partes diante de tais fases.

Ainda, a autora lembra que no Direito francês existe um princípio geral de proibição de relações perpétuas. Não há, porém, nenhuma disposição legal específica nesse sentido, com exceção de determinados dispositivos relativos a alguns contratos. O racional é proibir a duração infinita de uma convenção em nome da proteção do princípio da liberdade individual.[159] No entanto, a doutrina entende justificável a existência de relações perpétuas em casos pontuais que visem a proteger um interesse geral ou ainda na ausência de atentado à liberdade individual.[160]

Com isso, Anne-Sophie Lavefve Laborderie observa que uma primeira característica do fenômeno da perenidade contratual é justamente o fato de que ele não pode resultar na celebração de um contrato de duração perpétua. Afirma a autora que, se não se permite a perpetuidade contratual,

---

[154] LABORDERIE, Anne-Sophie Lavefve. *La Pérennité Contractuelle*, cit., p. 13.
[155] LABORDERIE, Anne-Sophie Lavefve. *La Pérennité Contractuelle*, cit., p. 14.
[156] LABORDERIE, Anne-Sophie Lavefve. *La Pérennité Contractuelle*, cit., p. 15.
[157] LABORDERIE, Anne-Sophie Lavefve. *La Pérennité Contractuelle*, cit., p. 16.
[158] LABORDERIE, Anne-Sophie Lavefve. *La Pérennité Contractuelle*, cit., p. 17.
[159] LABORDERIE, Anne-Sophie Lavefve. *La Pérennité Contractuelle*, cit., p. 33. A autora traz também detalhes do histórico e origens de tal proibição. Ainda sobre o tema: AZÉMA, Jacques. *La durée des contrats successifs*. Paris: LGDJ, 1969.
[160] LABORDERIE, Anne-Sophie Lavefve. *La Pérennité Contractuelle*, cit., p. 41.

o fenômeno da perenidade, contudo, é desejado pelo direito para que os contratos sejam considerados de "très longue durée"[161].

Ademais, por uma leitura alargada do fenômeno da perenidade contratual, tem-se que ele possibilita e dá base para as renovações contratuais, fazendo com que os contratos se mantenham por prazo bastante alongado.[162] Por outro lado, o entendimento jurisprudencial de proibir a não renovação em determinados contratos – tais como casos de concessão automobilística e distribuição – representa igualmente um desdobramento do fenômeno da perenidade contratual, como fato inerente à natureza de algumas avenças.[163]

O imperativo econômico de perenidade contratual se define como a necessidade de compreender o contrato de longa duração como um bem que deve se manter de forma durável e eficaz no ambiente econômico.[164]

A autora faz referência a um imperativo moral nas contratações de longo prazo, destacando o papel da boa-fé objetiva (artigo 1134, alínea 3, do Código Civil francês) como forma de se exigir determinado comportamento do contratante, em especial em contratos de maior duração. Outrossim, afirma que a jurisprudência avançou e, em um segundo momento, a confiança entre os contratantes se reforçou devido à interpretação do dever de cooperação que exige uma atitude dinâmica e benevolente entre as partes. E essa tendência jurisprudencial de exigir uma "moralização" do comportamento das partes, como ela sustenta, acaba por garantir toda a execução contratual pela duração do contrato.[165]

A mesma boa-fé conduz à obrigação de informar na fase pré-contratual, que, segundo a autora, pode evitar falhas no contrato que depois repercutirão na sua eficácia e, igualmente, na sua perenidade. Isso porque, afirma Anne-Sophie Lavefve Laborderie, a insuficiência de informações na fase pré-contratual pode colocar o contratante mais fraco em posição de aceitar determinadas condições que se mostrarão ineficazes durante a fase de execução.[166] Igualmente, o dever de informar, decorrente da ideia de soli-

---

[161] LABORDERIE, Anne-Sophie Lavefve. *La Pérennité Contractuelle*, cit., p. 48.
[162] LABORDERIE, Anne-Sophie Lavefve. *La Pérennité Contractuelle*, cit., p. 50.
[163] LABORDERIE, Anne-Sophie Lavefve. *La Pérennité Contractuelle*, cit., p. 62-65.
[164] LABORDERIE, Anne-Sophie Lavefve. *La Pérennité Contractuelle*, cit., p. 251.
[165] LABORDERIE, Anne-Sophie Lavefve. *La Pérennité Contractuelle*, cit., p. 293-294.
[166] LABORDERIE, Anne-Sophie Lavefve. *La Pérennité Contractuelle*, cit., p. 374. Vale ainda citar a seguinte passagem: "L'obligation précontractuelle d'information constitue un instrument

dariedade ou de fidelidade, deve se perpetuar para o período da execução do contrato, mantendo assim a solidez do vínculo por todo o período de sua duração.[167]

Observa, ainda, que os contratos de longa duração apresentam numerosas questões financeiras que podem se traduzir em riscos econômicos relevantes, sendo assim necessário um padrão de lealdade mais rigoroso entre os contratantes, para que seus interesses possam ser protegidos.[168]

A autora analisa também como a teoria clássica do contrato, que prima pela liberdade de contratar, traz limites, por um lado, e incentivos, por outro, à perenidade contratual. Porém, os limites aparecem de forma mais acentuada. Como limites ela entende que a impossibilidade de um alargamento das obrigações das partes e uma visão mais estreita do juiz na interpretação dos contratos podem fazer com que os contratos não durem tanto tempo, ou, ainda que haja contratos bastante perenes, eles não terão o viés da maior eficácia a ambas as partes, como ela sugere, para o fenômeno da perenidade. Como incentivo, a teoria clássica leva em conta a vontade das partes como ponto essencial, autorizando as partes a agir com liberdade na escolha dos contratos e criação de suas obrigações, além de poder optar pelas características do contrato, inclusive o seu decurso no tempo.[169]

Já ao observar a teoria contratual dita renovada ("renouvelée"), ela entende que tal teoria propõe um enquadramento teórico que explica e fundamenta de maneira mais adaptada o fenômeno em análise, na medida em que permite interpretação alargada do contrato e a participação de outros atores (tais como o juiz e o legislador), visando manter o vínculo duradouro de forma eficaz.[170]

Anne-Sophie Lavefve Laborderie analisa também alguns outros institutos, tal como a força maior, o abuso de direito, a denúncia de contratos de longo prazo, a ruptura unilateral, a imprevisão, entre outros, e sua influência em contratos de longo prazo, fazendo sua ligação com a perenidade

---

éthique de la pérennité contractuelle, puisqu'elle permet d'éviter un engagement sur une longue durée qui n'a pas éte suffisamment réfléchi au regard de données objectives essentielles que les future parties doivent partager." (Idem, p. 376.)

[167] LABORDERIE, Anne-Sophie Lavefve. *La Pérennité Contractuelle*, cit., p. 377-378.
[168] LABORDERIE, Anne-Sophie Lavefve. *La Pérennité Contractuelle*, cit., p. 294.
[169] LABORDERIE, Anne-Sophie Lavefve. *La Pérennité Contractuelle*, cit., p. 302.
[170] LABORDERIE, Anne-Sophie Lavefve. *La Pérennité Contractuelle*, cit., p. 302.

contratual ou observando as dificuldades de se ter contratos perenes.[171] Não entraremos na análise de todos eles, já que entendemos que aqueles mais importantes para nosso enfoque foram analisados.

Assim, consideramos que uma reflexão sobre a tese da perenidade contratual de Anne-Sophie Lavefve Laborderie demonstra como um trabalho tão específico sobre a questão dos contratos de longo prazo guarda enorme semelhança com outros estudos que já pontuamos, especialmente no tocante à postura que se espera dos contratantes em avenças mais alongadas e às dificuldades que a contratação de longo prazo impõe às partes, que devem ser transpostas com um esforço conjunto dos contratantes, particularmente fundado na boa-fé como forma de solução de impasses e problemas que surgirão durante a execução do contrato.

Ademais, a análise da autora, assim como as outras aqui já observadas, demonstra o fato de que é absolutamente normal haver problemas e impasses durante a execução de uma avença de prazo alongado, em razão das dificuldades naturais que o decurso do tempo traz ao contrato.

Dessa forma, entendemos interessante observar esses aspectos de convergência entre os diferentes estudos, que parecem reforçar a importância da tese aqui apresentada – especialmente para se entender de que forma a cooperação entre as partes em contratações de longo prazo deve ser exigida – e a relevância que o assunto tem para o universo jurídico, ainda bastante tímido em nossa doutrina.

---

[171] "L'étude dela mise em oeuvre de la pérennité contractuelle avait pour objet de rechercher la manière dont lde droit des contrats pouvait permettre la pérennité contractuelle. Certains instruments du droit des contrats, précisément du droit commun, favorisent la longue durée, efficace de la convention ainsi que la qualité du lien interpersonnel qui unit les parties. Correlativement, l'aménagement du régime relatif à la rupture des contrats de longue durée contribue à protéger la pérennité contractuelle." (LABORDERIE, Anne-Sophie Lavefve. *La Pérennité Contractuelle*, cit., p. 539.)

Cooperação e Contratos

Passamos agora à análise da cooperação sob um viés interdisciplinar e suas implicações com o direito e os contratos, para que possamos estudar de que forma a cooperação deve ser compreendida e requerida em contratos de longo prazo e o que a maior cooperação oferecerá aos contratantes.

Os estudos sobre a cooperação e sua relevância na vida em sociedade são cada vez maiores em diversas áreas, desde a sociologia, as ciências políticas, a economia e até mesmo a biologia.[172] Temas da Análise Econômica do Direito, como a teoria dos jogos e o dilema do prisioneiro, discutem, já há certo tempo, como a cooperação pode impactar – seja negativa ou positivamente – as relações sociais.

Betti, no início dos anos 1950, já tratava de um comportamento positivo de cooperação do devedor em relação ao credor na satisfação de suas expectativas, bem como pontuava "o espírito de colaboração que deve animar ambas as partes no adimplemento das respectivas intenções", o que demonstra que a noção de cooperação nos contrato já é bastante antiga.[173]

---

[172] Nesse sentido: DEAKIN, Simon; MICHIE, Jonathan (Ed.). *Contracts, Co-operation and Competition: Studies in Economics, Management, and Law*. Oxford: Oxford University Press, 2003; AXELROD, Robert. *The evolution of cooperation*. New York: Basic Books, 2006.

[173] BETTI, Emilio. *Teoria geral das obrigações*. Trad. Francisco José Galvão Bueno. Campinas: Bookseller, 2005, p. 95 e 108, respectivamente. Interessante notar que Betti, algumas vezes, tratava apenas da cooperação do devedor, mas em outras passagens parece atribuir a necessidade de cooperação a ambas as partes.

Considerando que os contratos são de extrema importância para as relações sociais e para a vida em sociedade, por óbvio que a cooperação é tema de grande relevância nos estudos do Direito Contratual.

No entanto, sentimos que a doutrina brasileira, diferentemente do que já ocorre em outros países, ainda pouco discute a importante relação que a cooperação desempenha nas relações contratuais.

Em nosso país, assim como em outros países que possuem o direito da família romano-germânica, a cooperação entre as partes em uma relação contratual constitui uma exigência legal, decorrente da cláusula geral da boa-fé objetiva, tendo grande destaque e relevância no direito contemporâneo.

Como já verificamos no item acima, a cooperação acaba tendo papel ainda de maior destaque em contratos de longo prazo, devido às características inerentes que essa forma de contratação demonstra, tais como a incompletude contratual, a dinâmica da relação, a forte e contínua interação das partes, sendo muito importante que em relações de tal natureza se observe a mútua cooperação entre as partes.

Por isso, o estudo da cooperação atrelada aos contratos, principalmente aos contratos de longo prazo, parece-nos de grande relevância e atualidade, considerando que a sociedade, tal como desenhada atualmente, exige relações duradouras que devem ser permeadas pela cooperação.

2.1. Uma análise da cooperação (e o dilema do prisioneiro)

Antes de entrarmos propriamente nos estudos da cooperação em seu papel no Direito e em especial no Direito Contratual, fizemos uma pesquisa de como a cooperação é compreendida e requerida em outras esferas, principalmente na sociologia, economia, administração e ciências políticas.

Para tanto, estudamos autores que analisam a cooperação em tais campos, para verificarmos quais seriam as contribuições que tais análises poderiam trazer ao Direito, em especial com o enfoque que temos para este trabalho, mas sem digressões tão significativas, para não aumentarmos de forma desnecessária a análise em questão.

Interessante e bastante renomado trabalho sobre a cooperação é o realizado por Robert Axelrod, que traz análises das situações que fomentam a cooperação entre indivíduos, organizações e nações, por meio de estudos do dilema do prisioneiro, no que ele sustenta ser um formato acessível não apenas a matemáticos e biólogos, mas para uma audiência muito mais ampla. [174]

A pergunta que o autor faz logo no início de sua obra é como a cooperação pode se desenvolver em situações em que cada indivíduo tem incentivos para ser egoísta.

Toda a análise de Robert Axelrod se baseia no dilema do prisioneiro e nas constatações que o autor faz de tal jogo e dos comportamentos das partes. Tais observações são muito interessantes porque guardam grande relação com contratações de longo prazo.

O dilema do prisioneiro está inserido na teoria dos jogos, bastante estudada também pela Economia e pelo movimento do Direito e Economia como uma análise de comportamentos das partes em situações sociais que se assemelham a jogos, em que cada uma das partes movimenta-se de forma estratégica, visando a um determinado objetivo naquela situação particular. Trata-se da "análise de comportamento estratégico em que os tomadores de decisão interagem, sendo que o resultado de suas ações depende também das decisões dos outros"[175].

"Os estudiosos de Direito & Economia utilizam a Teoria dos Jogos para estudar como as empresas interagem, dadas as normas legais, e para entender como elas influenciam seu comportamento estratégico, como agentes econômicos ou como partes em litígios de diversos tipos."[176]

A teoria dos jogos analisa diferentes tipos de situações, que são denominadas jogos, e refletem padrões humanos com características próprias, dependendo do que cada um dos jogadores espera dos resultados.[177]

---

[174] AXELROD, Robert. The evolution of cooperation, cit., p. ix. Talvez o autor seja de fato um dos maiores expoentes da análise da cooperação sob o ponto de vista das ciências sociais e políticas. Para uma análise mais detida sobre cooperação, ver também AXELROD, Robert. *The complexity of cooperation: agent-based models of competition and collaboration*. Princeton: Princeton University Press, 1997.

[175] HILDEBRECHT, Ronald O. Uma Introdução à Teoria dos Jogos. In: TIMM, Luciano Benetti (Org.). *Direito e Economia no Brasil*. São Paulo: Atlas, 2012, 115-138, p. 115.

[176] PINHEIRO, Armando Castelar; SAADI, Jairo. *Direito, Economia e Mercados*, cit., p. 157.

[177] Existem análises de diferentes jogos, tais como o dilema do prisioneiro, o jogo dos covardes (ou "chicken game"), o jogo da guerra dos sexos, entre outros. Para detalhes sobre outros jogos ver: HILDEBRECHT, Ronald O. Uma Introdução à Teoria dos Jogos, cit.; PINHEIRO, Armando Castelar; SAADI, Jairo. *Direito, Economia e Mercados*, cit.

Como explica Robert Axelrod, o dilema do prisioneiro consiste numa história em que dois supostos criminosos são presos pela polícia, mas não há provas efetivas de quem praticou o crime. Assim, a polícia dita algumas regras de como será a imposição da pena a eles. É importante destacar que as regras ditadas e a história contada são totalmente fictícias, tendo sido criadas por economistas para analisar e demonstrar a cooperação em jogos. Dessa forma, não podemos especular a questão de julgamento prévio dos prisioneiros, devido processo legal ou qualquer outro aspecto de direito na análise do jogo.

O jogo é uma mera ficção utilizada com o propósito específico de analisar o comportamento das partes e a cooperação.[178]

Pois bem, se um dos prisioneiros confessar e o outro não, aquele que confessou recebe uma pena menor. Apenas a título ilustrativo, consideremos que a pena de quem confessou será de 1 (um) ano e a de quem não confessou será de 4 (quatro) anos.

Se os dois criminosos confessarem, a pena dos dois será maior que a pena daquele que havia confessado antes. Nesse caso, consideremos uma pena de 3 (três) anos para cada um.

No entanto, se os dois cooperarem e se recusarem a confessar, a pena será de 2 (dois) anos para cada um deles.[179]

Vale lembrar que, para fins da análise do dilema do prisioneiro, os jogadores não podem se comunicar e definir estratégias. A única forma de comunicação entre eles é por meio da sequência de seu comportamento,

---

[178] AXELROD, Robert. *The evolution of cooperation*, cit., p. 7 e ss.

[179] Vale destacar que cada autor faz sua consideração de tempo de pena ou consequências das ações dos prisioneiros de forma diferente em termos numéricos, mas que acabam demonstrando da mesma forma os resultados diferentes. Assim, não importa aqui efetivamente o tempo de pena, mas sim demonstrar quais são as consequências de cada uma das ações dos jogadores. Como exemplo, Armando Castelar Pinheiro e Jairo Saadi não falam nem mesmo em confessar, mas sim em acusar o outro:

"• Se um deles acusar o outro, mas o outro não acusá-lo, o que acusou será solto, enquanto o outro será indiciado a três anos de reclusão.

• Se cada um recusar-se a acusar ao outro, ambos serão indiciados a um ano de reclusão.

• Se, contudo, ambos se recusarem mutuamente, os dois serão indiciados a dois anos de reclusão."

(PINHEIRO, Armando Castelar; SAADI, Jairo. *Direito, Economia e Mercados*, cit., p. 172.) Ver também PICKER, Randal. *An Introduction to the Game Theory*. Disponível em <http://www.law.uchicago.edu/files/files/22.Picker.IntroGame_0.pdf>. Acesso em 08.07.2012.

e o que pode motivar a cooperação é justamente a possibilidade de eles se encontrarem novamente. [180]

Pelo dilema do prisioneiro percebe-se que jogos repetidos induzem a maior cooperação entre os jogadores. Haverá, sem dúvida, incentivo para que os jogadores tenham uma postura diferenciada um com o outro, já que eles se preocuparão com sua reputação, sua confiabilidade. [181]

Ainda assim, os jogadores podem dar maior importância à sua situação presente que às possibilidades futuras. Sempre há a chance de os jogadores não se encontrarem novamente e, com isso, dependendo da situação, eles podem decidir pelo ganho imediato exclusivamente, ao invés de pensar em situações de cooperação recorrentes. [182]

Transpondo essa lição para a seara dos contratos, não há dúvida de que partes que estão sempre em contato, fazendo negócios repetitivos, seja por meio de contratos duradouros ou contratos curtos que se repetem, tendem a cooperar mais uma com a outra. Como sustentam Armando Castelar Pinheiro e Jairo Saadi, "a aplicação do dilema do prisioneiro é abrangente e pode ser colocada no contexto mais geral de cooperar ou não cooperar."[183]

Assim, relembrando o que vimos no item 1.2.1 sobre contratos relacionais, quando os contratantes possuem maior relacionamento entre si, a cooperação torna-se mais importante para eles.

Estudos da teoria dos jogos demonstraram que o melhor padrão de cooperação é aquele chamado "olho por olho" ou então "tit for tat", em inglês, em que o jogador coopera na primeira rodada e depois passa a responder conforme a postura do outro jogador. Ou seja, se após a primeira rodada um jogador deixa de cooperar, o outro jogador também terá uma postura de não cooperação, e assim por diante.

O dilema do prisioneiro demonstra, também, que, se o jogo possui prazo certo para se encerrar, a cooperação diminui à medida que se aproxima o final do jogo. Desse modo, se os jogadores sabem que o jogo se encerrará na jogada X ou depois de uma medida certa de tempo, eles começarão a

---

[180] AXELROD, Robert. *The evolution of cooperation*, cit., p. 12.
[181] COOTER, Robert; ULEN, Thomas. *Direito & Economia*. Trad. Luis Marcos Sander, Francisco Araújo Costa. 5ª ed. Porto Alegre: Bookman, 2010, p. 59.
[182] AXELROD, Robert. *The evolution of cooperation*, cit., p. 12.
[183] PINHEIRO, Armando Castelar; SAADI, Jairo. *Direito, Economia e Mercados*, cit. p. 174.

não cooperar um pouco antes disso, porque não terão mais o estímulo do relacionamento futuro.

O mesmo pode-se dizer da relação contratual. Como vimos até agora, tudo indica que em contratos de prazo alongado as partes possuem maior interesse e necessidade de cooperar entre si para a boa e mais eficiente execução do contrato.

Robert E. Scott, ao fazer uma comparação entre a postura das partes em contratos e o dilema do prisioneiro, afirma que interações repetidas de duração indefinida demonstram que um padrão de cooperação acaba emergindo.[184]

E a cooperação entre as partes em relações comerciais duradouras emerge mesmo sem haver a figura de uma autoridade central. Muito embora as partes possam recorrer ao Judiciário – que seria a autoridade central – para resolver disputas negociais, é comum no mundo dos negócios que os empresários lidem com disputas de forma negocial, tendo em vista o contato próximo entre eles e a antecipação de recompensas de transações que ocorrerão no futuro. [185]

A análise de algumas situações demonstra que nas relações sociais também há maior cooperação quando a interação entre as partes ocorre com maior frequência. Nesse sentido, destaca-se na análise do dilema do prisioneiro a cooperação espontânea que surgiu nas trincheiras da I Guerra Mundial, quando algumas pequenas unidades de tropas inimigas estavam em contato entre si por um período mais extenso, especialmente considerando a característica de pouca mobilidade dessa guerra, que fazia com que essas composições se encontrassem com frequência. Referidas composições praticavam um sistema de cooperação voluntária que foi denominado de "live-and-let-live" (algo como viva e deixe viver).[186] Por meio desse sistema, as tropas de ambos os lados cessavam fogo por um determinado tempo ou certos momentos do dia, para que pudessem, por exemplo,

---

[184] SCOTT, Robert E. Conflict and Cooperation in Long-Term Contracts, cit., p. 2026.
[185] AXELROD, Robert. *The evolution of cooperation*, cit., p. 179. Tal aspecto de evitar-se o recurso a soluções jurídicas e tentar-se sempre de antemão soluções comerciais é um pouco frustrante do ponto de vista de análises jurídicas, mas não pode ser esquecido pelos aplicadores do direito. É sabido que antes de se socorrerem de soluções meramente jurídicas, as partes tendem a encontrar soluções comerciais. De fato, o recurso às soluções jurídicas é usado apenas mais para a frente, quando outras soluções não foram capazes de resolver o problema.
[186] AXELROD, Robert. *The evolution of cooperation*, cit., p. 75.

fazer suas refeições, ou, ainda, em dias nos quais o clima castigava muito os soldados.

Conforme afirma Robert Axelrod, o que levou aquelas trincheiras a ser tão diferentes de outras fora o fato de que pequenas unidades se encontravam respectivamente em setores imóveis por períodos extensos. Isso fez com que, em vez de tais composições se comportarem como jogadores no dilema do prisioneiro de uma só jogada, elas passaram a se comportar como jogadores que interagem com frequência e por longo prazo, fazendo com que a cooperação emergisse.[187]

A análise dessa situação acabou sendo considerada como um dilema de prisioneiros, haja vista a interação das partes e como elas cooperavam entre si, mesmo em um ambiente tão hostil.

Novamente, podemos aqui transpor essa situação para as relações contratuais, considerando que partes que estão sempre em contato, seja por uma questão de mercado, geográfica ou de qualquer outra interação contínua, tenderão a cooperar muito mais uma com a outra do que partes que não possuem nenhuma interação.

É importante destacar também que a cooperação não deve ser vislumbrada como um fator filantrópico ou solidário, que deve ser estimulada apenas para que as partes tenham posturas mais altruístas e bondosas.[188] Na verdade, comportamentos cooperativos devem ser apoiados porque eles resultam em efetivos ganhos às partes envolvidas e é justamente por essa razão que mais adiante analisaremos a importância do dever de cooperação nos contratos, para que as avenças atinjam seus níveis ótimos de eficiência para ambas as partes.

Tudo isso destaca a importância da cooperação entre as partes e como ela deve ser fomentada nas relações contratuais para que as partes possam cumprir, da forma mais eficiente possível, o programa contratual.

---

[187] AXELROD, Robert. *The evolution of cooperation*, cit., p. 77. O autor explica que, quando tal situação chegou aos comandos da guerra de cada lado, houve punições aos soldados que mantinham essa prática. Para detalhes sobre o "live-and-let-live", ver AXELROD, Robert. *The evolution of cooperation*, cit., p. 73-87.
[188] DEAKIN, Simon; LANE, Christel; WILKINSON, Frank. Contract Law, Trust Relations, and Incentives for Co-operation: A Comparative Study, cit., p. 107.

2.2. Papel da cooperação nos contratos

A cooperação entre contratantes acaba sendo fator crucial para a redução de custos de transação, evitando desgastes desnecessários das partes. O papel que a cooperação desempenha em contratos é justamente o de redução de custos e de possibilitar o desempenho ótimo das contratações, trazendo assim benefícios que podem ser, inclusive, econômicos.

Armando Castelar Pinheiro e Jairo Saadi, sustentam que a cooperação é a convergência de interesses e, no campo do Direito Contratual, auxilia os contratantes a maximizar seus benefícios, mais uma vez demonstrando que a cooperação não é um conceito solidário ou altruísta, mas visa a maior eficiência contratual.[189]

A cooperação está presente em todas as formas de "atividades contratuais", sejam as mais simples ou complexas, ou as instantâneas ou de longa duração. Mesmo nos contratos descontínuos existe a necessidade da presença de cooperação em sua intensidade mais básica, para que a troca entre as partes possa se aperfeiçoar.[190]

O termo cooperação acabou sendo associado a formas de organizações econômicas, tais como as empresas, sociedades. Nos contratos interempresariais, a cooperação aparece principalmente em razão da disposição das empresas de trocar informações, dividir riscos, colaborar na produção de produtos e processos de inovação, negociar patentes e know-how, utilizar conjuntamente ativos, entre outros.[191] E tais atividades muitas vezes acabam sendo regidas por contratos que as partes celebram para que possam prever as condições aplicáveis à relação.

A percepção das partes de que pode ser de seu próprio interesse celebrar um contrato de longo prazo ou adentrar uma relação duradoura é apenas o começo dos problemas, como mencionam Simon Deakin, Christel Lane e Frank Wilkinson. Isso porque, após vislumbrarem o interesse em contratar, para que possam desenvolver atividades em conjunto, a parte em posição mais forte pode acabar optando por explorar a outra e ditar os termos da relação, ainda que temporariamente. No entanto, os auto-

---

[189] PINHEIRO, Armando Castelar; SAADI, Jairo. *Direito, Economia e Mercados*, cit. p. 127-129.
[190] DEAKIN, Simon; LANE, Christel; WILKINSON, Frank. Contract Law, Trust Relations, and Incentives for Co-operation: A Comparative Study, cit., p. 106.
[191] DEAKIN, Simon; LANE, Christel; WILKINSON, Frank. Contract Law, Trust Relations, and Incentives for Co-operation: A Comparative Study, cit., p. 107.

res também destacam que o estudo da cooperação demonstra que ela não significa o abandono de interesses individuais, como já dissemos, mas ao contrário, a cooperação pode ser interessante para que as partes possam concretizar seus interesses de forma mais eficaz.[192]

Assim, a cooperação é fator de extrema importância para promover uma economia bem-sucedida, assim como o comprometimento, a promoção da confiança e a continuidade nos negócios, como afirma Roger Brownsword.[193]

E a lei, por sua vez, possui papel fundamental em promover tais condições na sociedade. O Direito Contratual deve promover a cooperação entre as partes, de modo a tornar o contrato o mais eficiente possível. Além dos papéis básicos do Direito Contratual, de permitir a livre contratação entre as partes e de assegurar o cumprimento do contrato, cabe igualmente a ele prever mecanismos para promover a cooperação e fomentar, assim, que as partes possam desenvolver o programa contratual da forma mais eficiente possível.[194]

Considerando o Direito Contratual contemporâneo, moldado após todas as transformações do Direito Contratual clássico – que já não é mais suficiente – torna-se indispensável que o Direito Contratual promova a cooperação. Os novos paradigmas não mais permitem que se observem apenas os valores da liberdade e do individualismo, como antes.

Talvez justamente porque se fale numa nova crise dos contratos, como afirma Claudia Lima Marques[195], em que se verifica grande desconfiança entre os contratantes, a cooperação venha a ter papel de destaque, para

---

[192] DEAKIN, Simon; LANE, Christel; WILKINSON, Frank. Contract Law, Trust Relations, and Incentives for Co-operation: A Comparative Study, cit., p. 107.

[193] BROWNSWORD, Roger. Contract Law, Co-operation, and Good Faith: The Movement from Static to Dynamic Market-Individualism. In: DEAKIN, Simon; MICHIE, Jonathan (Ed.). *Contracts, Co-operation and Competition: Studies in Economics, Management, and Law*. Oxford: Oxford University Press, p. 255-284, 2003, p. 255.

[194] BROWNSWORD, Roger. Contract Law, Co-operation, and Good Faith: The Movement from Static to Dynamic Market-Individualism, cit., p. 255.

[195] "Efetivamente, parece-me que a fase atual da pós-modernidade está a necessitar uma resposta de valorização do paradigma da confiança, pois nossos tempos parecem estar fadados ao aumento dos litígios e da desconfiança entre agentes econômicos (classes e instituições), com claros reflexos no direito privado." (A chamada nova crise do contrato e o modelo de direito privado brasileiro: crise de confiança ou de crescimento do contrato? In: MARQUES, Claudia Lima (Coord.). *A nova crise do contrato: estudos sobre a nova teoria contratual*. São Paulo: RT, 2007, p. 21.)

que as partes, ainda que não confiem uma na outra, saibam que o programa contratual será executado da melhor e mais eficiente forma possível, já que haverá estímulo do direito para que as partes cooperem uma com a outra.

Dessa forma, como veremos abaixo, cabe à boa-fé objetiva fomentar a cooperação entre as partes, não somente com a visão romântica da boa-fé, mas muito mais com a visão pragmática – e por que não econômica – de que, mediante o recurso à cooperação, todas as partes sairão ganhando com o contrato desempenhado em seu nível ótimo.

2.3. O incentivo à cooperação nos contratos – a boa-fé

Pelas análises já realizadas até este ponto, podemos ver que a cooperação é cada vez mais requerida das partes em uma relação contratual, especialmente nas relações duradouras. E justamente as relações duradouras precisam de maior cooperação do que as relações instantâneas ou de curto prazo por alguns motivos. O primeiro deles seria a natural incompletude de contratos de longo prazo e a necessidade de as partes então realizarem ajustes para manter relacionamento e evitar desgastes e tensões para discussão de condições que precisam ser readequadas. Como segundo motivo, tem-se que a cooperação é necessária para que o programa contratual seja cumprido da forma ótima, evitando ou diminuindo custos de transação. Sobre esse ponto, analisaremos mais à frente como o cumprimento dos deveres anexos auxilia na execução do contrato de forma eficiente.

Cabe-nos, agora, ainda analisando a cooperação de forma geral, adentrar na análise de como o Direito Contratual a exige cada vez mais presente nas relações, demonstrando, assim, uma mudança de paradigma, bem como observando a criação de um verdadeiro incentivo às partes.

A análise do dilema do prisioneiro mostra que a cooperação emerge quando as partes possuem interesse em cooperar. Uma das maneiras que se concebe para incentivos é por meio da lei. A lei é instrumento – como se analisa em Direito e Economia – de incentivos às partes para diversos propósitos (tais como não causar danos a outros, fomentar a livre concorrência, etc.). No âmbito do Direito Contratual, a lei deve criar um incentivo ou uma recompensa para que a parte aja de acordo com o que se entende ser a forma mais apropriada para a satisfação social, ou seja, cumprindo os contratos. Porém, como se defende neste trabalho, o mero cumprimento das prestações acaba não se mostrando suficiente para que o programa contratual seja cumprido em seu nível ótimo, sendo necessária a cooperação, que muitas vezes se traduz em cumprimento de deveres laterais de conduta.

O contrato há muito deixou de ser analisado apenas no âmbito do cumprimento das relações primárias ou principais. As obrigações anexas de conduta, de cooperação entre as partes, ganham força, demonstrando o fim do individualismo e a deficiência dos conceitos contratuais clássicos na análise do contrato no mundo atual.

De fato, o antigo paradigma do Direito Contratual, a autonomia da vontade, não se coaduna mais com o Direito Contratual contemporâneo, que começou a ser desenvolvido a partir da segunda metade do século XX.[196] Ainda num tempo em que a análise do Direito Contratual não estava tão modificada como nos dias de hoje, Betti já dizia que a cooperação "é o fio condutor que serve para orientar o jurista nas grandes questões do direito das obrigações"[197].

Nesse contexto, um dos papéis da boa-fé é justamente fomentar a cooperação entre as partes, visando a que o programa contratual seja cumprido da forma mais eficiente possível. Não basta que as prestações sejam entregues, mas faz-se necessário que as partes cumpram suas obrigações da forma menos gravosa possível, tendo total cooperação da contraparte para que isso possa ocorrer.

Dessa forma, a boa-fé objetiva, impondo a cooperação, é a engrenagem que permite o cumprimento do contrato da melhor forma possível para ambas as partes, possibilitando a redução de custos de transação, reduzindo a deslealdade e otimizando o cumprimento dos contratos.[198] A boa-fé objetiva é justamente o incentivo que se verificava necessário para que as partes fossem motivadas a cooperar. Como afirma Eduardo Tomasevicius:

---

[196] François Diesse afirma que, até a primeira metade do século XX, a maioria dos autores dava menor importância à exigência de lealdade entre as partes e ignoravam por completo os deveres de solidariedade e fraternidade contratual. (DIESSE, François. La bonne foi, la cooperation et le raisonnable dans la Convention des Nations Unies relative à la vente internationale de marchandises (CVIM). *Journal du Droit International,* Paris, v. 129, p. 55-112, jan/mars, 2002, p. 58.)

[197] BETTI, Emilio. *Teoria geral das obrigações,* cit., p. 30.

[198] TOMASEVICIUS FILHO, Eduardo. *Informação assimétrica, custos de transação, princípio da boa--fé,* cit., p. 392.

"Considerando que a falta de cooperação é fonte de custos de transação, cabe ao princípio da boa-fé reduzi-los por meio deste dever"[199].

Mesmo sob uma ótica de Direito e Economia, Fernando Araújo afirma que os valores da eficiência e da boa-fé convergem num dever positivo de cooperação "que consista na maximização do bem-estar total através da diminuição conjunta de custos e de perdas"[200].

E é por meio dos deveres anexos que as partes se ajudarão mutuamente, observarão obrigações de cooperação e respeito, tudo para que o plano contratual possa ser realizado com a maior eficiência possível.

Como veremos mais adiante, os deveres anexos como um todo, não somente o dever de cooperação propriamente dito, levam as partes a cooperar entre si e com isso possibilitar a total sinergia entre os contratantes no cumprimento do programa contratual, fazendo com que elas acabem voluntariamente auxiliando umas as outras na entrega de suas prestações.

Seguindo a direção de outros países e de outras codificações, o Código Civil brasileiro traz os princípios sociais do contrato[201] – boa-fé, função social e equilíbrio contratual – e lhes dá o destaque merecido. Ainda se tem dúvidas sobre a forma de sua utilização, e alguns acabam utilizando os novos princípios de forma distorcida e visando prestigiar o devedor inadimplente. Sem dúvida, essa não é a missão de tais princípios, que servem ao propósito de equilibrar e tornar mais justa a relação contratual.[202] Não se pode, ademais, considerar que tais princípios se sobrepõem aos princípios contratuais tradicionais; ao contrário, eles se somam àqueles, e todos devem ser corretamente sopesados na interpretação e execução do contrato.[203]

A boa-fé objetiva, por ser um princípio bastante difundido há certo tempo e que possui seu campo de aplicação bem definido, embora extenso, acaba não encontrando os problemas enfrentados, por exemplo, na apli-

---

[199] TOMASEVICIUS FILHO, Eduardo. *Informação assimétrica, custos de transação, princípio da boa-fé*, cit., p. 392.
[200] ARAÚJO, Fernando. *Teoria econômica do contrato*, cit., p. 582.
[201] LOPEZ, Teresa Ancona. Princípios Contratuais. In: FERNANDES, Wanderley (Coord.). *Contratos Empresariais: Fundamentos e Princípios dos Contratos Empresariais*. São Paulo: Saraiva, 2007, p 3-74.
[202] NORONHA, Fernando. *O direito dos contratos e seus princípios fundamentais*, cit., p. 71 e ss.
[203] AZEVEDO, Antonio Junqueira de. *Estudos e pareceres de direito privado*, cit., p. 140.

cação e interpretação do princípio da função social do contrato, que ainda gera muitas dúvidas.[204]

De todo modo, fato é que, com o desenvolvimento dos novos princípios sociais e especialmente da aplicação dos deveres anexos, decorrentes da boa-fé objetiva, a postura que se espera dos contratos é bem diferente daquela que se esperava há décadas. Não é mais correto imputar-se ao devedor toda a responsabilidade pelo cumprimento de sua obrigação ou mesmo pela efetiva realização do programa contratual. O credor passa a ter, muitas vezes, papel ativo e que deve ser desempenhado, sob pena de ele ser responsabilizado. A relação das partes se torna muito mais dinâmica, sendo esperado um grau de interação entre elas que antes não era sequer imaginado.

Como afirma Douglas G. Baird, as partes que executam contratos desejam ações coordenadas e cooperativas da outra parte. A medida de sucesso do Direito Contratual, para o autor, seria se ele de fato induz cooperação.[205]

Clóvis do Couto e Silva, em seu "Obrigação como Processo", já afirmava que as partes não ocupavam mais posições antagônicas na relação contratual, sendo essa uma das razões para a análise da "relação obrigacional como um todo".[206] O autor afirma ainda que, em razão do princípio da boa-fé, a concepção da relação obrigacional é a de uma ordem de cooperação, amenizando-se a posição do credor, que passa a ter deveres, como os de "indicação e de impedir que a sua conduta venha a dificultar a prestação do devedor"[207].

---

[204] Para análise detalhada do princípio da função social do contrato, ver: GODOY, Claudio Luiz Bueno de. *Função social do contrato: os novos princípios contratuais*. São Paulo: Saraiva, 2004; NALIN, Paulo. A função social do contrato no futuro Código Civil brasileiro. *Revista de Direito Privado*, São Paulo, v. 3, n. 12, p. 50-60, out./dez. 2002; THEODORO JÚNIOR, Humberto. *O contrato e sua função social*. Rio de Janeiro: Forense, 2004. Para maiores análises sobre o princípio do equilíbrio contratual, ver: NEGREIROS, Teresa. *Teoria do contrato: novos paradigmas*. 2. ed. Rio de Janeiro: Renovar, 2006, p. 158 e ss.; NORONHA, Fernando. *O direito dos contratos e seus princípios fundamentais*, cit., p. 222 e ss.; MATTIETTO, Leonardo. Ensaio sobre o princípio do equilíbrio contratual. *Revista IOB de Direito Civil e Processual Civil*, Porto Alegre, v. 8, n. 48, p. 135, jul./ago. 2007.
[205] BAIRD, Douglas G. Self-Interest and Cooperation in Long-Term Contracts. *Journal of Legal Studies*, Chicago, vol. XIX, p. 583-596, June, 1990, p. 584.
[206] SILVA, Clóvis do Couto e. *A obrigação como processo*. Rio de Janeiro: Editora FGV, 2006, p. 19.
[207] SILVA, Clóvis do Couto e. *A obrigação como processo*, cit., p. 97.

Igualmente, textos mais modernos como o CISG, o Uniform Commercial Code, e o próprio BGB, apesar de sua idade, já nos levam a inferir a exigência de um dever de cooperação, como veremos com mais vagar no Capítulo 4.[208]

Judith Martins-Costa afirma que "o dever de colaboração está no núcleo da conduta devida, servindo para possibilitar, mesurar e qualificar o adimplemento"[209].

Claudio Luiz Bueno de Godoy sustenta que:

> "O dever de colaboração com a outra parte indica com clareza a mudança de perspectiva pela qual se encara a relação jurídica e, aqui, de novo muito especialmente, a relação contratual. Isto porquanto as partes no contrato foram sempre ubicadas em polos opostos, como se fossem oponentes querendo satisfazer interesses alheios ao outro. Pois hoje, ao revés, cada parte está obrigada, pelo dever em comento, a não criar dificuldades para o adimplemento da prestação da outra, e mais, tem mesmo a obrigação de cooperar para que tal se dê"[210].

Não há dúvida, pois, da importância do papel da cooperação nas relações contratuais, especialmente naquelas de longa duração.

Esta tese analisa o Direito Contratual brasileiro e como ele lida com a cooperação em contratos de longa duração. Ao final, poderemos medir se nosso Direito Contratual realmente está no caminho certo, considerando a aplicação do princípio da boa-fé objetiva. Por ora, o que vemos é que realmente há uma exigência crescente para o fomento da cooperação, especialmente por meio de incentivos, tal como a boa-fé, já que sua inobservância gerará impactos negativos aos contratantes, que serão analisados no Capítulo 5.

---

[208] FRADERA, Véra Maria Jacob de. *A Noção de Contrato na Convenção de Viena de 1980 sobre Venda Internacional de Mercadorias*. Disponível em < http://www.cisg-brasil.net/doc/vfradera1.pdf>. Acesso em 09.07.2012, p. 12-13.

[209] MARTINS-COSTA, Judith. *Comentários ao novo Código Civil*. Vol V, tomo II: do inadimplemento das obrigações. Rio de Janeiro: Forense, 2004, p. 26.

[210] GODOY, Claudio Luiz Bueno de. O princípio da boa-fé objetiva. In: GOZZO, Débora; MOREIRA ALVES, José Carlos; REALE, Miguel. *Principais controvérsias no novo código civil: textos apresentados no II Simpósio Nacional de Direito Civil*. São Paulo: Saraiva, 2006, p. 61.

Origem do Dever de Cooperação – Boa-Fé Objetiva

Passamos agora a um breve estudo da boa-fé objetiva, para posteriormente introduzirmos a análise dos deveres anexos, que dela são decorrentes.

A boa-fé objetiva é princípio contratual que foi positivado em nosso Direito Civil com o advento do Código de 2002. O Código trata da boa-fé objetiva no artigo 113[211], relativo à interpretação contratual, no artigo 187[212], que se refere ao abuso de direito, e no artigo 422[213], como cláusula geral de boa-fé[214], que deve ser observada pelos contratantes.

Diferentemente da boa-fé subjetiva, a boa-fé objetiva é um padrão de comportamento do contratante, uma regra geral de conduta; é aquilo que legitimamente se espera do outro contratante, considerando aquela contratação específica e inclusive tendo por base os usos e costumes.

A boa-fé subjetiva, por sua vez, trata dos aspectos interiores e psicológicos do contratante, que guardam relação com a intenção da parte, ou seja,

---

[211] "Art. 113. Os negócios jurídicos devem ser interpretados conforme a boa-fé e os usos do lugar de sua
celebração."

[212] "Art. 187. Também comete ato ilícito o titular de um direito que, ao exercê-lo, excede manifestamente os
limites impostos pelo seu fim econômico ou social, pela boa-fé ou pelos bons costumes."

[213] "Art. 422. Os contratantes são obrigados a guardar, assim na conclusão do contrato, como em sua execução, os princípios de probidade e boa-fé."

[214] NERY JR., Nelson. A base do negócio jurídico e a revisão do contrato. In: REIS, Selma Negrão Pereira dos (Coord.). *Questões de direito civil e o novo Código*. São Paulo: Imprensa Oficial do Estado de São Paulo, p. 46-75, 2004, p. 51.

que ela não esteja agindo com má-fé, que ela não queira enganar a outra parte ou outrem (quando fora do âmbito da relação contratual).[215] Assim, a boa-fé subjetiva guarda relação com o estado íntimo e mental da parte e não com as suas ações perante o outro contratante ou perante terceiros. Trata-se do "estado psicológico de ignorância" relacionado à determinada situação ou vícios.[216]

Teresa Negreiros assim as diferencia:

> "Ontologicamente, a boa-fé objetiva distancia-se da noção subjetiva num dever de conduta contratual ativo, e não de um estado psicológico experimentado pela pessoa do contratante; obriga a um certo comportamento, ao invés de outro; obriga à colaboração, não se satisfazendo com a mera abstenção, tampouco se limitando à função de justificar o gozo de benefícios que, em princípio, não se destinariam àquela pessoa"[217].

Pode-se verificar que, normalmente, a boa-fé subjetiva está ligada a questões de posse, tal como ao possuidor de boa-fé, ao terceiro adquirente de boa-fé, entre outros, situações nas quais se analisa se houve deslealdade ou dolo da parte e que justificam inclusive a proteção dessas partes que estavam de boa-fé, ou seja, que não tinham intenção de lesar ou de agir deslealmente e muitas vezes nem sequer detinham as informações necessárias (tal como o terceiro adquirente de boa-fé) que pudessem justificar uma medida mais patente contra eles. Igualmente, a boa-fé subjetiva também está presente na análise de negócios jurídicos revelando vícios que possam neles estar presentes, tal como o dolo e a coação.[218]

Menezes Cordeiro afirma que ora se protege a pessoa de boa-fé e ora se penaliza a de má-fé, mas conclui que no Direito português predomina a penalização da má-fé.[219]

Interessante destacar que na Alemanha a própria denominação é diferente para a boa-fé objetiva e para a subjetiva, sendo respectivamente

---

[215] LOPEZ, Teresa Ancona. Princípios Contratuais, cit., p. 43.
[216] SCHREIBER, Anderson. *A proibição de comportamento contraditório – Tutela da confiança e venire contra factum proprium*. 2ª ed. Rio de Janeiro: Renovar, 2007, p. 82.
[217] NEGREIROS, Teresa. *Teoria do contrato: novos paradigmas*, cit., p. 122.
[218] CORDEIRO, António Menezes. *Da boa-fé no direito civil*. Coimbra: Almedina, 2001, p. 408-409.
[219] CORDEIRO, António Menezes, *Da boa-fé no direito civil*, cit., p. 510-511. Interessante notar na p. 510 os vários exemplos que o autor dá sobre a proteção da pessoa de boa-fé e a penalização da má-fé.

denominadas de "Treu und Glauben" e " guter Glaube", evitando, assim, o problema de uso da mesma expressão que os países de língua latina sofrem.[220]

A boa-fé objetiva é um princípio contratual que está positivado em uma cláusula geral, por meio do artigo 422 do Código Civil.[221] A cláusula geral deve ser interpretada de acordo com o caso concreto, utilizando-se das noções daquele contrato específico em análise para daí se extraírem as obrigações que derivam para as partes, reforçando-se, assim, o paradigma do caso concreto, que é o paradigma jurídico pós-moderno, conforme assevera Antonio Junqueira de Azevedo.[222]

Assim, para os fins de nossa análise, sem dúvida importará a boa-fé objetiva, que, em uma de suas facetas, como veremos adiante, determina os deveres anexos ou deveres laterais, que nada mais são que posturas e atitudes que se esperam do contratante, ainda que não previstas como obrigações contratuais expressas. Igualmente, como nosso enfoque é justamente a análise dos deveres anexos, será de nosso interesse maior o estudo da cláusula geral de boa-fé, prevista no artigo 422 do Código Civil.

Apesar de a redação do artigo 422 mencionar somente que as partes deverão guardar os princípios da probidade e da boa-fé na conclusão e na execução dos contratos, evidentemente a cláusula geral de boa-fé atua nos

---

[220] "O BGB refere, pois, de forma repetida, a boa-fé. Aproveitando a diversidade linguística possibilitada pela língua alemã, contrapõe, com clareza, a boa fé objectiva e a subjectiva." (CORDEIRO, António Menezes, *Da boa-fé no direito civil*, cit., p. 327.)

[221] Judith Martins-Costa sustenta que a boa-fé objetiva, estabelecida pelo artigo 422 do Código Civil, é uma "cláusula geral do comportamento contratual, coligada ao *standard* da probidade ou correção nos negócios". Para a autora, a boa-fé nessa função tem características de cláusula geral e não de conceito indeterminado, na medida em que o juiz terá papel ativo para formar a norma concreta, por meio de uma complexa intelecção, verificando se o caso se subsume à regra, de modo a determinar os efeitos da regra àquela situação. (MARTINS-COSTA, Judith. Os campos normativos da boa-fé objetiva: as três perspectivas do direito privado brasileiro. In: AZEVEDO, Antonio Junqueira de; TÔRRES, Heleno Taveira; CARBONE, Paolo (Coord.). *Princípios do Novo Código Civil Brasileiro e Outros Temas – Homenagem a Tulio Ascarelli*. São Paulo: Quartier Latin, 2008, p. 400.)

[222] "O paradigma jurídico, portanto, que passara da lei ao juiz, está mudando, agora do juiz, ao caso. A *centralidade do caso* – é este o eixo em torno do qual gira o paradigma jurídico pós-moderno." (AZEVEDO, Antonio Junqueira de. *Estudos e pareceres de direito privado*, cit., p. 60.)

contratos em três fases: na fase pré-contratual, na fase contratual propriamente dita (ou chamada de fase de execução do contrato) e na fase pós-contratual.[223]

Giselda Maria Fernandes Novaes Hironaka afirma que a boa-fé está:

"entranhada no comportamento dos contratantes, capaz de exigir, deles, uma postura que sobrepassa a singela idéia de ser o contrato apenas uma auto-regulamentação de interesses contrapostos, um instrumento de composição de interesses privados antagônicos. O comportamento delineado pelo atributo da boa-fé objetiva é um comportamento tal que faz transcender a noção de colaboração entre os que contratam, antes de mais nada. E que os faz, por isso, mais leais, reciprocamente, mais informados, mais cuidadosos e mais solidários na persecução da finalidade contratual comum"[224].

A boa-fé objetiva já podia ser verificada nos artigos 4º, III, e 51, IV, do Código de Defesa do Consumidor mesmo antes de ser positivada no Direito Civil. Evidentemente, o fato de poder ser aplicada ao Direito Civil (deixando de se restringir ao Direito do Consumidor) disseminou sua aplicação.

Muito embora a boa-fé nos contratos civis tenha sido trazida de forma positivada apenas com o advento do Código Civil de 2002, como menciona Antonio Junqueira de Azevedo, "a consagração do princípio em dispositivo

---

[223] Nesse sentido o Enunciado nº 170, da III Jornada de Direito Civil do Centro de Estudos Judiciários do Conselho da Justiça Federal, estabelece que: "Art. 422: A boa-fé objetiva deve ser observada pelas partes na fase de negociações preliminares e após a execução do contrato, quando tal exigência decorrer da natureza do contrato." (Disponível em <www.justicafederal.gov.br>. Acesso em 15.05.2012).
Igualmente, Antonio Junqueira de Azevedo: "o referido artigo se limita ao período que vai da conclusão até a execução do contrato, não prevendo a aplicação da boa-fé nas fases pré e pós-contratuais."
(AZEVEDO, Antonio Junqueira de. *Estudos e pareceres de direito privado*, cit., p. 148). Segundo Rachel Sztajn: "A boa-fé deve abranger todo o procedimento negocial, pré e pós-contratação, mesmo depois de adimplidas as prestações das partes." (SZTAJN, Rachel. Externalidades e custos de transação: a redistribuição de direitos no novo Código Civil, cit., p. 16). No mesmo sentido: LOPEZ, Teresa Ancona. Princípios Contratuais, cit., p. 49.

[224] HIRONAKA, Giselda Maria Fernandes Novaes. Contrato: estrutura milenar de fundação do direito privado. Superando a crise e renovando princípios, no início do vigésimo primeiro século, ao tempo da transição legislativa brasileira. In: BARROSO, Lucas de Abreu (Org.). *Introdução crítica ao Código Civil*. Rio de Janeiro: Forense, 2006. p. 124-125.

específico e expresso não significa que, anteriormente, tal princípio não vigorasse ou não fosse aplicável"[225]. No mesmo sentido, Clóvis do Couto e Silva, em seu "A obrigação como processo", menciona que o fato de não existir em nosso Código Civil (daquela época, evidentemente) artigo semelhante ao § 242 do BGB não teria o condão de impedir que o princípio tivesse vigência em nosso direito das obrigações, pois se "tratava de proposição jurídica, com significado de regra de conduta"[226].

A boa-fé objetiva está presente também de forma expressa em importantes Códigos Civis europeus, tais como no artigo 1134, 3ª alínea, do Código Civil francês[227], nos §157 e § 242, do BGB alemão[228], no artigo 227, nº 1, do Código Civil português, entre outros[229], nos artigos 1.337,

---

[225] *Novos estudos e pareceres de direito privado*, cit., p. 126.

[226] *A obrigação como processo*, cit., p. 35.

[227] "Les conventions légalement formées tiennent lieu de loi à ceux qui les ont faites.
Elles ne peuvent être révoquées que de leur consentement mutuel, ou pour les causes que la loi autorise.
Elles doivent être exécutées de bonne foi." (Código Civil francês. Disponível em <http://www.legifrance.gouv.fr>. Acesso em 18.05.2012.) Vale aqui destacar, como comenta Menezes Cordeiro, que a boa-fé no Código francês, logo após sua promulgação, ficou em uma zona cinzenta, na medida em que a doutrina não a conseguia caracterizar como boa-fé objetiva. Apenas se distinguia entre a boa-fé possessória e a contratual (que seria a objetiva), mas as conclusões a que se chegava sobre a boa-fé contratual não eram muito válidas. (*Da boa-fé no direito civil*, cit., p. 226-283.)

[228] Menezes Cordeiro traduz referidos artigos ao português da seguinte forma:
§ 157: "Os contratos interpretam-se como o exija a boa-fé, com consideração pelos costumes do tráfego."
§ 242: "O devedor está adstrito a realizar a prestação tal como exija a boa fé, com consideração pelos costumes do tráfego."
Referido autor cita ainda todos os cinco artigos do BGB que tratam da boa-fé objetiva. (*Da boa-fé no direito civil*, cit., p. 325.)

[229] "1. Quem negoceia com outrem para conclusão de um contrato deve, tanto nos preliminares como na formação dele, proceder segundo as regras da boa fé, sob pena de responder pelos danos que culposamente causar à outra parte." Há ainda outras referências no Código português à boa-fé objetiva, especialmente à relativa aos usos (artigo 3º, nº 1), à interpretação de declarações negociais (artigo 239º), ao abuso do direito (artigo 334º), à resolução por alteração das circunstâncias (artigo 437º), e à restituição (artigo 475º). Igualmente, vale também transcrever o artigo 762º, nº 2: "2. No cumprimento da obrigação, assim como no exercício do direito correspondente, devem as partes proceder de boa fé." (Código Civil português. Disponível em <http://www.portolegal.com/CodigoCivil.html>. Acesso em 16.05.2012.)

1.366 e 1.375 do Código Civil italiano[230], e no artigo 1258 do Código Civil espanhol[231].

Ademais, nos Códigos argentino, chileno e uruguaio também existem disposições expressas sobre a boa-fé, sendo que a redação dos Códigos do Chile e do Uruguai são bastante semelhantes e inspiradas no Código francês, mencionando que as partes não estão obrigadas apenas às disposições expressas, mas também a todas as consequências que decorrem da natureza da obrigação, lei ou costumes.[232]

---

[230] "Art. 1337 Trattative e responsabilità precontrattuale
Le parti, nello svolgimento delle trattative e nella formazione del contratto, devono comportarsi secondo buona fede (1366,1375, 2208)."
"Art. 1366 Interpretazione di buona fede
Il contratto deve essere interpretato secondo buona fede (1337,1371,1375)."
"Art. 1375 Esecuzione di buona fede
Il contratto deve essere eseguito secondo buona fede (1337,1358,1366, 1460)."
(Disponível em < http://www.jus.unitn.it/cardozo/Obiter_Dictum/codciv/Lib4.htm>. Acesso em 16.05.2012.)

[231] "Art. 1258
Los contratos se perfeccionan por el mero consentimiento, y desde entonces obligan, no sólo al cumplimiento de lo expresamente pactado, sino también a todas las consecuencias que, según su naturaleza, sean conformes a la buena fe, al uso y a la ley."
(Disponível em <http://civil.udg.es/normacivil/estatal/CC/4T2.htm>. Acesso em 16.05.2012.)
Ainda dentre os Códigos europeus, vale citar o Código suíço, que, entre outras disposições sobre a boa-fé, contempla as seguintes regras gerais:
"Art. 2
1 Every person must act in good faith in the exercise of his or her rights and in the performance of his or her obligations.
2 The manifest abuse of a right is not protected by law.
Art. 3
1 Where the law makes a legal effect conditional on the good faith of a person, there shall be a presumption of good faith.
2 No person may invoke the presumption of good faith if he or she has failed exercise the diligence required by the circumstances."
(Disponível em <www.admin.ch/ch/e/rs/2/210.en.pdf>. Acesso em 16.05.2012.)

[232] Código Civil argentino:
"Art. 1.198. Los contratos deben celebrarse, interpretarse y ejecutarse de buena fe y de acuerdo con lo que verosímilmente las partes entendieron o pudieron entender, obrando con cuidado y previsión."
(Disponível em <http://www.codigocivilonline.com.ar/codigo_civil_argentino_1_22.html>. Acesso em 16.05.2012.)

De fato, todo o estudo sobre a boa-fé objetiva foi especialmente aprimorado pelos juristas alemães após a entrada em vigor do seu Código Civil, em 1900.[233]

Também no *Uniform Commercial Code*[234] dos Estados Unidos há disposição que determina que todo contrato ou dever regido por ele impõe a

---

No Projeto de Código Civil e Comercial Argentino, de 2011, já mencionado anteriormente, existem diversas menções à boa-fé, valendo destacar o artigo abaixo transcrito sobre as tratativas preliminares:
"ARTÍCULO 991.- Deber de buena fe. Durante las tratativas preliminares, y aunque no se haya formulado una oferta, las partes deben obrar de buena fe para no frustrarlas injustificadamente. El incumplimiento de este deber genera la responsabilidad de resarcir el daño que sufra el afectado por haber confiado, sin su culpa, en la celebración del contrato."
(Disponível em <http://www.nuevocodigocivil.com/pdf/Texto-del-Proyecto-de-Codigo-Civil--y-Comercial-de-la-Nacion.pdf>. Acesso em 28.09.2013.)
Código Civil uruguaio:
"1291. Los contratos legalmente celebrados forman una regla a la cual deben someterse las partes como a la ley misma.
Todos deben ejecutarse de buena fe y por consiguiente obligan, no sólo a lo que en ellos se expresa, sino a todas las consecuencias que según su naturaleza sean conformes a la equidad, al uso o a la ley."
(Disponível em< http://www.parlamento.gub.uy/htmlstat/pl/codigos/CodigoCivil/2002/L4p1t1c1s3.htm>. Acesso em 16.05.2012.)
Código ivil chileno:
"Art. 1546. Los contratos deben ejecutarse de buena fe, y por consiguiente obligan no sólo a lo que en ellos se expresa, sino a todas las cosas que emanan precisamente de la naturaleza de la obligación, o que por la ley o la costumbre pertenecen a ella."
(Disponível em http://www.leychile.cl/Navegar?idNorma=172986. Acesso em 16.05.2012.)
Vale ainda citar o Código Civil de Quebec, apesar de se referir à boa-fé de forma bastante geral e não especificamente aos negócios jurídicos ou contratos, como nos demais Códigos analisados:
6. Every person is bound to exercise his civil rights in good faith.
7. No right may be exercised with the intent of injuring another or in an excessive and unreasonable manner which is contrary to the requirements of good faith."
(Disponível em <http://www2.publicationsduquebec.gouv.qc.ca/dynamicSearch/telecharge.php?type=2&file=/CCQ_1991/CCQ1991_A.html>. Acesso em 16.05.2012.)

[233] Para uma análise histórica detalhada da boa-fé na doutrina alemã ver Menezes Cordeiro, *Da boa-fé no direito civil*, cit., p. 314-335.

[234] "§ 1-201. General Definitions.
(a) Unless the context otherwise requires, words or phrases defined in this section, or in the additional definitions contained in other articles of [the Uniform Commercial Code] that apply to particular articles or parts thereof, have the meanings stated.

obrigação de boa-fé. Referido código traz a definição de boa-fé, que seria a honestidade de fato e a observância de padrões comerciais razoáveis e lealdade no trato entre as partes. O *Uniform Commercial Code* autoriza as partes a estabelecer os *standards* da boa-fé, desde que eles sejam razoáveis.[235] Tal possibilidade de as partes disporem sobre os padrões da boa-fé a ser considerados é bastante interessante, especialmente do ponto de vista das especificidades de alguns mercados.[236]

(b) Subject to definitions contained in other articles of [the Uniform Commercial Code] that apply to particular articles or parts thereof: (20) "Good faith," except as otherwise provided in Article 5, means honesty in fact and the observance of reasonable commercial standards of fair dealing.
(...)
§ 1-302. Variation by Agreement.
(...)
(b) *The obligations of good faith, diligence, reasonableness, and care prescribed by [the Uniform Commercial Code] may not be disclaimed by agreement*. The parties, by agreement, *may determine the standards by which the performance of those obligations is to be measured if those standards are not manifestly unreasonable*. Whenever [the Uniform Commercial Code] requires an action to be taken within a reasonable time, a time that is not manifestly unreasonable may be fixed by agreement.
(...)
§ 1-304. Obligation of Good Faith.
Every contract or duty within [the Uniform Commercial Code] imposes an obligation of good faith in its performance and enforcement."
(UNIFORM Commercial Code. *Cornell University Law School* Disponível em <http://www.law.cornell.edu/ucc/ucc.table.html>. Acesso em 16.05.2012).
Em adição, interessante destacar que E. Allan Farnsworth afirma que a aceitação geral que a boa-fé possui hoje nos Estados Unidos se deve, em boa parte, à inclusão da doutrina no UCC. No entanto, o próprio autor discorre sobre o fato de que algumas vertentes da boa-fé, tal como a boa-fé na execução do contrato, ainda são dificilmente aceitas naquele país. (FARNSWORTH, E. Allan. Good Faith in Contract Performance. In: BEATSON, Jack; FRIEDMANN, Daniel. (Ed.) *Good Faith and Fault in Contract Law*. Oxford: Oxford University Press, p. 153-170, 2001, p. 155 e ss.)

[235] Ver nota de rodapé anterior com o texto nesse sentido.
[236] Em texto sobre a análise econômica da cláusula geral, Jacques Ghestin fala justamente dos graus de intensidade da boa-fé e das consequências que isso pode ter aos contratos, indo desde sanções de comportamentos desleais, passando por deveres como o de informação e cooperação, e chegando à necessidade de renegociação. (GHESTIN, Jacques. L'Analyse Économique de la Clause Générale, cit., p. 169-170).

Os Princípios dos Contratos Comerciais Internacionais do UNI-DROIT[237] também determinam que as partes devem agir de acordo com a boa-fé e a lealdade nos contratos internacionais e dispõem que as partes não podem excluir ou limitar tais deveres. Tais Princípios estabelecem, ainda, que a boa-fé será considerada na interpretação de termos omissos e será fonte de obrigações implícitas, ou seja, não contratadas de forma expressa.

Os Princípios do Direito Contratual Europeu (Principles of European Contract Law) também dizem que as partes devem agir de acordo com a boa-fé e a lealdade e, tais como os Princípios do UNIDROIT, não permitem que as partes excluam ou limitem tais deveres.[238] Ainda, em tais Prin-

---

[237] "ARTICLE 1.7 (Good faith and fair dealing)
(1) Each party must act in accordance with good faith and fair dealing in international trade.
(2) The parties may not exclude or limit this duty.
(...)
ARTICLE 4.8
(Supplying an omitted term)
(1) Where the parties to a contract have not agreed with respect to a term which is important for a determination of their rights and duties, a term which is appropriate in the circumstances shall be supplied.
(2) In determining what is an appropriate term regard shall be had, among other factors, to
(a) the intention of the parties;
(b) the nature and purpose of the contract;
(c) good faith and fair dealing;
(d) reasonableness.
(...)
ARTICLE 5.1.2
(Implied obligations)
Implied obligations stem from
(a) the nature and purpose of the contract;
(b) practices established between the parties and usages;
(c) good faith and fair dealing;
(d) reasonableness."
(UNIDROIT Principles of International Commercial Contracts 2004 Disponível em: <http://www.unidroit.org/english/principles/contracts/main.htm>. Acesso em 16.05.2012, grifamos).

[238] "Section 2: General Duties
Article 1:201: Good Faith and Fair Dealing
(1) Each party must act in accordance with good faith and fair dealing.
(2) The parties may not exclude or limit this duty."
(Disponível em <http://frontpage.cbs.dk/law/commission_on_european_contract_law/pecl_full_text.htm#pecl1>. Acesso em 16.05.2012.)

cípios, a boa-fé também possui papel na interpretação dos contratos[239] e, como afirma Hugh Beale[240], é um mecanismo de controle do processo e da substância dos negócios.[241]

A boa-fé também possui papel de destaque no Draft Common Frame of Reference (DCFR), uma proposta elaborada por acadêmicos que pode

---

[239] "Article 1:106: Interpretation and Supplementation
(1) These Principles should be interpreted and developed in accordance with their purposes. In particular, regard should be had to the need to promote good faith and fair dealing, certainty in contractual relationships and uniformity of application.
(2) Issues within the scope of these Principles but not expressly settled by them are so far as possible to be settled in accordance with the ideas underlying the Principles. Failing this, the legal system applicable by virtue of the rules of private international law is to be applied." (Disponível em <http://frontpage.cbs.dk/law/commission_on_european_contract_law/pecl_full_text.htm#pecl1>. Acesso em 16.05.2012.)

[240] "For example there are articles that provide more specific and more limited controls over both procedure and substance." (BEALE, Hugh. General Clauses and Specific Rules in the Principles of European Contract Law: The "Good Faith" Clause. In: GRUNDMANN, Stefan; MAZEAUD, Denis (Org.). *General Clauses and Standards in European Contract Law – Comparative Law, EC Law and Contract Law Codification*. The Hague: Kluwer Law International, p. 205-218, 2006, p. 211.)

[241] Article 2:104: Terms Not Individually Negotiated
(1) Contract terms which have not been individually negotiated may be invoked against a party who did not know of them only if the party invoking them took reasonable steps to bring them to the other party's attention before or when the contract was concluded.
(2) Terms are not brought appropriately to a party's attention by a mere reference to them in a contract document, even if that party signs the document."
"Article 4:110: Unfair Terms not Individually Negotiated
(1) A party may avoid a term which has not been individually negotiated if, contrary to the requirements of good faith and fair dealing, it causes a significant imbalance in the parties' rights and obligations arising under the contract to the detriment of that party, taking into account the nature of the performance to be rendered under the contract, all the other terms of the contract and the circumstances at the time the contract was concluded.
(2) This Article does not apply to:
(a) a term which defines the main subject matter of the contract, provided the term is in plain and intelligible language; or to
(b) the adequacy in value of one party's obligations compared to the value of the obligations of the other party."
(Disponível em <http://frontpage.cbs.dk/law/commission_on_european_contract_law/pecl_full_text.htm#pecl1>. Acesso em 16.05.2012.)

eventualmente vir a constituir um Código de Contratos da União Europeia.²⁴²

A Convenção de Viena de 1980 sobre Venda Internacional de Mercadorias também, em seu artigo 7(1), estabelece que na interpretação da Convenção deve-se levar em conta seu caráter internacional e a necessidade

---

²⁴² Diferentemente do Direito Contratual inglês, o DCFR (Draft Common Frame of Reference) possui um abrangente princípio da boa-fé e da lealdade, que se aplica desde o momento da negociação do contrato até a execução de suas obrigações. A boa-fé e a lealdade são requisitos fundamentais com relação a todos os aspectos de interpretação e desenvolvimento das regras do DCFR, assim como na interpretação e execução de contratos, inclusive na fase pré-contratual (e.g. Livro I, artigo 1:102–103, II, artigo 8:102 e III, artigo 1:103). (European Union Committee, 12th Report of Session 2008–09, p. 15, Disponível em <http://www.publications.parliament.uk/pa/ld200809/ldselect/ldeucom/95/95.pdf>. Acesso em 30.05.2012.) Conforme pontuou Hugh Beale, um dos acadêmicos envolvidos na elaboração do DCFR (ainda antes dos trabalhos que culminaram com sua elaboração, muito embora ela ainda não tenha sido totalmente concluída), a criação do DCFR está em linha com um plano de ação proposto pela Comissão Europeia para a elaboração de um Direito Contratual mais coerente e visa auxiliar na elaboração de uma legislação europeia de contratos. (BEALE, Hugh. General Clauses and Specific Rules in the Principles of European Contract Law: The "Good Faith" Clause, cit., p. 205.) Interessante citar os seguintes artigos, sendo que os demais acima apontados podem ser conferidos no endereço eletrônico abaixo:
"I. – 1:103: Good faith and fair dealing
(1) The expression "good faith and fair dealing" refers to a standard of conduct characterised by honesty, openness and consideration for the interests of the other party to the transaction or relationship in question.
(2) It is, in particular, contrary to good faith and fair dealing for a party to act inconsistently with that party's prior statements or conduct when the other party has reasonably relied on them to that other party's detriment."
"III. – 1:103: Good faith and fair dealing
(1) A person has a duty to act in accordance with good faith and fair dealing in performing an obligation, in exercising a right to performance, in pursuing or defending a remedy for non-performance, or in exercising a right to terminate an obligation or contractual relationship.
(2) The duty may not be excluded or limited by contract or other juridical act.
(3) Breach of the duty does not give rise directly to the remedies for nonperformance of an obligation but may preclude the person in breach from exercising or relying on a right, remedy or defence which that person would otherwise have." (Disponível em <http://ec.europa.eu/justice/contract/files/european-private-law_en.pdf>. Acesso em 30.05.2012.)
Para mais detalhes sobre o DCFR ver COLLINS, Hugh. *The European Civil Code: the way forward*. Cambridge: Cambridge University Press, 2008, p. 77 e ss.

de promoção de uniformidade na sua aplicação e a observância da boa-fé no comércio internacional.[243]

Todos esses textos demonstram que a aplicação da boa-fé objetiva está cada vez mais difundida no Direito, sendo praticamente impensável dissociá-la da própria compreensão de contrato.

Vale ainda destacar que a boa-fé objetiva é princípio de ordem pública, e, assim, poderá o juiz aplicá-la de ofício, ainda que não haja pedido expresso das partes interessadas.[244] O Enunciado nº 363 da IV Jornada de Direito Civil do Centro de Estudos Judiciários do Conselho da Justiça Federal dispõe, nesse sentido, que: "363 – Art. 422. Os princípios da probidade e da confiança são de ordem pública, estando a parte lesada somente obrigada a demonstrar a existência da violação"[245].

De fato, a boa-fé objetiva ganhou destaque e importância acentuados como princípio do Direito Civil (e também do Direito do Consumidor), sendo absolutamente necessária a sua correta compreensão e aplicação, sem distorções ou entendimentos inapropriados, que poderão fazer da boa-fé um princípio ineficaz, cuja credibilidade acabará restando questionada.[246]

Conforme afirma Judith Martins-Costa: "São tradicionalmente imputadas à boa-fé objetiva três distintas funções, quais sejam a de cânone

---

[243] "Article 7
(1) In the interpretation of this Convention, regard is to be had to its international character and to the need to promote uniformity in its application and the observance of good faith in international trade." (Disponível em <http://www.uncitral.org/pdf/english/texts/sales/cisg/V1056997-CISG-e-book.pdf>.Acesso em 04.03.2013.)

[244] LOPEZ, Teresa Ancona. Princípios Contratuais, cit., p. 49. Os princípios do Direito Contratual Europeu (PECL) e do UNIDROIT acima citados são expressos no sentido de que as partes não podem excluir ou limitar tais deveres, demonstrando seu caráter de ordem pública.

[245] Jornadas de Direito Civil. Disponível em < http://www.jf.jus.br/cjf/cej-publ/jornadas-de-direito-civil-enunciados-aprovados/>. Acesso em 18.05.2012.

[246] Nesse sentido, Teresa Negreiros bem aponta o fato de que se a boa-fé for "indevidamente (super) utilizada por alguns como uma reação ao próprio sistema que a consagrou, de forma desintegrada dos demais princípios", ela irá gerar "contradições e paradoxos que a levarão a se tornar um princípio tão invocado como ineficaz", o que justifica a necessidade de constante investigação doutrinária para aprimorar a sua conformação dogmática. (NEGREIROS, Teresa. O Princípio da Boa-Fé Contratual. In: MORAES, Maria Celina Bodin. (Coord.). *Princípios do direito civil contemporâneo*. Rio de Janeiro: Renovar, 2006, p. 253.)

hermenêutico-integrativo do contrato, a de norma de criação de deveres jurídicos e a de norma de limitação ao exercício de direitos subjetivos"[247].

Passemos então à análise das diferentes funções da boa-fé objetiva, começando pela função de criação de deveres anexos, que é justamente aquela que mais nos interessa. No entanto, para que a análise não fique incompleta, também analisaremos as duas outras vertentes da boa-fé objetiva, quais sejam sua função interpretativa e sua função de limitadora do exercício de direitos subjetivos, sem nos aprofundarmos nelas, já que não são especificamente o foco de nosso trabalho, mas sem desconsiderá-las, visto que uma visão ampla da boa-fé se faz importante para a completa compreensão de sua aplicação e de suas facetas.

Além disso, é importante ter-se em mente todas as funções da boa-fé objetiva, na medida em que muitas vezes elas serão utilizadas de forma conjunta, tal como veremos nos casos de interpretação do que são os deveres anexos, situação em que o aplicador do direito deve considerar a boa-fé na sua função de criação de deveres e na sua função interpretativa. A função de limitação de exercício de direitos subjetivos merece análise porque contribui para a compreensão global do contrato e da postura das partes, que deve ser verificada pelo intérprete quando examina as peculiaridades da relação contratual em questão.

3.1. Função de criação de regras de conduta

Como veremos a seguir, a boa-fé possui a função de criação de regras de conduta em todas as fases contratuais. No entanto, de modo a ilustrar mais facilmente suas facetas e as consequências de sua violação, apenas para fins didáticos, dividiremos a boa-fé em sua função de criadora de deveres de conduta, conforme as fases contratuais, lembrando que, no fundo, trata-se da mesma função da boa-fé de determinar o comportamento da parte de modo a fomentar a cooperação entre os contratantes.

É a chamada função supletiva da boa-fé objetiva, que visa "suprir o vínculo jurídico entre as pessoas com deveres de conduta que o tornam

---

[247] MARTINS-COSTA, Judith. *A boa-fé no direito privado*. São Paulo: Ed. Revista dos Tribunais, 1999,
p. 427-428. A autora afirma também que "o CDC foi além daquela tríplice função: conjugando à conduta segundo a boa-fé o equilíbrio entre posições do polo fornecedor e do polo consumidor, agregou-lhe ainda a função corretora do equilíbrio contratual (...)" (Os campos normativos da boa-fé objetiva: as três perspectivas do direito privado brasileiro, cit., p. 393).

mais solidário, cooperativo, que garantem enfim que ele se desenvolva de maneira fundamentalmente leal"[248].

Para o estudo da boa-fé em suas outras funções (itens 3.2 e 3.3 abaixo) não faremos divisão por fase contratual, por entendermos que sua aplicação é mais genérica, sem haver tanta distinção pela fase de cumprimento do contrato.

3.1.1. A boa-fé na fase pré-contratual

A boa-fé na fase pré-contratual cria duas vertentes distintas, mas complementares de regras de conduta para as partes que se encontram negociando a avença.

A primeira delas é a criação de determinados deveres laterais, tais como os deveres de informação e cooperação, bastante similares aos deveres anexos da fase contratual, sobre os quais trataremos no item 3.1.2, guardadas aqui as diferenças peculiares por se tratar de uma fase pré-contratual. Dessa forma, já na fase de tratativas e ainda que nem sequer haja um contrato assinado pelas partes, a boa-fé determina que as partes observem alguns deveres com base na confiança e na lealdade, de modo a fomentar a conclusão do negócio ou evitar prejuízos à outra parte caso o contrato não seja celebrado.

Evidentemente, não há que se falar aqui nos mesmos deveres anexos que existiriam na fase contratual, até porque não se possui ainda as bases efetivas do contrato e o que efetivamente se espera de determinado contratante. Porém, deveres de lealdade e cooperação já são esperados dos contratantes.

Assim, na fase pré-contratual podem existir deveres laterais para as partes, que são independentes dos próprios deveres de prestar, ou seja, sem que haja os deveres primários de prestação, que surgem apenas quando o contrato é efetivamente firmado.[249]

Como afirma Mota Pinto: "É o que sucede, por exemplo, com a relação pré-contratual, fundamentadora da chamada responsabilidade pré-negocial, em que há recíprocos deveres de comportamento, cuja violação pode

---

[248] GODOY, Claudio Luiz Bueno de. O princípio da boa-fé objetiva, cit., p. 59-60.
[249] FRADA, Manuel A. Carneiro da. *Contrato e Deveres de Proteção*. Coimbra: Gráfica de Coimbra, 1994, p. 101-105.

originar deveres secundários de prestação, mas nenhum dever primário de prestação (...)"[250].

A segunda vertente, vindo a complementar a de criação de deveres, é aquela que visa a tutelar a ruptura desmotivada ou abusiva das negociações. Assim, justamente tais deveres devem ser observados para que, se não houver a efetiva conclusão do negócio, pelo menos não haja prejuízo a nenhuma das partes, especialmente àquela que não foi responsável pela ruptura das negociações.

Menezes Cordeiro afirma que é o instituto da *culpa in contrahendo*, recepcionada no Direito português[251] pelo artigo 227º/1.

Nosso Código Civil, porém, não trouxe previsão expressa sobre a boa-fé na fase pré-contratual e suas consequências, como o fez o Código lusitano. Antonio Junqueira de Azevedo, criticando essa "insuficiência" ainda na época do Projeto, assim sustenta:

"o art. 422 se limita ao período que vai da conclusão do contrato até a sua execução. Sempre sigo que o contrato é um 'processo' em que há começo, meio e fim. Temos fases contratuais – fase pré-contratual, contratual propriamente dita e pós-contratual. Uma das possíveis aplicações da boa-fé é aquela que se faz na fase pré-contratual; nessa fase temos as negociações preliminares, as tratativas. É um campo propício para a regra do comportamento da boa-fé, pois, aí, ainda não há contrato e, apesar disso, já são exigidos aqueles deveres específicos que uma pessoa precisa ter como correção de comportamento em relação a outra"[252].

Se houver violação aos deveres específicos de comportamento que surgem com a boa-fé para essa fase do contrato, tal como a violação à obrigação de sigilo, a parte prejudicada terá direito a indenização pelos prejuízos decorrentes, e, segundo Menezes Cordeiro, uma vez demonstrada a violação do dever de conduta, presumir-se-á a culpa da parte faltosa.[253]

---

[250] PINTO, Carlos Alberto da Mota. *Cessão da posição contratual*. Coimbra: Almeida, 2003, p. 350.
[251] O Código Civil italiano também possui disposição nesse sentido, o artigo 1337: "as partes, no desenvolvimento das negociações e na formação do contrato, devem comportar-se de boa-fé." (CORDEIRO, António Menezes. *Da boa-fé no direito civil*, cit., p. 567.)
[252] AZEVEDO, Antonio Junqueira de. *Estudos e pareceres de direito privado*, cit., p. 150.
[253] CORDEIRO, António Menezes. *Da boa-fé no direito civil*, cit., p. 685.

Com efeito, a boa-fé na fase pré-contratual também garante indenização à parte prejudicada pela ruptura do negócio, desde que se considere ter havido, de fato, comportamento que não observou a boa-fé. Assim, segundo Antonio Junqueira de Azevedo, são necessários os seguintes pressupostos para que se considere devida a indenização pela ruptura abusiva das negociações: a) a confiança na celebração do futuro negócio; b) o investimento na confiança; c) a confiança objetivamente justificada; e d) a confiança causada pela outra parte.[254]

3.1.2. Deveres anexos na fase contratual

A função de criação dos chamados deveres laterais, anexos, acessórios de conduta, instrumentais ou funcionais é justamente a face da boa-fé objetiva que mais interessa para nossa análise.[255] São aqueles deveres que não estão expressos no contrato, nem decorrem de forma direta das obrigações inerentes daquele tipo contratual, mas pelos quais as partes estão igualmente obrigadas, porque eles servem à boa consecução do objeto contratual.

Tais deveres de conduta apresentam-se desde antes da conclusão do negócio (responsabilidade pré-contratual), até a fase posterior ao encerramento do contrato (responsabilidade pós-contratual ou culpa *post pactum finitum*, como veremos adiante).

Assim, para que as partes cumpram satisfatoriamente suas prestações, elas devem observar também certas obrigações anexas que farão com que o programa contratual possa ser adequadamente desenvolvido.

Não se considera mais o adimplemento da forma como antigamente se fazia, observando-se apenas o cumprimento da obrigação, um determinado ato pontual do devedor[256], sem que se fossem requeridas determi-

---

[254] AZEVEDO, Antonio Junqueira de. *Estudos e pareceres de direito privado*, cit., p. 151.

[255] "Nesse sentido, apontava a boa-fé como fonte de 'deveres anexos', que tenho preferido de denominar de 'deveres instrumentais' para deixar bem marcada a sua instrumentalidade em vista do escopo econômico-social que o contrato, como veste jurídica de uma operação econômica, deve viabilizar." (MARTINS-COSTA, Judith. Os campos normativos da boa-fé objetiva: as três perspectivas do direito privado brasileiro, cit., p. 391.)

[256] "Identificado, na abordagem tradicional, como cumprimento exato da prestação ajustada, o adimplemento resumia-se a um ato pontual do devedor: a entrega da coisa, a restituição do objeto, a realização do ato devido." (SCHREIBER, Anderson. A tríplice transformação do adimplemento. Adimplemento substancial, inadimplemento antecipado e outras figuras. *Revista Trimestral de Direito Civil*, Rio de Janeiro, vol. 32, p. 3-27, out/dez, 2007, p. 10.)

nadas outras condutas das partes. Trata-se de considerar o adimplemento de forma muito mais ampla, para que as partes, com base na boa-fé objetiva, guardem comportamentos que auxiliam no completo cumprimento do programa contratual.[257] Frise-se aqui que se fala em cumprimento do contrato como um todo, como um programa complexo e dinâmico, e não apenas cumprimento de determinada prestação a qual o devedor se obrigou. Trata-se do que Menezes Cordeiro chama de complexidade intraobrigacional, que "traduz a ideia de que o vínculo obrigacional abriga, no seu seio, não um simples dever de prestar, simétrico a uma pretensão creditícia, mas antes vários elementos jurídicos dotados de autonomia bastante para, de um conteúdo unitário, fazerem uma realidade composta."[258]

Clóvis do Couto e Silva fala em encadeamento de atos, em forma processual, que conduzem ao adimplemento do contrato, mostrando, com isso, a complexidade que é a relação contratual, muito além das simples prestação e contraprestação. [259]

Como sustenta Judith Martins-Costa: "é preciso, antes de mais, compreender funcionalmente a relação obrigacional como relação de cooperação, polarizada pelo adimplemento, entendido este como a prestação satisfativa dos direitos de crédito". Ainda segundo a autora: "o sintagma boa-fé indica, na relação obrigacional, o 'teor geral da cooperação intersubjetiva' que há de dar-se entre as partes com vistas ao adimplemento".[260]

Dessa forma, cada vez mais os deveres anexos ganham importância no cumprimento do programa contratual, para que ocorra o adimplemento completo do contrato. E, nesse sentido, vale destacar que não apenas o devedor da obrigação possui deveres, mas igualmente o credor, que deve o tempo todo colaborar para o cumprimento da obrigação e agir de modo a permitir a completa realização do programa contratual.[261]

---

[257] Judith Martins-Costa discorre sobre a necessidade de se estudar a relação de obrigação como um todo e não mais como a prestação isolada. (*A boa-fé no direito privado*, cit., p. 392).

[258] CORDEIRO, António Menezes, *Da boa-fé no direito civil*, cit., p. 586.

[259] SILVA, Clóvis do Couto e. *A obrigação como processo*, cit., p. 22.

[260] Os campos normativos da boa-fé objetiva: as três perspectivas do direito privado brasileiro, cit., p. 401.

[261] "o passo definitivo consistia em assacar, ao credor, toda uma série de deveres de lealdade, de colaboração e de protecção, decaldados dos do devedor e com um âmbito transcendente em relação ao mero aceitar da prestação." CORDEIRO, António Menezes, *Da boa-fé no direito civil*, cit., p. 594.

Os deveres anexos se distinguem dos deveres principais, que podem igualmente ser chamados de deveres primários de prestação, e também dos deveres secundários ou acessórios da obrigação principal.[262]

Não é difícil de compreender que os deveres principais são aqueles relacionados à obrigação efetivamente assumida pela parte no contrato, tal como entregar a coisa, pagar o preço, prestar o serviço, fornecer o produto, etc.

Já os deveres secundários ou acessórios da obrigação principal são aqueles "que se destinam a preparar o cumprimento ou assegurar a prestação principal (v.g. na compra e venda o dever de conservar a coisa vendida, ou de transportá-la, ou o de embalá-la)".[263] Judith Martins-Costa lembra também dos deveres secundários que são autônomos ao dever principal, tal como a indenização que substitui o dever principal quando esse não é cumprido.[264]

Assim, é importante não confundir a nomenclatura "deveres acessórios da obrigação principal" com "deveres acessórios de conduta", que são efetivamente os deveres que decorrem da boa-fé, sinônimos de deveres anexos, laterais, instrumentais, de proteção ou de tutela.

A feição de criação dos deveres anexos trata da função *suplendi* da boa-fé, que faz alargar o vínculo contratual ordinário, impondo, assim, uma série de deveres anexos, cuja violação possui consequências similares à do inadimplemento, como veremos mais adiante[265]. Tais são os deveres de cuidado com o patrimônio, de aviso e esclarecimento, de informar, de cooperação e colaboração, de proteção e cuidado com a pessoa e de sigilo.[266]

Como afirma Antonio Junqueira de Azevedo: "o contrato não produz somente os efeitos que foram convencionados entre as partes, mas igualmente cria aqueles deveres que, do contrato, decorrem implicitamente, inclusive os provenientes da razão e da equidade." Referido autor men-

---

[262] MARTINS-COSTA, Judith. *A boa-fé no direito privado*, cit., p. 437. PINTO, Carlos Alberto da Mota. Cessão da posição contratual, cit., p. 337.
[263] MARTINS-COSTA. Judith. *A boa-fé no direito privado*, cit., p. 438.
[264] *A boa-fé no direito privado*, cit., p. 438.
[265] "Deve considerar-se como integrando hipóteses de violação positiva do contrato, os casos de cumprimento defeituoso da prestação principal, de incumprimento ou impossibilidade de prestações secundárias e de violação de deveres acessórios." (CORDEIRO, António Menezes. *Da boa-fé no direito civil*, cit., p. 602).
[266] MARTINS-COSTA, Judith. *A boa-fé no direito privado*, cit., p. 439.

ciona ainda que o Código deveria ter previsto a regra de criação de deveres anexos, para estar de acordo com os dias de hoje.[267]

De fato essa é uma deficiência de nosso Código, que poderia ter tido caráter mais moderno e em linha com os pensamentos atuais.

Nesse sentido, o Código Civil de Portugal foi expresso em prever, no artigo 762º, deveres no cumprimento da prestação:

> "1. O devedor cumpre a obrigação quando realiza a prestação a que está vinculado.
> 2. No cumprimento da obrigação, assim como no exercício do direito correspondente, devem as partes proceder de boa fé."

A boa-fé, como criadora de deveres anexos, acaba guardando estreita relação com a função de cânone hermenêutico-integrativo (que estudaremos brevemente mais adiante), na medida em que, muitas vezes, caberá ao juiz, ao interpretar o contrato, ter de considerar os deveres anexos inerentes àquela contratação e que não estarão expressos no contrato.

Tais deveres variam de acordo com a relação contratual concreta e não é possível identificar seu conteúdo em abstrato[268], sendo que o elenco de quais seriam os deveres anexos é meramente enunciativo[269], não se podendo, sem a análise efetiva do caso, vislumbrá-los de forma completa. Carneiro da Frada afirma que os deveres anexos "só se especificam em função dos contornos que o desenrolar da vida da relação contratual venha a manifestar".[270]

Portanto, é necessário analisar especificamente o contrato em questão para saber quais deveres recaem sobre as partes naquelas condições, para que seja integralmente cumprido o programa contratual.

Concordamos com a afirmação de Judith Martins-Costa de que:

> "Diversa será a atuação da boa-fé na produção de deveres de tutela, consideração e cooperação conforme se tratar de negócios paritários tipicamente bilaterais; de contratos fiduciários; dos que estão enucleados numa

---

[267] *Estudos e pareceres de direito privado*, cit., p. 154.
[268] SCHREIBER, Anderson. *A proibição de comportamento contraditório – Tutela da confiança e venire contra factum proprium*, cit., p. 87.
[269] GODOY, Claudio Luiz Bueno de. *O princípio da boa-fé objetiva*, cit., p. 62.
[270] FRADA, Manuel A. Carneiro da. *Contrato e Deveres de Proteção*, cit., p. 39.

base comunitária; ou de negócios que têm em vista a realização de interesses suprapessoais"[271].

Além disso, não será possível, de antemão, identificar todos os deveres anexos de um contrato, na medida em que alguns deles, tais como o dever de informar, podem surgir durante a concretização do programa contratual. Por exemplo, uma parte pode ficar ciente de alguma informação que impactará o cumprimento de determinada prestação pela outra, tornando-se necessário que ela então informe a devedora para possibilitar o pleno cumprimento do contrato.

Com isso, o princípio da boa-fé contém modelo de comportamento flexível, que deve ser moldado de acordo com as circunstâncias concretas, não podendo ser considerado como uma solução prévia. Como vimos, a análise da boa-fé, inclusive no tocante à criação dos deveres anexos, deve acompanhar a concretização do programa contratual e poderá sofrer variações conforme a situação em concreto. Não se pode, portanto, a priori, dizer-se que determinado contrato possui certo rol taxativo de deveres anexos. É certo que alguns deveres existem para todas as contratações, mas inclusive para esses cuja aplicação deve ocorrer em todos os contratos, sua intensidade e forma de concreção só podem ser analisadas conforme seja realizado o programa contratual. O mesmo ocorrerá com os deveres anexos que terão aplicação após o encerramento do contrato. É possível de antemão prever alguns que devem ser observados, mas isso não quer dizer que os contratantes têm regras de condutas predefinidas, sendo imperioso guardarem uma conduta proba em todos os sentidos e aspectos de comportamento, após o encerramento da relação contratual.

Os deveres anexos podem ser divididos em positivos e negativos. Os deveres positivos são aqueles cuja prestação reflete uma ação por parte do contratante, como o dever de informar e o de aconselhar. Já os deveres negativos são aqueles cuja prestação reflete uma omissão do contratante, como ocorre no dever de sigilo e de confidencialidade. Assim, a boa-fé aponta a maneira de como deve o contratante agir, sempre orientado para que haja o cumprimento contratual da forma mais completa e útil possível.

Menezes Cordeiro divide os deveres acessórios de conduta em três categorias distintas. A primeira delas é a dos deveres acessórios de pro-

---

[271] MARTINS-COSTA, Judith. Os campos normativos da boa-fé objetiva: as três perspectivas do direito privado brasileiro, cit., p. 402.

teção, aqueles deveres que determinam às partes evitar "danos mútuos, nas suas pessoas ou patrimônios"[272]. A segunda categoria trata dos deveres acessórios de esclarecimento, pelos quais as partes devem se informar "mutuamente de todos os aspectos atinentes ao vínculo, de ocorrências que, com ele, tenham certa relação e, ainda, de todos os efeitos que, da execução contratual possam advir"[273]. Por fim, o autor trata dos deveres de lealdade, que obrigam as partes a se abster de praticar qualquer ato que de alguma forma impacte de maneira negativa a consecução do contrato. São exemplos dos deveres de lealdade, propostos pelo autor, os deveres de não concorrência, de não celebração de contratos incompatíveis com o primeiro, de confidencialidade e sigilo.[274]

A divisão sugerida pelo autor – também considerada, ainda que com pequenas diferenças por outros autores, tal como Judith Martins Costa[275] –, em nossa opinião, porém, é importante para a função didática de mostrar de forma mais concreta quais são os deveres que surgem na prática, mas não serve como guia de algo que possa ser pensado de forma pronta e acabada, justamente porque os deveres anexos só se moldam efetivamente no dia a dia do cumprimento do contrato.

Os deveres anexos são independentes e autônomos da obrigação principal e, dessa forma, podem inclusive subsistir na nulidade do contrato, tais como o dever de proteção e cuidado com a pessoa e patrimônio do contratante, o dever de sigilo, entre outros vastamente citados por Menezes Cordeiro.[276]

O autor também cita o alargamento dos deveres de proteção com relação a terceiros, com base nos deveres anexos da boa-fé.[277] Assim, por exemplo, se o pintor está pintando a casa e deixa cair um equipamento em cima da cabeça daquele que passa pelo quintal, ainda que seja uma visita, deverá indenizar o terceiro com base em seu dever de proteção derivado da boa-fé.[278]

---

[272] CORDEIRO, António Menezes. *Da boa-fé no direito civil*, cit., p. 604.
[273] CORDEIRO, António Menezes. *Da boa-fé no direito civil*, cit., p. 605.
[274] CORDEIRO, António Menezes. *Da boa-fé no direito civil*, cit., p. 607.
[275] MARTINS-COSTA, Judith. *A boa-fé no direito privado*, cit., p. 439.
[276] CORDEIRO, António Menezes. *Da boa-fé no direito civil*, cit., p. 617-618.
[277] CORDEIRO, António Menezes. *Da boa-fé no direito civil*, cit., p. 621-623.
[278] Sobre o assunto o Direito brasileiro se valhe da função social como forma de ampliar os efeitos do contrato a terceiros. Nesse sentido, ver CARDOSO, Patrícia. Oponibilidade dos

O Código Civil brasileiro não faz diferenciação sobre a aplicação da boa--fé com base em diferentes *standards*, como possibilita o *Uniform Commercial Code*. Mas é evidente que se pode exigir um padrão de boa-fé aumentado em alguns casos, tal como em contratos de consumo e contratos de longo prazo, o foco de nosso estudo. De igual forma, mesmo entre empresários o *standard* pode variar dependendo do mercado em que se negocia. Isso porque se sabe, a priori, que determinados mercados exigem um nível de cooperação muito maior que outros.

Apesar de o artigo 422 do Código Civil não fazer menção aos diferentes *standards* possíveis para a boa-fé, o artigo 113 do mesmo Código pode ser interpretado como uma abertura para essa aplicação, pois ele afirma que "Os negócios jurídicos devem ser interpretados conforme a boa-fé e *os usos do lugar de sua celebração*". Assim, a expressão "usos do lugar de sua celebração" pode ser considerada a autorizar um padrão diferente dependendo do local e mercado em análise, permitindo a utilização de diferentes padrões para a boa-fé.

Em nossa opinião, de fato o dever de cooperação é aumentado para os casos de contratos de longo prazo, considerando as peculiaridades desses contratos, para que se permita a adequada consecução do programa contratual, dadas as dificuldades inerentes que se apresentam em contratos de longo prazo. Segundo Anderson Schreiber, nas relações duradouras torna-se um efetivo dever das partes diligenciar pela utilidade da prestação em todas as fases contratuais, não se podendo apenas verificar o momento pontual da execução da prestação. [279]

O descumprimento dos deveres anexos de conduta foi tratado pela figura da violação positiva do contrato, doutrina desenvolvida na Alema-

---

efeitos dos contratos: determinante da responsabilidade civil do terceiro que coopera com o devedor na violação do pacto contratual. *Revista Trimestral de Direito Civil*, Rio de Janeiro, v. 20, p. 125-150, out/dez. 2004; FACHIN, Luis Edson. Responsabilidade por dano de cumprimento diante do desaproveitamento da função social do contrato. In: NERY, Rosa; DONNINI, Rogério (Coord.). *Responsabilidade civil: estudos em homenagem ao professor Rui Geraldo Camargo Viana* São Paulo: RT, 2009; GODOY, Claudio Luiz Bueno de. Função social do contrato: os novos princípios contratuais, cit.; HADDAD, Luís Gustavo Haddad. Função Social do Contrato: um ensaio sobre seus usos e sentidos. Dissertação (Mestrado) – Faculdade de Direito, Universidade de São Paulo, São Paulo, 2009.

[279] SCHREIBER, Anderson. A tríplice transformação do adimplemento. Adimplemento substancial, inadimplemento antecipado e outras figuras, cit., p. 11.

nha no início do século XX, sobre a qual discorreremos em mais detalhes no item 5.1. Principalmente após a entrada em vigor do Código Civil de 2002, que consagrou expressamente a cláusula geral de boa-fé, o conceito de deveres anexos de conduta e as consequências de sua violação vêm ganhando destaque na doutrina e na jurisprudência brasileiras.[280]

Analisaremos os deveres anexos que mais se destacam durante a execução do programa contratual no Capítulo 4 adiante, trazendo nosso estudo para as implicações específicas dos contratos de longo prazo.

3.1.3. Culpa *post pactum finitum*

A boa-fé como criadora de deveres anexos também tem reflexos na fase pós-contratual, nos chamados casos de *culpa post pactum finitum*[281]. Mesmo após o encerramento da relação contratual, deve a parte contratante agir de forma cooperativa com os interesses da outra parte, evitando comportamentos que possam prejudicar a parte contrária. "Os deveres instrumentais decorrentes da boa-fé objetiva persistem, gerando a continuidade, no tempo, da relação obrigacional, mesmo se adimplida a obrigação principal."[282]

Pode ocorrer *culpa post pactum finitum* quando o contratante adota determinadas condutas que não se coadunam com a prestação que foi por ele cumprida, podendo causar prejuízo ao outro contratante, ainda que todas as obrigações expressamente decorrentes do contrato já concluído tenham sido adimplidas. Pode ocorrer também de um dos contratantes acabar impedindo, mesmo depois de concluído o contrato, que o outro goze completamente da prestação que lhe foi fornecida. Assim, o contratante que não observa seus deveres pós-contratuais deve ser responsabilizado por não estar cumprindo o dever de conduta que dele era esperado, mesmo após a conclusão do contrato.

Menezes Cordeiro afirma que deriva dos deveres anexos a pós-eficácia em sentido estrito, que não se confunde com aqueles deveres expressos que o contratante deve guardar, mesmo após a conclusão do contrato, decorrentes da lei ou das próprias disposições contratuais. Assim, de fato

---

[280] A tríplice transformação do adimplemento. Adimplemento substancial, inadimplemento antecipado e outras figuras, cit., p. 16.
[281] CORDEIRO, António Menezes. *Da boa-fé no direito civil*, cit., p. 625.
[282] MARTINS-COSTA, Judith. *A boa-fé no direito privado*, cit., p. 447.

podem existir deveres para os contratantes que eles mesmos prevejam vigorarem após o encerramento do contrato. Por outro lado, há obrigações decorrentes da lei (tal como a não concorrência em caso de venda do estabelecimento comercial[283]) que também permanecem em vigor após a conclusão do contrato.

Porém, os deveres anexos decorrentes da boa-fé criam aos contratantes certos deveres não previstos nem no contrato e nem na lei, mas devem ser observados, sob pena de não permitirem a perfeita utilização e fruição da obrigação principal já prestada. Ocorre, como já dissemos anteriormente, o verdadeiro alargamento dos deveres dos contratantes, mesmo quando o contrato já se exauriu naturalmente pelo adimplemento, de modo a zelar pela completa e integral fruição da obrigação principal e pela completude do contrato de forma abrangente, inclusive após seu encerramento.

Clóvis do Couto e Silva afirma que "a particularidade mais importante de algumas obrigações anexas é a de ainda perdurarem, mesmo depois do adimplemento da obrigação principal, de modo que, quando se diz que o adimplemento extingue a relação jurídica, se (sic) deve entender que se extingue um crédito determinado"[284].

Pode-se relacionar os deveres anexos na fase pós-contratual à proteção da confiança, à proteção das expectativas do contratante, que entende que fruirá por completo daquela situação que as obrigações contratuais cumpridas pela outra parte lhe proporcionam. "O escopo contratual não pode ser frustrado a pretexto de que a obrigação se extinguiu."[285]

Exemplos clássicos são aqueles (i) do antigo dono de estabelecimento comercial que, após vender seu negócio, decide abrir outro no mesmo ramo e na mesma vizinhança, (ii) da confecção que vende os mesmos modelos a lojas concorrentes, (iii) do dono de imóvel que se aproveita da bela vista do seu imóvel para fazer com que a venda seja mais rentável e, posteriormente, constrói em imóvel vizinho um sobrado ou prédio mais alto, aca-

---

[283] O artigo 1.147 do Código Civil assim estabelece: "Art. 1.147. Não havendo autorização expressa, o alienante do estabelecimento não pode fazer concorrência ao adquirente, nos cinco anos subseqüentes à transferência.
Parágrafo único. No caso de arrendamento ou usufruto do estabelecimento, a proibição prevista neste artigo persistirá durante o prazo do contrato."
[284] SILVA, Clóvis do Couto e. *A obrigação como processo*, cit., p. 92.
[285] CORDEIRO, António Menezes. *Da boa-fé no direito civil*, cit., p. 630.

bando com a vista do imóvel vendido,[286] (iv) do médico que joga fora todos os prontuários e exames de seu cliente, após encerrado o tratamento, e (v) do advogado que joga fora documentos, contratos e demais informações da demanda, quando o processo se encerra[287].

3.2. Função interpretativa

A boa-fé objetiva prevista no artigo 113 do Código Civil é aquela relativa à interpretação contratual. O artigo 422 do Código Civil também contém regra de interpretação contratual. [288]

Na fase de execução do contrato, a boa-fé pode ser aplicada em suas funções pretorianas (*adjuvandi, suplendi e corrigendi*), como afirma Antonio Junqueira de Azevedo[289], visando "ajudar, suprir e corrigir o direito civil estrito"[290]. As funções *adjuvandi* e *suplendi* guardam relação com o papel da boa-fé na interpretação contratual. Na função *adjuvandi* o juiz deve procurar a vontade real declarada das partes usando a boa-fé para conseguir chegar a essa vontade. O papel do juiz terá grande ligação com o que as partes quiseram e pretenderam para aquele negócio específico, sem descurar da observação das obrigações de cada uma das partes seguindo o princípio da boa-fé.

Na segunda função da boa-fé, a *suplendi*, o juiz deve procurar suprir as lacunas e cláusulas duvidosas do contrato, integrando o contrato de acordo com a boa-fé objetiva. Como veremos a seguir, a função *suplendi* também está ligada ao alargamento do vínculo contratual e à criação de deveres anexos.

Nesse aspecto, deve-se considerar que a função integrativa da boa-fé determina a consideração dos deveres anexos (tratados no item 3.1.2) no

---

[286] Esses três primeiros exemplos foram retirados de: AZEVEDO, Antonio Junqueira de. *Estudos e pareceres de direito privado*, cit., p. 151.

[287] Os dois últimos exemplos foram citados por: LOPEZ, Teresa Ancona. *Princípios Contratuais*, cit., p. 51.

[288] AZEVEDO, Antonio Junqueira de. *Estudos e pareceres de direito privado*, cit., p. 153.

[289] AZEVEDO, Antonio Junqueira de. *Estudos e pareceres de direito privado*, cit., p. 153. Ainda, o autor diz que a boa-fé objetiva tem três funções no campo contratual, quais sejam, interpretativa, supletiva e corretiva, como o direito pretoriano em Roma (*Novos estudos e pareceres de direito privado*, cit., p. 128.)

[290] MARINO, Francisco Paulo de Crescenzo. Interpretação do Negócio Jurídico, São Paulo: Saraiva, 2011, p. 270.

momento de interpretação do contrato. Assim, justamente por se tratar de um dever anexo, referida obrigação deve ser levada em conta em sua interpretação, como forma de perquirir se houve total adimplemento do contrato pela parte.

Clóvis do Couto e Silva afirma que "o princípio da boa-fé revela-se como delineador do campo a ser preenchido pela interpretação integradora, pois, de perquirição dos propósitos e intenções dos contratantes pode manifestar-se a contrariedade do ato aos bons costumes ou à boa-fé"[291].

A interpretação do negócio jurídico de acordo com a boa-fé objetiva, como diz Francisco Paulo de Crescenzo Marino, deve levar em conta o "contexto situacional", colocando no ambiente das partes uma pessoa imaginária que agiria conforme o homem médio, razoável, dentro daquelas circunstâncias. Segundo o autor, o critério de diligência deve considerar o mercado específico em que se encontram as partes contratantes, sua experiência comercial.[292]

Vale, ainda, mencionar que o autor analisa um possível confronto entre a boa-fé objetiva e os usos e questiona então qual seria a posição a ser adotada pelo intérprete caso os usos sejam contrários à boa-fé. Ele conclui que os negócios devem ser "sempre interpretados conforme a boa-fé, e também conforme os usos, desde que a boa-fé, em sua função negativa, não os vede. Em outras palavras. Comportamentos habituais contrários à boa-fé não são critérios válidos de interpretação do negócio jurídico", relembrando, porém, que em situações normais os usos do comércio serão a visão da sociedade sobre o negócio e tenderão a seguir as regras de conduta da boa-fé.[293]

Sobre a interpretação da própria cláusula geral de boa-fé, o Enunciado nº 27 da I Jornada de Direito Civil do Centro de Estudos Judiciários do Conselho da Justiça Federal estabelece que: "27 – Art. 422: na interpretação da cláusula geral da boa-fé, deve-se levar em conta o sistema do Código Civil e as conexões sistemáticas com outros estatutos normativos e fatores metajurídicos"[294]. Com isso, fica claro que, na interpretação da conduta

---

[291] SILVA, Clóvis do Couto e. *A obrigação como processo*, cit., p. 36.
[292] MARINO, Francisco Paulo de Crescenzo. Interpretação do Negócio Jurídico, cit., p. 185.
[293] MARINO, Francisco Paulo de Crescenzo. Interpretação do Negócio Jurídico, cit., p. 192.
[294] Jornadas de Direito Civil. Disponível em < http://www.jf.jus.br/cjf/cej-publ/jornadas-de--direito-civil-enunciados-aprovados/>. Acesso em 18.05.2012. Ainda sobre os Enunciados, citamos o de nº 166 da III Jornada de Direito Civil, que dispõe sobre a frustração do fim do

da parte para que se verifique se ela agiu com boa-fé objetiva não basta analisar apenas as suas obrigações sob o contrato, mas é necessária toda a análise do ordenamento jurídico que rege aquela determinada contratação, além de fatores não jurídicos, tais como econômicos e de mercado.

Já na V Jornada foi elaborado o seguinte Enunciado sobre o artigo 113: "409) Art. 113. Os negócios jurídicos devem ser interpretados não só conforme a boa-fé e os usos do lugar de sua celebração, mas também de acordo com as práticas habitualmente adotadas entre as partes."[295], que enfatiza a importância da interpretação com base naquele negócio concreto, considerando-se o mercado específico das partes e tudo mais que torna aquela relação diferenciada das demais, seja por questões comerciais ou de especificidades da indústria em questão.

Judith Martins-Costa relembra a especial ênfase ao uso da boa-fé em sua função hermenêutica-integrativa nos contratos de trato sucessivo ou execução diferida, chamando a atenção para as questões concretas que não estão estabelecidas no contrato, mas que passam a integrar "o complexo contratual ao longo do tempo de sua vigência"[296].

Vale lembrar que a boa-fé objetiva estava presente em nosso Código Comercial, no artigo 131, atualmente revogado, que dispunha sobre a interpretação contratual.[297]

---

contrato: "166 – Arts. 421 e 422 ou 113: A frustração do fim do contrato, como hipótese que não se confunde com a impossibilidade da prestação ou com a excessiva onerosidade, tem guarida no Direito brasileiro pela aplicação do art. 421 do Código Civil." Interessante notar que o Enunciado faz referência ao artigo 113 em seu início, o que denota que ele tenta estipular uma regra de interpretação para os casos de frustração do fim do contrato, com base na função social (artigo 421).

[295] Disponível em < http://www.jf.jus.br/cjf/cej-publ/jornadas-de-direito-civil-enunciados--aprovados/>. Acesso em 18.05.2012.

[296] *A boa-fé no direito privado*, cit., p. 430.

[297] A redação do artigo era a seguinte:
"Art. 131 – Sendo necessário interpretar as cláusulas do contrato, a interpretação, além das regras sobreditas, será regulada sobre as seguintes bases:
1 – a inteligência simples e adequada, que for mais conforme à boa fé, e ao verdadeiro espírito e natureza do contrato, deverá sempre prevalecer à rigorosa e restrita significação das palavras;
2 – as cláusulas duvidosas serão entendidas pelas que o não forem, e que as partes tiverem admitido; e as antecedentes e subseqüentes, que estiverem em harmonia, explicarão as ambíguas;
3 – o fato dos contraentes posterior ao contrato, que tiver relação com o objeto principal, será a melhor explicação da vontade que as partes tiverem no ato da celebração do mesmo contrato;

O Código Comercial estava à frente de seu tempo devido a alvarás reais do século anterior, como afirma Antonio Junqueira de Azevedo, mas a boa-fé nele inserida era interpretada pela doutrina como sendo apenas a boa-fé subjetiva e não como a boa-fé objetiva, com o que o autor parece não concordar, porque enxerga a boa-fé prevista no Código Comercial como o embrião da boa-fé objetiva em nosso sistema.[298]

Judith Martins-Costa afirma que o Código Comercial trazia a boa-fé "como cânone hermenêutico dos contratos, mas este texto jamais desempenhou funções de cláusula geral, pouco passando de letra morta"[299].

Paula Forgioni afirma que a revogação do artigo em questão não fez com que tais regras de interpretação – bastante interessantes, aliás – desaparecessem do sistema. A autora cita as regras de interpretação de Pothier, por ela comentadas, e, com base nisso, diz que "não se pode extirpar a penadas a tradição que existe nas entranhas de nosso direito mercantil"[300].

3.3. Função de limitação de exercício de direitos subjetivos

A boa-fé atua também limitando o exercício de direitos subjetivos. Inicialmente, verificamos a aplicação da figura do abuso do direito, com base no artigo 187 do Código Civil, que determina que comete ato ilícito aquele que, ao exercer um direito, excede "manifestamente os limites impostos pelo seu fim econômico ou social, pela boa-fé ou pelos bons costumes"[301].

Não há dúvida de que nosso Código Civil guarda muito semelhança com o Código Civil português nesse ponto, que em seu artigo 334º assim

---

4 – o uso e prática geralmente observada no comércio nos casos da mesma natureza, e especialmente o costume do lugar onde o contrato deva ter execução, prevalecerá a qualquer inteligência em contrário que se pretenda dar às palavras;
5 – nos casos duvidosos, que não possam resolver-se segundo as bases estabelecidas, decidir-se-á em favor do devedor."

[298] *Novos estudos e pareceres de direito privado*, cit., p. 130.
[299] MARTINS-COSTA, Judith. Os campos normativos da boa-fé objetiva: as três perspectivas do direito privado brasileiro, cit., p. 390.
[300] FORGIONI, Paula A. Interpretação dos Negócios Empresariais. In: FERNANDES, Wanderley (Coord.). *Contratos Empresariais: fundamentos e princípios dos contratos empresariais*, cit., p. 118.
[301] Vale transcrever os seguintes Enunciados:
"413) Art. 187. Os bons costumes previstos no art. 187 do CC possuem natureza subjetiva, destinada ao controle da moralidade social de determinada época, e objetiva, para permitir a sindicância da violação dos negócios jurídicos em questões não abrangidas pela função social e pela boa-fé objetiva."

prescreve: "É ilegítimo o exercício de um direito, quando o titular exceda manifestamente os limites impostos pela boa fé, pelos bons costumes ou pelo fim social ou económico desse direito"[302].

Menezes Cordeiro explica que o Código Civil alemão não possui propriamente um artigo relacionado ao abuso do direito, tendo tido a contribuição da doutrina e da jurisprudência para que se criasse o conceito, utilizando-se como base o § 242.[303]

O abuso do direito faz com que a figura do dano seja desnecessária, de modo que "o artigo 187 propicia compreender que a ilicitude objetiva pode ser vista de modo autônomo em relação à existência do dano"[304].

Além disso, a boa-fé também atua inibindo condutas contraditórias das partes, o que se dá pela teoria dos atos próprios[305], com as regras de proibição ao *venire contra factum proprium*, do *tu quoque*, da *surrectio* e da *suppressio*.[306]

"414) Art. 187. A cláusula geral do art. 187 do Código Civil tem fundamento constitucional nos princípios da solidariedade, devido processo legal e proteção da confiança e aplica-se a todos os ramos do direito."
(V Jornada de Direito Civil. Disponível em < http://www.jf.jus.br/cjf/cej-publ/jornadas-de--direito-civil-enunciados-aprovados/>. Acesso em 18.05.2012.)

[302] Disponível em <http://www.portolegal.com/CodigoCivil.html>. Acesso em 21.05.2012. Vale destacar que o artigo 334º do Código Civil português seguiu o Código Civil da Grécia, que em seu artigo 281 contém redação bastante parecida. (MARTINS-COSTA, Judith. *Os campos normativos da boa-fé objetiva: as três perspectivas do direito privado brasileiro*, cit., p. 408.) Como explica Menezes Cordeiro, o Código grego sofreu influência da doutrina alemã: "O novo Código grego recebeu estes elementos actualizados e não a codificação de 1896. Muitas das inovações, atribuídas à codificação grega, correspondem aos progressos alcançados. Neste sentido, o Código grego de 1946, salvas as suas especificidades, correspondem mais à doutrina alemã do que o próprio BGB." (*Da boa-fé no direito civil*, cit., p. 714).

[303] *Da Boa Fé no Direito Civil*, cit., p. 685-695. O autor traz expressiva análise dos antecedentes históricos do abuso de direito nos Códigos europeus, afirmando que não há previsão semelhante na França (p. 677), nem na Itália (p. 702).

[304] MARTINS-COSTA, Judith. *Os campos normativos da boa-fé objetiva: as três perspectivas do direito privado brasileiro*, cit., p. 408 e 411, respectivamente.

[305] "412) Art. 187. As diversas hipóteses de exercício inadmissível de uma situação jurídica subjetiva, tais como supressio, tu quoque, surrectio e venire contra factum proprium, são concreções da boa-fé objetiva." (V Jornada de Direito Civil. Disponível em < http://www.jf.jus.br/cjf/cej-publ/jornadas-de-direito-civil-enunciados-aprovados/>. Acesso em 18.05.2012.)

[306] Para estudo detalhado das teorias: CORDEIRO, António Menezes. *Da boa-fé no direito civil*, cit., p. 742 e ss; e SCHREIBER, Anderson. *A proibição de comportamento contraditório – Tutela da confiança e venire contra factum proprium*, cit.

Tais regras repreendem comportamentos contrários à postura que a própria parte teve durante o desenrolar do contrato e que geraram uma legítima expectativa à contraparte. Assim, com base na proteção da confiança da outra parte, não se admite que o contratante se comporte de maneira totalmente contrária àquele como ele sempre se posicionou, sob pena de ferir a confiança que foi, por ele mesmo, incutida na outra parte.[307]

Anderson Schreiber sustenta que:

"o *venire contra factum proprium* inclui-se exatamente nesta categoria: um abuso do direito por violação à boa-fé. E não há que se discutir se sua natureza se enquadra numa ou noutra figura. O comportamento contraditório é abusivo, no sentido de que é um comportamento que, embora aparentemente lícito, se torna ilícito, ou inadmissível"[308].

O *venire contra factum proprium* trata de comportamentos contraditórios tidos pelo mesmo contratante em diferentes momentos da relação contratual. Com efeito, o primeiro comportamento é totalmente discrepante do segundo comportamento, o que leva o outro contratante justamente a refutar o segundo comportamento, tendo em vista sua legítima expectativa decorrente do primeiro comportamento do outro contratante.

Obviamente aqui estamos usando, para fins didáticos, apenas dois comportamentos que são contraditórios entre si, mas pode ocorrer de determinado contratante vir constantemente repetindo um mesmo padrão de comportamento e, depois, alterá-lo – o que aliás se verifica de forma usual nos exemplos concretos de *venire contra factum proprium* –, quebrando assim a confiança da outra parte e fazendo com que essa alteração do padrão de comportamento não seja permitida, com base na quebra da boa-fé objetiva.[309]

---

[307] O Enunciado 362 da IV Jornada de Direito Civil do Centro de Estudos Judiciários do Conselho da Justiça Federal assim dispõe: "362 – Art. 422. A vedação do comportamento contraditório (venire contra factum proprium) funda-se na proteção da confiança, tal como se extrai dos arts. 187 e 422 do Código Civil." (Disponível em < http://www.jf.jus.br/cjf/cej-publ/jornadas-de-direito-civil-enunciados-aprovados/> Acesso em 15.05.2012).
[308] SCHREIBER, Anderson. *A proibição de comportamento contraditório – Tutela da confiança e venire contra factum proprium*, cit., p. 119-120.
[309] É o que se assemelha ao *estoppel* do *common law*. (AZEVEDO, Antonio Junqueira de. *Estudos e pareceres de direito privado*, p. 167.) Para um estudo do *estoppel* ver COLLINS, Hugh. *The Law of Contract*, cit., p. 74 e ss.

Segundo Menezes Cordeiro, "a locução *venire contra factum proprium* traduz o exercício de uma posição jurídica em contradição com o comportamento assumido anteriormente pelo exercente"[310]. Para o autor é necessário delimitar-se o alcance da figura, de modo que "só se considera *venire contra factum proprium* a contradição directa entre a situação jurídica originada pelo *factum proprium* e o segundo comportamento do autor"[311].

A teoria do *venire contra factum proprium* visa evitar o comportamento contraditório da parte e, assim, danos à parte lesada. No entanto, não sendo possível evitar a ocorrência de danos, ela justifica a indenização à parte lesada, podendo inclusive ser relativa a danos morais, se assim for o caso.[312]

Passamos agora à análise da figura "tu quoque", que na verdade é uma abreviação da conhecida frase de Julio Cesar, "Tu quoque, Brute, tu quoque, fili mi?"[313], o nosso famoso "Até tu, Brutus?", ou seja, uma expressão que demonstra espanto por aquela determinada pessoa estar agindo de uma forma que é divergente do que ela mesmo prega. Como observa Antonio Junqueira de Azevedo, seria a utilização de "dois pesos, duas medidas" para situações que são iguais.[314]

Trata-se do contratante que emprega determinado critério em algumas situações, mas, sem razão, acaba por se utilizar de critério diferente em outras situações similares, sem que haja motivo a justificar a mudança de critérios. "Na filosofia e na retórica, o *tu quoque* adquiriu importância como uma espécie de argumento falacioso empregado para desmoralizar o defensor de uma tese, demonstrando a sua inconsistência com outras teses (atitudes) desta mesma pessoa."[315]

Importante então destacar que o *tu quoque*, diferentemente do *venire contra factum proprium*, não guarda relação efetiva com o comportamento, a atitude da parte, mas está muito mais relacionado aos seus critérios valorativos. De todo modo, há grande semelhança entre os dois institutos, e Menezes

---

[310] CORDEIRO, António Menezes. *Da boa-fé no direito civil*, cit., p. 746.
[311] CORDEIRO, António Menezes. *Da boa-fé no direito civil*, cit., p. 746.
[312] SCHREIBER, Anderson. *A proibição de comportamento contraditório – Tutela da confiança e venire contra factum proprium*, cit., p. 152-154.
[313] Agradeço a Profa. Teresa Ancona Lopez pela ajuda com o latim.
[314] AZEVEDO, Antonio Junqueira de. *Estudos e pareceres de direito privado*, p. 159.
[315] SCHREIBER, Anderson. *A proibição de comportamento contraditório – Tutela da confiança e venire contra factum proprium*, cit., p. 182.

Cordeiro menciona que o *tu quoque* poderia ser considerado um subtipo do *venire*, se considerássemos um alargamento dessa última figura.[316]

Menezes Cordeiro conceitua a *suppressio* como "a situação do direito que, não tendo sido, em certas circunstâncias, exercido durante um determinado lapso de tempo, não possa mais sê-lo por, de outra forma, se contrariar a boa fé"[317]. Trata-se, assim, da perda de um direito pela parte, por deixar de exercê-lo quando lhe seria razoável, criando a expectativa legítima na outra parte de que não mais o exerceria. Ter-se-ia uma demora da parte em exercer seu direito, demora esta considerada desleal, impedindo-a de vir a exercê-lo posteriormente.

A *suppressio* possui íntima relação com a figura do *venire contra factum proprium*, mas trata de um comportamento omissivo, quando aquele prescreve uma limitação a comportamentos comissivos.[318] Na verdade, em ambos os casos o que se pretende é manter a coerência de comportamentos da parte, reprimindo-se comportamentos contraditórios. Porém, Menezes Cordeiro não aceita considerar a *suppressio* apenas como uma recondução à figura do *venire contra factum proprium*, na medida em que neste não é importante o fator tempo, como o é naquela.[319]

A *suppressio*, à primeira vista, pode causar certa confusão, na medida em que poderia pensar-se que ela viria a se sobrepor a prazos prescricionais. Mas isso, na verdade, não seria correto. A utilização da *suppressio* deve ocorrer em situações para as quais não há prazo atribuído à parte para requerer seu direito.[320] Assim, se a parte se quedar inerte por muito tempo, sem exigir aquilo que lhe é devido, tem-se a legítima confiança da outra parte de que ela não irá requerer seu direito e, com isso, pode-se aplicar a *suppressio*. Não se pode, portanto, sobrepor a figura da *suppressio* a prazos prescricionais ou decadenciais. Ela teria sempre natureza subsidiária, para aqueles casos em que a ordem jurídica não prescreva solução diferente.[321]

---

[316] CORDEIRO, António Menezes. *Da boa-fé no direito civil*, cit., p. 843.
[317] CORDEIRO, António Menezes. *Da boa-fé no direito civil*, cit., p. 798.
[318] SCHREIBER, Anderson. *A proibição de comportamento contraditório – Tutela da confiança e venire contra factum proprium*, cit., p. 188.
[319] CORDEIRO, António Menezes. *Da boa-fé no direito civil*, cit., p. 812.
[320] CORDEIRO, António Menezes. *Da boa-fé no direito civil*, cit., p. 799.
[321] CORDEIRO, António Menezes. *Da boa-fé no direito civil*, cit., p. 812. Anderson Schreiber se coloca favorável, pelo menos em tese, à eventual aplicação da *suppressio* mesmo quando ainda

Depois de vermos a figura da *suppressio*, passamos à *surrectio*, que pode ser considerada como a *suppressio* ao contrário, ou seja, se para uma parte ocorre a *suppressio*, para a outra ocorre a *surrectio*, sendo a *suppressio* causa de perda de direitos e a *surrectio* causa de criação de direitos. Teresa Ancona Lopez usa exemplo bem didático para explicar a *surrectio*, afirmando que, quando o credor "perde" seu direito com base na *suppressio*, por deixar de exercê-lo em prazo razoável e, assim, conferir ao devedor uma expectativa de que não seria instado a cumprir determinada obrigação, o devedor, por outro lado, acaba "ganhando" o direito de exigir que o credor se comporte de forma coerente, com base na *surrectio*. Surge assim um "direito digno de tutela em favor do seu exercente"[322].

A teoria da proibição do comportamento contraditório também tem o condão de impedir que a parte que violou deveres contratuais (por meio do comportamento contraditório) exija o cumprimento da obrigação da outra parte, impedindo, com isso, a aplicação da exceção do contrato não cumprido.[323]

O princípio da boa-fé objetiva deve ser aplicado, ainda, no caso de *substantial performance*, ou adimplemento substancial, impedindo a resolução do contrato quando ocorre o cumprimento substancial da obrigação, de parte relevante da prestação, ou seja, "o adimplemento do contrato chegou quase no final, faltando apenas uma parcela muito pequena em relação ao todo"[324]. Conforme sustenta Araken de Assis, "o adimplemento ruim pode versar parte modesta, diminuta e infinitesimal da prestação"[325]. O cumprimento da obrigação de forma muito próxima de sua completude não autoriza a resolução do contrato, em razão da boa-fé, tendo em vista que a resolução caracterizaria então "conduta incompatível com os deveres de lealdade e cooperação".[326]

---

não houve decurso de prazo prescricional, mas afirma que a análise deve ser feita com base no caso concreto. (*A proibição de comportamento contraditório – Tutela da confiança e venire contra factum proprium*, cit., p. 193.)

[322] LOPEZ, Teresa Ancona. Princípios Contratuais, cit., p. 56.
[323] MARTINS-COSTA, Judith. *A boa-fé no direito privado*, cit., p. 460-461.
[324] LOPEZ, Teresa Ancona. Princípios Contratuais, cit., p. 57.
[325] ASSIS, Araken. Resolução do contrato por inadimplemento. 2ª ed. rev. e atual. São Paulo: Editora Revista dos Tribunais, 1994, p. 188.
[326] MARTINS-COSTA, Judith. *A boa-fé no direito privado*, cit., p. 459.

A teoria do adimplemento substancial está positivada nos Códigos da Itália, Alemanha e Portugal[327], mas não há artigo expresso em nosso Código Civil, sendo que em nosso sistema devemos sustentar a teoria com base na

[327] Vale citar o artigo correspondente do Código Civil italiano: "1455. Il contratto non si può risolvere se l'inadempimento di una delle parti ha scarsa importanza, avuto riguardo all'interesse dell'altra."
Como afirma Vivien Lys Porto Ferreira da Silva: "Pela análise acima realizada, verificamos que no sistema jurídico alemão o adimplemento substancial é formado por meio da conjugação dos parágrafos § 242 e § 320, (2) e especialmente 323 (5) do código civil germânico acima analisados, cujo conteúdo destes dispositivos legais abre a possibilidade de admitir o adimplemento substancial, como medida semelhante adotada pelo direito suíço, ao determinar que o credor é obrigado a receber a prestação parcial quando a rejeição dela represente um abuso de direito, ou seja, contrária à boa-fé, ao passo que houve a execução da obrigação mas com a falta de apenas uma parte ínfima da prestação em relação ao todo programa contratual, que não o desnatura." (Adimplemento Substancial, Dissertação (Mestrado) – Pontifícia Universidade Católica de São Paulo, 2006, p. 46-47. Disponível em <www.cipedya.com/web/FileDownload.aspx?IDFile=159782>. Acesso em 24.05.2012.)
Transcrevemos aqui os § 320 (2) e § 323 (5) do Código Civil alemão, em sua tradução para o inglês (o § 242 já foi citado acima):
"§ 320 Defence of failure to perform the contract
(2) If one party has partially performed, counter-performance may not be refused if, under the circumstances, in particular on account of the relative insignificance of the part not performed, the refusal would constitute bad faith.
(...)
§ 323 Termination for non-performance or for performance not in accordance with the contract
(5) If the obligor has performed in part, the obligee may terminate the entire contract only if he has no interest in partial performance. If the obligor has failed to perform in accordance with the contract, the obligee may not terminate the contract if there has been no more than an immaterial breach of duty."
(Disponível em <http://www.iuscomp.org/gla/statutes/BGB.htm>. Acesso em 24.05.2012.)
O Código Civil português contém disposição que considerou a "scarza importanza" do Código Civil italiano, que assim prescreve:
"Artigo 802.º
(Impossibilidade parcial)
1. Se a prestação se tornar parcialmente impossível, o credor tem a faculdade de resolver o negócio ou de exigir o cumprimento do que for possível, reduzindo neste caso a sua contraprestação, se for devida; em qualquer dos casos o credor mantém o direito à indemnização.
2. *O credor não pode, todavia, resolver o negócio, se o não cumprimento parcial, atendendo ao seu interesse, tiver escassa importância.*"
Ainda, referido Código contém artigo expresso relativo à compra e venda que veda igualmente a resolução em tais casos:

cláusula geral da boa-fé objetiva. Nos sistemas francês, espanhol e argentino, também não há positivação da teoria e igualmente se recorre à cláusula geral da boa-fé.

De forma a corroborar o entendimento de que o ordenamento brasileiro autoriza a aplicação do adimplemento substancial, nos estudos para a interpretação de nosso Código, pelas Jornadas de Direito Civil, construiu-se o seguinte Enunciado: "361 – Arts. 421, 422 e 475. O adimplemento substancial decorre dos princípios gerais contratuais, de modo a fazer preponderar a função social do contrato e o princípio da boa-fé objetiva, balizando a aplicação do art. 475." [328]

Teresa Negreiros explica que, "ainda que a norma contratual ou legal preveja a rescisão do contrato, o fato de a prestação ter sido substancialmente satisfeita veda ao credor, de acordo com os ditames da boa-fé, o exercício do direito de rescisão"[329].

Assim, o adimplemento substancial é uma forma de impossibilitar o credor de resolver o contrato "sempre que a desconformidade entre a conduta do devedor e a prestação estabelecida seja de pouca relevância"[330].

Anderson Schreiber diz que a dificuldade encontrada na prática é a aferição, pelo juiz, do cumprimento de parte substancial da obrigação, sustentando que, em razão disso, nossa jurisprudência ainda utiliza a teoria de forma tímida, apenas quando fica bem claro que a parte mais expressiva da obrigação já foi cumprida, tal como nos casos de inadimplemento de últimas parcelas ou de partes mínimas do preço. No entanto, para o autor, a teoria tem sido utilizada com algumas incoerências pelos Tribunais, especialmente em situações em que ocorre cumprimento de parte relevante

---

"Artigo 934º. Vendida a coisa a prestações, com reserva de propriedade, e feita a sua entrega ao comprador, a falta de pagamento de uma só prestação que não exceda a oitava parte do preço não dá lugar à resolução do contrato, nem sequer, haja ou não reserva de propriedade, importa a perda do benefício do prazo relativa às prestações seguintes, sem embargo de convenção em contrário."
(Disponível em < http://www.portolegal.com/CodigoCivil.html>. Acesso em 24.05.2012, grifos nossos.)

[328] IV Jornada de Direito Civil do Centro de Estudos Judiciários do Conselho da Justiça Federal. Disponível em < http://www.jf.jus.br/cjf/cej-publ/jornadas-de-direito-civil-enunciados-aprovados/> Acesso em 15.05.2012.

[329] NEGREIROS, Teresa. *Teoria do contrato: novos paradigmas*, cit., p. 145.

[330] SCHREIBER, Anderson. A tríplice transformação do adimplemento. Adimplemento substancial, inadimplemento antecipado e outras figuras, cit., p. 18.

da prestação, tal como 70% (setenta por cento), vacilando a jurisprudência em ora considerar isso como adimplemento substancial e ora não. O mais correto seria encontrar formas valorativas do cumprimento que não estivessem tão relacionadas à quantidade prestada, mas mais com a valoração do que já foi cumprido e o quanto aquilo satisfaz e é útil ao credor, podendo eventualmente o restante ser convertido em perdas e danos ou ser abatido do preço, dependendo do caso. [331]

Assim, por meio de tais figuras, a boa-fé impede o emprego abusivo de cláusulas resolutivas, bem como evita exageros em cláusulas penais reparatórias do inadimplemento, quando a mora é pequena e parte considerável da obrigação já tiver sido cumprida.

---

[331] A tríplice transformação do adimplemento. Adimplemento substancial, inadimplemento antecipado e outras figuras, cit., p. 19-21. O autor traz uma lista de julgados no sentido.

Dever de Cooperação e Deveres Anexos de Conduta

Veremos agora os deveres anexos de conduta de modo particular, para que possamos analisar de que forma se manifesta o dever de cooperação. Como será analisado na sequência, entendemos que o dever de cooperação propriamente dito muito vezes se manifesta com a criação de um dever de conduta específico, tal como o dever de informar, o dever de renegociar e o dever de mitigar o próprio prejuízo.

Como já vimos anteriormente, vale frisar que os deveres anexos de conduta não se conhecem de antemão, mas dependem da concreção e da dinâmica contratual para surgirem como um dever para a parte contratante.

Assim, nossa análise será obviamente limitada, visando estudar os principais deveres de conduta observados na prática contratual, sem qualquer pretensão de esgotá-los, o que não seria possível nem adequado. Nossa pretensão é demonstrar como os deveres anexos decorrem, na verdade, do que podemos chamar de dever de cooperação, como discorremos em mais detalhes no item abaixo, e de que forma tais deveres são destacados na relação duradoura.

4.1. Dever de cooperação

Consideramos aqui o dever de cooperação como um dever autônomo, mas como veremos adiante, a cooperação, na maioria das vezes, significará algum outro dever. Analisaremos nos sub-tópicos abaixo as especificidades do dever de cooperação, como ele surge para a parte contratante, o que é esperado das partes ao estar diante de tal dever e como a doutrina se coloca em relação ao dever. Analisaremos, também, a forma como a jurisprudência aplica a casos concretos a necessidade de o contratante cooperar, como desdobramento da boa-fé objetiva, e a conduta que lhe é esperada diante de certas situações que surgem durante o cumprimento do programa contratual.

4.1.1. Conceito e observações gerais

Como analisado, a boa-fé objetiva, por meio de sua vertente relativa à criação de deveres anexos, traz às partes da relação contratual determinadas condutas que não estão expressamente prescritas no contrato. São os deveres anexos criados pela boa-fé que impõem às partes cumprir ônus adicionais aos que elas próprias determinaram no conteúdo contratual.[332]

Suzanne Lequette afirma que o dever de cooperação está usualmente ligado ao artigo 1134, alínea 3, do Código Civil francês, que prevê que as obrigações devem ser executadas de boa-fé.[333]

Barbosa Moreira, em acórdão de apelação julgada em 1982, já afirmava que:

> "quem contrata, a par das obrigações pactuadas *expressis verbis*, assume também, automaticamente, o dever de colaborar para que o contrato alcance seu objetivo. Não é preciso que se prevejam no texto as várias manifestações concretas desse dever: é algo que sempre se subentende, com base no princípio segundo o qual quem quer os fins, quer os meios necessários à respectiva consecução"[334].

---

[332] Interessante destacar as lições de Lilian C. San Martín Neira no sentido de que, desde o Direito Romano se reconhecem certos deveres de aviso, que hoje estariam abarcados no dever de cooperação ou no dever de informar. (NEIRA, Lilian C. San Martín. Sobre la naturaleza jurídica de la 'cooperación' del acreedor al cumplimiento de la obligación. La posicion dinâmica del acreedor en la relación obligatoria, como sujeto no sólo de derechos, sino también de cargas y deberes. *Revista de Derecho Privado*, nº 21, p. 208-282, Julio-Diciembre, 2011. Disponível em <http://ssrn.com/abstract=1964700>. Acesso em 25.02.2013.)

[333] A autora afirma ainda que, a seguir a evolução jurisprudencial e doutrinária, a boa-fé imporá às partes um verdadeiro dever de colaboração. (LEQUETTE, Suzanne. *Le contrat-coopération – contribution à la théorie générale du contrat*. Paris: Economica, 2012, p. 337- 338.)

[334] MOREIRA, José Carlos Barbosa. *Direito Aplicado I* (Acórdãos e Votos). 2ª ed. Rio de Janeiro: Forense, 2001, p. 135.

Isso porque, como já vimos, a relação obrigacional é interpretada de forma dinâmica, como um processo, levando-se em conta as múltiplas facetas que nela se verificam, em razão de situações jurídicas complexas contidas na mesma obrigação. As posições de credor e devedor não se compreendem mais como estanques, estáticas, mas sim dinâmicas, variando a cada momento da execução do vínculo.[335] Com isso, os deveres anexos se tornam muito importantes, determinando que as partes ajam visando a sempre privilegiar a execução do contrato da maneira mais eficiente possível, nascendo assim o dever anexo de cooperação para os contratantes.

Ruy Rosado de Aguiar Júnior sustenta que a boa-fé impõe o dever de mútua cooperação, entre outros, por meio do qual cada uma das partes fornecerá o meio necessário para a contraprestação da outra parte, "ou para que esta possa usufruir da prestação que lhe é devida"[336].

Lilian C. San Martín Neira afirma que a relação contratual origina deveres de cooperação oriundos da boa-fé objetiva. Esta impõe ao credor e devedor um conjunto de deveres secundários de conduta para que a execução da prestação possa ser a mais vantajosa para todos.[337]

No mesmo sentido, Cláudia Lima Marques sustenta que o dever de cooperação seria a obrigação contratual "de colaborar durante a execução do contrato, conforme o paradigma da boa-fé objetiva. Cooperar é agir com lealdade e não obstruir ou impedir".[338]

A importância do dever de cooperação pode ser vista de forma expressa nos Princípios de Direito Contratual Europeu, que contém artigo específico determinando que "cada parte deve a outra um dever de cooperação de forma a proporcionar efeitos plenos ao contrato"[339].

---

[335] CORDEIRO, António Menezes, *Da boa-fé no direito civil*, cit., p. 289-291. SILVA, Clóvis do Couto e. *A obrigação como processo*, cit., p. 19-22.

[336] AGUIAR JÚNIOR, Ruy Rosado de. O Código Civil de 2002 e a jurisprudência do STJ em matéria obrigacional. In: LOTUFO, Renan; NANNI, Giovanni Ettore; MARTINS, Fernando Rodrigues. (Coord.) *Temas relevantes do direito civil contemporâneo: reflexões sobre os dez anos do Código Civil*. São Paulo: Atlas, 2012, p. 193.

[337] NEIRA, Lilian C. San Martín. *Sobre la naturaleza jurídica de la 'cooperación'*..., cit., p. 277.

[338] MARQUES, Cláudia Lima. *Contratos no Código de Defesa do Consumidor: o novo regime das relações contratuais*, cit., p. 195.

[339] O texto original em inglês é o seguinte:
"Article 1:202 – Duty to Co-operate
Each party owes to the other a duty to co-operate in order to give full effect to the contract."
Além disso, o texto ainda menciona o dever de cooperar no seguinte artigo:

Igualmente, os Princípios do UNIDROIT preveem que as partes devem cooperar entre si: "Cada parte deve cooperar com a outra quando tal cooperação possa ser razoavelmente esperada para a realização da obrigação da outra parte."[340]

De fato, como já vimos anteriormente, o dever de cooperação se torna essencial para que as partes possam realizar suas prestações da forma mais eficiente possível, visando a que o credor da prestação possa recebê-la de forma a lhe dar maior e melhor utilização. "O devedor tem que executar sua prestação, dando-lhe o máximo de utilidade. Em colaboração com o credor, procurará uma execução mais completa. Por sua vez, o credor deve facilitar o devedor na execução de suas obrigações, oferecendo-lhe toda a ajuda necessária."[341]

Nesse sentido, Muriel Fabre-Magnan afirma que a obrigação de cooperação consiste, para o devedor, em executar a prestação possibilitando o máximo de sua utilização e tal obrigação se apresenta decorrente do dever de lealdade e de boa-fé. Ademais, segundo a autora, se cada contratante deve cooperar com o outro, a soma de suas duas utilidades será a

---

"Article 1:301: Meaning of Terms
In these Principles, except where the context otherwise requires:
(1) 'act' includes omission;
(2) 'court' includes arbitral tribunal;
(3) an 'intentional' act includes an act done recklessly;
(4) 'non-performance' denotes any failure to perform an obligation under the contract, whether or not excused, and includes delayed performance, defective performance and failure to co-operate in order to give full effect to the contract."
(Disponível em <http://frontpage.cbs.dk/law/commission_on_european_contract_law/pecl_full_text.htm#pecl1>. Acesso em 16.05.2012, grifou-se.)

[340] Tradução livre do texto abaixo:
"ARTICLE 5.1.3
(Co-operation between the parties)
Each party shall cooperate with the other party when such co-operation may reasonably be expected for the performance of that party's obligations."
(UNIDROIT Principles of International Commercial Contracts 2004 Disponível em: <http://www.unidroit.org/english/principles/contracts/main.htm>. Acesso em 16.05.2012)

[341] TOMASEVICIUS FILHO, Eduardo. Informação assimétrica, custos de transação, princípio da boa-fé, cit., p. 398.

máxima. Assim, ambos irão retirar do contrato, em razão da cooperação, a sua máxima utilidade.[342]

Ainda, conforme sustenta Suzanne Lequette, a parte que coopera com a outra visa, em verdade, à satisfação de seu próprio interesse contratual, na medida em que a sujeição à cooperação permite a plena eficácia da relação obrigacional.[343] Isso, aliás, vai exatamente ao encontro do quanto já sustentamos acima, no sentido de que a cooperação, muito mais do que uma situação de altruísmo ou benevolência, é uma postura totalmente interessada da parte, que pretende retirar tudo que aquela contratação específica pode lhe oferecer e, assim, coopera com a parte contrária esperando que o mesmo ocorra com ela, para que ela tenha o máximo de utilidade naquela contratação.

Interessante observar que Paula Forgioni sugere efetivamente que o Direito Comercial passe a lidar com a categoria dos contratos de colaboração, destacando a crucial importância que a colaboração possui em determinados contratos – dentro do contexto dos contratos empresariais – e a proteção diferenciada que se deve dar a tais contratos.[344]

---

[342] FABRE-MAGNAN, Muriel. *De l'obligation d'information dans les contrats: essai d'une theorie*. Paris: Librairie Générale de Droit et de Jurisprudence, 1992, p. 61-62.

[343] LEQUETTE, Suzanne. *Le contrat-coopération – contribution à la théorie générale du contrat*, cit., p. 340-346.

[344] A autora explica que o Direito Comercial tradicional considerava duas espécies de contratos, aqueles de intercâmbio, no qual os contraentes trocam suas prestações, e os associativos, nos quais os contratantes se uniriam para um propósito comum traduzido numa sociedade. No entanto, seria indispensável pensar-se numa terceira categoria, que ela nomeia de contratos de colaboração, que seriam aqueles, normalmente de longo prazo, nos quais as partes possuem, apesar de desejarem realizar trocas, na maioria das vezes, um interesse comum e muito intrínseco para que suas trocas possam ocorrer da forma mais eficiente possível: "(...) os empresários, em sua prática diária, trazem à luz contratos que pressupõem esforços conjugados, mas em que as partes, patrimonialmente autônomas, mantêm áleas distintas, embora interdependentes. Nem sociedade, nem intercâmbio, mas uma categoria que se situa entre esses dois polos." (FORGIONI, Paula. *Teoria Geral dos Contratos Empresariais*. São Paulo: RT, 2009, p. 173.) Em sentido similar: "A colaboração reside no fato de estarem, franqueado e franqueador, associados, na consecução de um fim comum, com divisão de resultados. Ao contrário da comutatividade que existe entre as prestações devidas por cada uma das partes nos tradicionais contratos de troca, nos contratos de cooperação associativa, pela união das prestações dos contratantes, é que se alcança o resultado ou fim econômico visado por todos." (MELLO, Adriana Mandim Theodoro de. *Franquia empresarial: responsabilidade civil na extinção do contrato*. Rio de Janeiro: Forense, 2001, p. 67).

No mesmo sentido, a professora francesa Suzanne Lequette, já citada anteriormente, possui uma tese do contrato-cooperação, que ela coloca entre as já conhecidas categorias do contrato de câmbio e do contrato associativo. Para a autora, os contratos-cooperação possuem características tais que se diferenciam do contrato de câmbio usualmente conhecido, sem que transformem o contrato em um contrato associativo, na medida em que as partes ainda possuem prestações e contraprestações diferenciadas e interesses próprios, embora muito mais comuns e interligados. A autora cita como exemplos os contratos de edição, franchising, distribuição, entre outros, nos quais, apesar de cada uma das partes possuir um interesse autônomo e próprio, há uma convergência de interesses para que um aspecto maior da contratação dê certo, de modo que todas as partes atinjam seu interesse individual, sendo também atingido com isso o interesse comum do contrato.[345]

Ainda com essa visão, Lorena Carvajal-Arenas e A.F.M. Maniruzzaman afirmam que a globalização econômica e jurídica resultou em um movimento de cooperação nos contratos internacionais. Os mesmos autores sustentam que as partes têm uma nova posição com relação ao Direito Contratual: "which sees the contract as a legal framework for the parties commitment to cooperate during their business relationship"[346].

E justamente com esse viés pretendemos sustentar nosso estudo, no sentido de que o dever de cooperação deve ser prestigiado, especialmente nas contratações de longo prazo que possuem particularidades que devem

---

Vale citar os autores italianos que tratam da boa-fé e seus contornos no Direito italiano e da União Européia, que mencionam o paradigma cooperativo do Direito Contratual, como um enfoque importante na utilização da boa-fé em tais contratos: D'ANGELO, Andrea; MONATERI, Pier Giuseppe; SOMMA, Alessandro. *Buona fede e giustiza contrattuale. Modelli cooperativi e modelli conflittuali a confronto*, cit., p. 127.

[345] LEQUETTE, Suzanne. *Le contrat-coopération – contribution à la théorie générale du contrat*, cit., p. 177-178.

[346] CARVAJAL-ARENAS, Lorena; MANIRUZZAMAN, A. F. M. Cooperation as Philosophical Foundation of Good Faith in the International Business Contracting – A View Through the Prism of Transnational Law. (2012) *Oxford Univeristy Comparative Law Forum*. Disponível em <http://ouclf.iuscomp.org/articles/carjaval_maniruzzaman.shtml>. Acesso em 27.02.2013, texto depois da nota de rodapé 8. Ressaltamos que o próprio texto e o website da Oxford University, acima citado, sugerem que a citação do texto seja feita por meio da informação da nota de rodapé, já que não há versão para impressão para que sejam citadas as páginas específicas do texto, e o próprio site sugere essa forma de citação.

justificar a maior interação e participação das partes, sempre de forma orientada a maior eficiência do contrato.

Em nossa opinião, o dever de cooperação existe ainda que, sem a cooperação da parte, a contraparte possa cumprir sua prestação ou desfrutar da prestação recebida. O dever de cooperação existe não apenas para a perfeita execução do propósito contratual, mas também para otimizar o cumprimento da obrigação ou mesmo otimizar a possibilidade de a parte desfrutar da prestação recebida.

Hugh Collins afirma que há certos deveres de cooperação na formação e execução dos contratos, refletindo a necessidade de assegurar oportunidades confiáveis e de valor nas trocas de mercado.[347]

Discorrendo sobre a cooperação nos negócios jurídicos e o papel do dever anexo de cooperação, Judith Martins-Costa afirma que:

> "Como sugere a Sociologia, os negócios, em sentido amplo e a própria prática de uma 'negociação' são instrumentos do fenômeno social da cooperação vista como interatividade. (...) Transposta essa noção para o Direito contratual (que é emanação de interatividades), poderemos afirmar a existência de uma tripla instrumentalidade: a cooperação em si mesma é instrumental à interatividade; os negócios jurídicos, em especial os contratos, são instrumentais à viabilização da interatividade no campo econômico; e os 'deveres de cooperação', nos contratos, conformam a cooperação e a implementam"[348].

Tal dever deve levar em conta o fato de que as posições jurídicas das partes só são efetivamente concretizadas durante o processo da relação contratual. Assim, a parte que em um momento é credora pode depois se tornar devedora de alguma outra prestação, incluindo-se de um dever acessório se assim se mostrar o caso durante a consecução do programa contratual. Mesmo após o adimplemento, podem surgir ou ser mantidas determinadas obrigações a uma ou a outra parte, sejam elas obrigações ativas ou passivas, tais como o sigilo e a obrigação de informar.

Mota Pinto afirma que os deveres laterais de conduta determinam que as partes adotem certos comportamentos "impostos pela boa-fé em vista do

---

[347] COLLINS, Hugh. The Law of Contract, cit., p. 33.
[348] MARTINS-COSTA, Judith. Os campos normativos da boa-fé objetiva: as três perspectivas do direito privado brasileiro, cit., p. 401.

fim do contrato, dada da relação de confiança que o contrato fundamenta, comportamentos variáveis com as circunstâncias concretas da situação"[349].

Outrossim, os deveres anexos serão diversos, e, portanto, a cooperação se amoldará de forma diferente, "conforme se tratar de negócios paritários, tipicamente bilaterais; de contratos fiduciários; dos que estão enucleados numa base comunitária; ou de negócios que têm em vista a realização de interesses suprapessoais"[350].

Anne-Sophie Lavefve Laborderie observa que se deve ter em consideração a natureza do contrato e a complexidade das prestações para se avaliar o conteúdo das obrigações de lealdade e cooperação impostas às partes. Quanto mais arriscada a contratação, mais se deve ter em conta a cooperação ativa das partes, que pelo risco do contrato pode se traduzir em uma obrigação mais rígida de informar, por exemplo.[351]

Dessa forma, o grau do dever de cooperação e a forma de se comportar do contratante de quem se espera esse dever variam conforme se tratar de formas distintas de contratação, já que, justamente com base em todos os demais corolários da boa-fé (inclusive os usos, tal como disposto no artigo 113 do Código Civil) a conduta a ser esperada se alterará conforme as peculiaridades do contrato em análise.

Nos contratos associativos, por sua vez, a cooperação é pressuposto para a contratação e sua consecução, mas reiteramos que nosso foco não é que queremos analisar os contratos de câmbio e suas particularidades nessa seara da cooperação.

Interessante citar, para a aferição do dever anexo de conduta, sua extensão e limites, o que sustenta Fernando Araújo:

> "Mais amplamente, parece caberem dentro dos deveres gerais da boa-fé as condutas em que parte num contrato, a baixo custo para ela própria, consegue evitar ou minimizar riscos muito elevados para a outra – uma ideia que, numa das suas vertentes, cabe no conceito genérico de <<mitigation>>, mais precisamente no <<duty to mitigate>>"[352].

---

[349] PINTO, Carlos Alberto da Mota. *Cessão da Posição Contratual*, cit., p. 339.
[350] MARTINS-COSTA, Judith. Os campos normativos da boa-fé objetiva: as três perspectivas do direito privado brasileiro, cit., p. 403.
[351] LABORDERIE, Anne-Sophie Lavefve. *La Pérennité Contractuelle*, cit., p. 294.
[352] ARAÚJO, Fernando. *Teoria económica do contrato*, cit., p. 581.

Nosso estudo não visa especificamente à análise do Direito do Consumidor, mas ele é um bom balizador para esse exemplo específico, já que, pelas presumidas vulnerabilidade e hipossuficiência técnica do consumidor, espera-se do fornecedor uma postura muito mais cooperativa e um nível de cooperação muito mais elevado do que em contratos absolutamente paritários.

Do mesmo modo, em contratos de longo prazo – em que os interesses dos contratantes são mais convergentes, normalmente os contratos têm feições relacionais e de contratos incompletos, além de poder existir uma relação econômica de forte dependência –, torna-se necessário exigir das partes um nível de cooperação aumentado. E, com a exigência de uma maior cooperação entre as partes, caso haja a violação de um dever de cooperação (ainda que não haja a violação da prestação), a parte prejudicada poderá requerer consequência efetivas, como veremos no Capítulo 5.

Comentando o artigo 5.1.3 do UNIDROIT, os autores franceses Federica Rongeat-Oudin e Martin Oudin afirmam que o dever de cooperação significa que as partes não devem obstruir a execução pela outra parte e devem inclusive, em alguns casos, facilitar de forma ativa esta execução.[353]

Ou seja, mesmo que o devedor possa cumprir a obrigação sem a cooperação do credor, se por algum motivo o cumprimento da obrigação se tornar mais eficiente (e eventualmente menos oneroso ao devedor) com algum tipo de auxílio do credor, entendemos que isso já leva o credor a ter que cooperar.[354] Evidentemente que, em casos assim, será difícil ao credor da obrigação de cooperação exigir efetivamente a cooperação, já que a rigor o dever de cooperação apenas aumentará a eficiência do contrato. No entanto, em nossa opinião, sendo possível a prova de que eventual cooperação teria diminuído custos ou quaisquer esforços da parte que não a recebeu, ou ainda teria aumentado a eficiência do contrato, por exem-

---

[353] RONGEAT-OUDIN, Federica; OUDIN, Martin. The Reception of the UNIDROIT Principles by the Lex Mercatoria: The Example of Good Faith. *International Business Law Journal*, 697-723, 2009, p. 713.

[354] Lorena Carvajal-Arenas afirma que "findings in national laws and the opinion of scholars hitherto suggest that nowadays good faith cooperation provides the optimum conditions for the international commercial contracts." (Good Faith in the Lex Mercatoria: An Analysis of Arbitral Practice and Major Western Legal Systems. Disponível em <http://eprints.port.ac.uk/6040/1/GOOD_FAITH_IN_THE_LEX_MERCATORIA.pdf>. Acesso em 27.02.2013, p. 154, grifou-se.)

plo, entendemos ser possível se falar em perdas e danos. Entendemos ser até mesmo possível, nesse exemplo, pensar-se em uma execução específica, se, dadas as peculiaridades do caso concreto, houver essa possibilidade.[355]

Yves Picod sustenta que a cooperação induz a uma atitude positiva das partes, que leva ao oferecimento pelo devedor da máxima eficácia possível da prestação ao credor e, de outra parte, o credor pode ser útil ao seu devedor, facilitando a execução de suas obrigações.[356]

Exemplificativamente, tome-se o caso de uma empresa que está esperando o recebimento de carga bastante volumosa em determinada data, que chegará por caminhão. A credora sabe que houve um grave acidente automobilístico na rodovia que dá acesso à sua fábrica, causando congestionamentos enormes, o que sem dúvida atrasaria a entrega em muitas horas, acarretando mais gastos à devedora, com a locação de caminhão gigante para a entrega da carga. Sabedora disso, e em caso de não precisar efetivamente receber a carga naquela data, a credora poderia informar a devedora sobre o fato e reagendar a entrega da carga. Sem dúvida isso evitaria custos de transporte à devedora (que, dependendo da forma de contratação, eventualmente poderiam até ser repassados à própria credora). Veja-se que aqui não se está diante de uma obrigação de cooperação que, se não cumprida, inviabilizaria a fruição do contrato. No entanto, o dever de cooperar aqui, sem dúvida, primaria pela execução do contrato da maneira mais eficiente.

Alguns autores sustentam que o dever de cooperação entre as partes contratuais decorre do solidarismo constitucional e de sua influência nos contratos. Giovanni Ettore Nanni, baseando seu raciocínio nas lições de Pietro Perlingieri, afirma que o princípio do solidarismo contido no inciso I do artigo 3ª da Constituição Federal brasileira se aplica diretamente nas relações jurídicas e intensifica o dever de cooperação.[357]

Para Juliana Carolina Frutuoso Bizarria, que escreve sobre o dever de cooperação no contrato de seguro:

---

[355] Discorreremos em mais detalhes sobre tais medidas no Capítulo 5.

[356] PICOD, Yves. L'obligation de coopération dans l'execution du contrat. *JCP*, 1998, I, 3318.

[357] NANNI, Giovanni Ettore. O dever de cooperação nas relações obrigacionais à luz do princípio constitucional da solidariedade. In: NANNI, Giovanni Ettore. (Coord.) *Temas relevantes do direito civil contemporâneo: reflexões sobre os cinco anos do Código Civil*. São Paulo: Atlas, p. 283-321, 2008, p. 308-309.

"o dever de cooperação, que representa a inserção do princípio constitucional da solidariedade na esfera do contrato, não só propicia o correto processamento da relação para obtenção do fim comum como, no âmbito do contrato de seguro, irradia seus efeitos para a comunidade de segurados que compartilham da mesma proteção"[358].

Ainda no mesmo sentido, Paulo Luiz Netto Lôbo afirma que o princípio constitucional da solidariedade substitui a contraposição de interesses antagônicos das partes contratuais por cooperação, revelando "a importância não apenas da abstenção de condutas impeditivas ou inibitórias, mas de condutas positivas que facilitem a prestação do devedor"[359].

Entendemos, porém, que, em vista da existência do princípio da boa-fé objetiva e de seu desdobramento relativo à criação de deveres anexos, torna-se desnecessário buscar-se comando constitucional para justificar o dever de cooperação. Sendo evidente que o dever de cooperação é desdobramento da boa-fé objetiva e, não havendo dúvida da aplicação da boa-fé objetiva aos contratos, torna-se claro, em nossa opinião e com todo o respeito às opiniões que comungam do Direito Civil Constitucional, que o dever de cooperação acaba advindo do próprio Código Civil, não havendo necessidade de socorrer-se da Constituição quando existe resposta no próprio ordenamento civil. De todo modo, a análise constitucional demonstra uma tendência social de maior solidarismo e da exigência da lei para que os indivíduos se comportem dessa forma, exigência tal que se reflete, em nossa opinião, nos atuais comandos e princípios do Código Civil.[360]

4.1.2. Dever de cooperação e sua ligação com outros deveres anexos

Como já vimos, não é possível antecipadamente ao desenrolar do conteúdo contratual se estabelecer de forma rigorosa e exaustiva todos os deveres anexos que acompanham as obrigações principais das partes.

---

[358] BIZARRIA, Juliana Carolina Frutuoso. O dever de cooperação no contrato de seguro. *Revista de Direito Privado*. São Paulo, v. 50, ano 13, p. 143-204, abr./jun. 2012, p. 144.

[359] LÔBO, Paulo Luiz Netto. *Teoria Geral das Obrigações*. São Paulo: Saraiva: 2005, p. 101.

[360] Os princípios norteadores do novo Código Civil são justamente a socialidade, a eticidade e a operabilidade. Sobre esse assunto ver: REALE, Miguel. *O Projeto do novo Código Civil*. 2ª ed. São Paulo: Saraiva, 1999, p. 9 e ss.

Clóvis do Couto e Silva sustenta que:

> "Não se pode de antemão dizer quais são os deveres acionáveis, pois isso depende do exame concreto de cada um deles no desenvolvimento da relação obrigacional. Pode-se, apenas indicar as hipóteses mais evidentes, mas não se pode a priori dizer quais os que são acionáveis sem acarretar o desfazimento da relação principal, e quais os que não o são"[361].

No mesmo sentido, Béatrice Jaluzot afirma que não é possível estabelecer-se uma sistematização uniforme das diferentes obrigações decorrentes da boa-fé em razão da diversidade de seu conteúdo, condições e efeitos.[362]

O mesmo pode-se dizer do dever de cooperação. Ele é abstrato e sua concretude dependerá não somente do contrato em si analisado, mas igualmente da análise concreta da execução daquele contrato específico. Até porque, na execução do contrato, em razão de fatores muitas vezes externos e alheios às partes, surgirão deveres de cooperação que antes não eram vislumbrados. De antemão é possível saber apenas que as partes possuem o dever de cooperar uma com a outra, visando à consecução do fim do contrato, inclusive da forma mais eficiente possível.

Com isso, pode-se sustentar que todos os deveres anexos, de uma certa forma, decorrem do dever de cooperação entre as partes. Clóvis do Couto e Silva afirma que "todos os deveres anexos podem ser considerados deveres de cooperação", mencionando, ainda, que alguns autores restringem o dever de cooperação ao dever de auxílio.[363]

Teresa Negreiros também compartilha desse entendimento, dedicando estudo dos deveres anexos como sinônimos dos deveres de cooperação: "A estes deveres de cooperação parte da doutrina denomina 'deveres ins-

---

[361] SILVA, Clóvis do Couto e. *A obrigação como processo*, cit., p. 97. No mesmo sentido: "O dever de cooperação entre as partes varia de caso para caso, dependendo do objeto e da complexidade da relação obrigacional. Pode implicar um comportamento ativo de colaborar ou proporcionar o adimplemento da prestação, bem como passivo no sentido de não obstar nem dificultar o cumprimento da outra parte. É a situação fática que determina a sua extensão e a colaboração devida." (NANNI, Giovanni Ettore. O dever de cooperação nas relações obrigacionais à luz do princípio constitucional da solidariedade, cit., p. 310.)

[362] JALUZOT, Béatrice. *La bonne foi dans les contrats: Étude comparative de droit français, allemand et japonais*. Paris: Dalloz, 2001, p. 511.

[363] SILVA, Clóvis do Couto e. *A obrigação como processo*, cit., p. 96.

trumentais', enfatizando a sua serventia como *meio* de garantir a consecução do fim do contrato"[364].

Giovanni Ettore Nanni esclarece que, com base nas doutrinas alemã e portuguesa, o dever de cooperação é um dever lateral da obrigação, ao lado de outros deveres como os "deveres de informação, de proteção, de auxílio de lealdade, etc."[365]

Nesse sentido, Mota Pinto, ao mencionar especificamente os deveres anexos, lista os deveres de informação, de notificação, de consideração e de deferência, de custódia e conservação, de cuidado, e menciona especificamente o dever "de colaboração com a contraparte para lhe evitar possíveis prejuízos, como o manejo de uma arma de fogo que se vende"[366]. Como se verifica, o autor português coloca o dever de cooperação ao lado de outros deveres anexos.

Menezes Cordeiro faz uma tripartição dos deveres anexos, dividindo-os em deveres de proteção, de esclarecimento e de lealdade. Assim, ressalta-se que o autor não dá especial destaque ao dever de cooperação. Mas pelos exemplos por ele utilizados, verifica-se que nossa compreensão de dever de cooperação está sempre ali considerada, com as posturas jurídicas esperadas dos contratantes.[367]

---

[364] NEGREIROS, Teresa. O Princípio da Boa-Fé Contratual, cit., p. 247, grifo original.

[365] NANNI, Giovanni Ettore. O dever de cooperação nas relações obrigacionais à luz do princípio constitucional da solidariedade, cit., p. 307.

[366] PINTO, Carlos Alberto da Mota. *Cessão da Posição Contratual*, cit., p. 265.

[367] Segundo Menezes Cordeiro:
"II. Os deveres acessórios de proteção constituem a versão atuante na vigência de um contrato das adstrições pré-contratuais presentes no caso do linóleo. Por eles, considera-se que as partes, enquanto perdure o fenômeno contratual, estão ligadas a evitar que, no âmbito desse fenômeno, sejam infligidos danos mútuos, nas suas pessoas ou nos seus patrimónios.
(...)
III. Os deveres acessórios de esclarecimento obrigam as partes a, na vigência do contrato que as une, informarem-se mutuamente de todos os aspectos atinentes ao vínculo, de ocorrências que, com ele, tenham certa relação e, ainda, de todos os efeitos que, da execução contratual, possam advir.
(...)
IV. Os deveres acessórios de lealdade obrigam as partes a, na pendência contratual, absterem-se de comportamentos que possam falsear o objetivo do negócio ou desequilibrar o jogo das prestações por elas consignado. Com esse mesmo sentido, podem ainda surgir deveres de actuação positiva. A casuística permite apontar, como concretização desta regra, a existência, enquanto um contrato se encontre em vigor, de deveres de não concorrência, de não celebra-

Citando o jurista alemão Wilhelm Weber, Béatrice Jaluzot faz referência a seis categorias principais de deveres anexos, demonstrando assim que a doutrina alemã de fato coloca o dever de cooperação ao lado dos demais e não como um dever que faz nascer os demais: (i) dever de diligência, (ii) dever de proteção, (iii) dever de informação, (iv) dever de instrução, (v) dever de cooperação e (vi) dever de cuidado.[368] Vale destacar que a autora francesa (assim como uma parte dos autores de tal país) utiliza a nomenclatura de "obligations acessoires" e não fala em dever acessório. No entanto, socorrendo-se de sua origem na boa-fé e com base nos estudos de seus vizinhos alemães, o conceito é de fato o mesmo.[369]

Para as doutrinas italiana e francesa, no entanto, diferentemente da compreensão alemã e portuguesa, o dever de cooperação acaba sendo entendido muito mais como um dever genérico, que pode se desdobrar em outros, como informação, proteção, renegociação, tolerância.[370] Yves Picod afirma que o conceito de boa-fé resulta efetivamente em uma obrigação de cooperação e, segundo ele, o dever de cooperação não implica nenhum sacrifício particular; ele é a expressão de um mínimo de lealdade entre as partes e consiste em uma parte considerar o interesse da cocontratante e lhe facilitar as coisas.[371] Interessante notar que Yves Picod sustenta que o dever de cooperação tem como corolário o dever de informação.[372]

O jurista francês François Diesse, sustenta que o dever de cooperação nasceu como reação ao individualismo contratual do século XIX, pelo qual as diferenças de interesses das partes eram entendidas como fontes

---

ção de contratos incompatíveis com o primeiro, de sigilo face a elementos obtidos por via de pendência contratual e cuja divulgação possa prejudicar a outra parte e de actuação com vista a preservar o objetivo e a economia contratuais." (CORDEIRO, António Menezes, *Da boa-fé no direito civil*, cit., p. 604-606.)

[368] JALUZOT, Béatrice. *La bonne foi dans les contrats*, cit., p. 513.

[369] JALUZOT, Béatrice. *La bonne foi dans les contrats*, cit., p. 510-511. No mesmo sentido, Yves Picod menciona que "l'article 1134 alinéa 3 du Code civil implique un devoir de collaboration entre les parties." (PICOD, Yves. *Le devoir de loyauté dans l'exécution du contrat*. Paris: Libr. générale de droit et de jurisprudence, 1989, p. 101.)

[370] NANNI, Giovanni Ettore. *O dever de cooperação nas relações obrigacionais à luz do princípio constitucional da solidariedade*, cit., p. 307.

[371] PICOD, Yves. *Le devoir de loyauté dans l'exécution du contrat*, cit., p. 101-102.

[372] PICOD, Yves. *Le devoir de loyauté dans l'exécution du contrat*, cit., p. 102. No mesmo sentido, a obra do autor L'obligation de coopération dans l'execution du contrat, cit..

de oposição, verdadeiro antagonismo.³⁷³ Ainda, para o autor, a cooperação se impõe como princípio geral de Direito Contratual, e ele defende que o dever de cooperação é, na verdade, um princípio diretor do contrato, que permite salvaguardar a justiça contratual e assegurar a utilidade do contrato para cada uma das partes.³⁷⁴ Trata-se da determinação dos contratantes de se engajar em uma causa comum. De fato, como dito por Béatrice Jaluzot, a doutrina francesa compreende o dever de cooperação "como uma das principais concretizações da regra da boa-fé"³⁷⁵.

Ademais, François Diesse afirma que o conceito de dever de cooperação leva consigo noções flutuantes, que devem se alterar conforme o contexto contratual e a finalidade da operação.³⁷⁶ Isso já demonstra a teoria francesa de considerar o conceito de dever de cooperação de forma ampla, de modo que o dever de cooperação acaba por dar ensejo a outros deveres anexos, diríamos "tipificados", tais como o dever de informação, o dever de sigilo e confidencialidade, entre outros.

O contrato passa, assim, a ser visto como instrumento de harmonização de interesses opostos, demonstrando-se a complementariedade das obrigações implícitas e explícitas de cooperação em um mesmo contrato.³⁷⁷

François Diesse ainda afirma que o papel de complementação que o dever de cooperação possui determina certas obrigações, tal como a obrigação de informar, a obrigação de aconselhar, a obrigação de sigilo, entre outras, bem demonstrando que para a doutrina francesa, realmente o dever de cooperação cria os demais deveres anexos. Para o autor, o papel do dever de cooperação consiste em suscitar a criação de obrigações que permitem adicionar, às obrigações expressamente previstas no contrato, outras obrigações implícitas que são impostas pela natureza da avença.³⁷⁸

Yves Picod, por sua vez, bem demonstra também que a doutrina francesa considera o dever de cooperação em sua maior amplitude possível, muitas vezes abarcando outros deveres anexos. Segundo ele, a obrigação de

---

[373] DIESSE, François. Le devoir de cooperation comme príncipe directeur du contrat. *Archives de Philosophie Du Droit*, Paris, nº 43, 1999, p. 259.

[374] DIESSE, François. Le devoir de cooperation comme príncipe directeur du contrat, cit., p. 262-263.

[375] JALUZOT, Béatrice. La bonne foi dans les contrats, cit., p. 513.

[376] DIESSE, François. Le devoir de cooperation comme príncipe directeur du contrat, cit., p 269.

[377] DIESSE, François. Le devoir de cooperation comme príncipe directeur du contrat, cit., p 276.

[378] DIESSE, François. Le devoir de cooperation comme príncipe directeur du contrat, cit., p 290.

cooperação pode ser compreendida de duas formas, sob a ótica do credor e do devedor. O devedor deve executar sua prestação de forma a lhe dar seu máximo de utilidade, sendo que o devedor deve exceder a moldura da simples execução fiel das previsões contratuais.[379] Ou seja, indo ao encontro do que já dissemos, a prestação deve ter a maior utilidade possível ao credor. Já para o credor, o autor afirma que o dever de cooperação tem o papel de determinar que ele participe e intervenha mais ativamente para facilitar a posição da outra parte.[380]

Massimo Bianca afirma que: "Um obbligo di cooperazione si configura tuttavia sul fonamento e nei limiti del principio di buona fede."[381]

Emilio Betti não dizia claramente que os deveres anexos de conduta decorriam do dever de cooperação, no sentido de que o dever de cooperação seria um gênero do qual os demais deveres laterais de conduta seriam espécie. Mas pelas suas explanações e menções "ao espírito de colaboração que deve animar as partes no adimplemento" das obrigações, à boa-fé como "conduta de cooperação, visando a satisfazer de modo positivo a expectativa da outra parte", à obrigação que "impõe ao vendedor o dever de fazer todo o necessário para que a contraparte obtenha o resultado útil da prestação", à boa-fé como criadora de "obrigações integrativas instrumentais", parece-nos que o jurista italiano demonstrava certa inclinação a considerar o dever de cooperação como um gênero, que determinava a observância pelas partes dos deveres anexos de conduta.[382]

Sem dúvida, porém, as lições de Betti são bastante antigas e sistematizadas de forma um pouco diferente do que consideramos hoje. Porém, elas demonstram pioneirismo na forma de analisar as consequências da aplicação da boa-fé objetiva aos contratos, trazendo desde aquela época as noções de cooperação para satisfazer da melhor forma o adimplemento.

Eduardo Tomasevicius parece seguir a inclinação francesa e italiana ao defender que alguns deveres anexos que se conhecem de forma "tipificada" são exemplos do dever de cooperação. O autor cita os seguintes deveres como sendo deveres de cooperação: o dever de facilitar o adimplemento

---

[379] PICOD, Yves. *Le devoir de loyauté dans l'exécution du contrat*, cit., p. 104.
[380] PICOD, Yves. *Le devoir de loyauté dans l'exécution du contrat*, cit., p. 105.
[381] BIANCA, C. Massimo. *Diritto Civile* (L'Obbligazione). Vol. IV. Milano: Dott. A Giuffré Editore, 1993, p. 375. Vale destacar, porém, que o autor dá ênfase à cooperação do credor.
[382] Os trechos citados referem-se, respectivamente, às páginas a seguir: BETTI, Emilio. *Teoria geral das obrigações*, cit., p. 108, 111, 113 e 114.

da obrigação, o dever de não aumentar o prejuízo do devedor, o dever de fazer com que a prestação seja a mais útil ao credor, os deveres de informar e de sigilo, os deveres de aviso e notificação, bem como os deveres de alertar sobre perigos.[383]

Judith Martins-Costa coloca o dever de cooperação ao lado de outros deveres acessórios, o que nos faz deduzir que entende não ser ele a origem dos demais grupos de deveres acessórios, mas sim estar no mesmo nível de outros deveres anexos que consideramos "já tipificados". [384] No entanto, em outro artigo a autora menciona que a boa-fé possui ligação "primariamente, *ao dever geral de cooperação*, impondo, para tal fim, pautas de correção, lealdade, probidade e consideração aos interesses legítimos do parceiro"[385].

Manuel A. Carneiro da Frada, seguindo a linha da doutrina portuguesa, também coloca os deveres de proteção, como ele chama os deveres laterais, sempre no mesmo patamar, sem nenhuma forma de destaque ou preferência pelo dever de cooperação.[386]

---

[383] TOMASEVICIUS FILHO, Eduardo. *Informação assimétrica, custos de transação, princípio da boa--fé*, cit., p. 398-413.

[384] MARTINS-COSTA, Judith. *A boa-fé no direito privado*, cit., p. 439.

[385] MARTINS-COSTA, Judith. Princípio da confiança legítima e princípio da boa-fé objetiva. Termo de compromisso de cessação (TCC) ajustado com o CADE. Critérios da interpretação contratual: os "sistemas de referência extracontratuais" ("circunstâncias do caso") e sua função no quadro semântico da conduta devida. Princípio da unidade ou coerência hermenêutica e "usos do tráfego". Adimplemento contratual. *Revista dos Tribunais*, vol. 852, p. 87-126, out/2006, p. 98. Parece-nos, porém, que quando a autora menciona um dever geral de cooperação, ela não se refere a deveres anexos propriamente, mas de forma mais ampla, a uma imposição que é trazida pela boa-fé de maneira geral. De todo modo, interessante destacar, como será inclusive citado no item relativo ao dever de mitigar o próprio prejuízo, que a autora considera tal dever decorrente do dever de cooperação que ela diz nascer da boa-fé. (MARTINS-COSTA, Judith. Responsabilidade civil contratual. Lucros cessantes. Resolução. Interesse positivo e interesse negativo. Distinção entre lucros cessantes e lucros hipotéticos. Dever de mitigar o próprio dano. Dano moral e pessoa jurídica. In: LOTUFO, Renan; NANNI, Giovanni Ettore; MARTINS, Fernando Rodrigues. (Coord.) *Temas relevantes do direito civil contemporâneo: reflexões sobre os dez anos do Código Civil*. São Paulo: Atlas, p. 559-595, 2012, p. 585.)

[386] "Os deveres laterais que se referem são por natureza rebeldes a qualquer enumeração ou descrição definitiva. O seu conteúdo é diversificado, podendo descobrir-se deveres de informação e conselho, de cooperação, de segredo e não-concorrência, de custódia e vigilância, de lealdade, etc. Mais importante, porém, do que a descrição da fisionomia do comportamento que

Muito embora haja certa divergência da doutrina estrangeira, em nossa opinião, o dever de cooperação é sim um dever genérico que pode acabar se desdobrando em outros deveres anexos, por assim dizer já previamente "tipificados", tais como o dever de informar, o dever de cuidado, o dever de mitigar o próprio prejuízo, etc. Pelo fato de os próprios deveres anexos não poderem ser antecipados e desde logo conhecidos pelas partes, já que dependerão não apenas do contrato em si, mas principalmente da concreção da dinâmica contratual, não há dúvida de que os deveres anexos assumem facetas diferenciadas, considerando cada situação específica pela qual as partes são submetidas durante o programa contratual.

Dessa forma, quando dizemos "dever de cooperação", falamos, em verdade, de todo e qualquer possível dever anexo que uma parte tem com a outra para que seja possível a realização de suas prestações da forma mais eficaz. O dever de cooperação, assim, é o dever de fazer tudo aquilo que for necessário para auxiliar a outra parte a cumprir sua prestação sob o contrato.

Não é possível, com isso, definir de forma exaustiva o que seria efetivamente o dever de cooperação, já que, a cada contrato diferente e mesmo a cada diferente momento de um mesmo contrato, o dever de um contratante de cooperar com o outro vai variar, conforme seja necessária alguma participação de um contratante, para que o outro possa cumprir sua obrigação da melhor forma possível, aí se considerando a forma mais eficaz de cumprimento.

Trataremos mais adiante de alguns deveres anexos específicos, que entendemos estar intimamente ligados ao dever de cooperação, tais como o dever de informar, o dever de mitigar seu próprio prejuízo e o dever de renegociar, mas isso não quer dizer que conseguiremos, e nem mesmo que pretendemos esgotar aqui todos os deveres que podem se apresentar aos contratantes.

Vale destacar, ainda, o dever de sigilo e confidencialidade, o dever de lealdade, o dever de cuidado, o dever de aviso, dentre outros, que podem se mostrar necessários durante a dinâmica contratual.

Nossa intenção é a de apenas comentar e analisar as peculiaridades de alguns dos deveres que conseguimos vislumbrar, considerando sua usua-

---

normativizam é o indagar da função que eles desempenham no âmbito da relação obrigacional." (FRADA, Manuel A. Carneiro da. Contrato e Deveres de Proteção, cit., p. 40.)

lidade e estreita conexão com o dever de cooperação, além de sua destacada importância nos contratos de longo prazo.

De todo modo, ainda que se considere que as doutrinas italiana e francesa possuem uma percepção diferente das doutrinas portuguesa e alemã, já que as primeiras entendem que o dever de cooperação é gênero do qual os demais deveres anexos acabam sendo espécie, fato é que a própria dificuldade em se antecipar quais seriam os deveres anexos e os deveres de cooperação acaba por minimizar eventual diferença conceitual entre elas, já que as consequências práticas efetivas serão as mesmas; ou seja, se a parte deve observar um dever anexo, seja ele de cooperar, de informar, de sigilo ou qualquer outro, não importará na prática qualquer distinção teórica sobre o dever em si e sua origem. Todos eles têm sua origem na boa-fé objetiva e devem ser rigorosamente observados e cumpridos.

Para exemplificar a dificuldade que se tem em fazer tal diferenciação, vale comentar um trecho do texto de Mota Pinto – que em tese segue a linha dos portugueses, de que o dever de cooperação está ao lado dos demais deveres anexos –, demonstrando certa confusão no momento de mencionar quais seriam os deveres de cooperação propriamente ditos:

> "nos contratos que dependem da aprovação duma instância superior, ambas as partes têm o dever de a requerer; o dever do lesado de minorar danos; o locatário deve impedir danos na coisa; o credor deve limitar o mais possível os danos, no interesse do obrigado e não agravar uma situação de perigo para o devedor, através de exigências injustificadas"[387].

Assim, verifica-se que os exemplos de dever de cooperação citados por Mota Pinto acabam se confundindo com outros deveres anexos, atualmente já estudados de forma autônoma (e assim ditos "tipificados"), tal como o dever de evitar o próprio prejuízo e limitar os danos, não agravando uma situação de perigo. Dessa forma, o trecho acima transcrito demonstra que os deveres anexos de forma geral estão todos muito conectados, e é possível dizer que decorrem fortemente do dever de cooperação[388], ainda que

---

[387] PINTO, Carlos Alberto da Mota. *Cessão da Posição Contratual*, cit., p. 345.
[388] Ainda, Thiago Luís Santos Sombra afirma que: "De algum modo, as demais modalidades de deveres laterais contêm reminiscência do dever de cooperação. Cada uma delas encerra a ideia de auxílio, colaboração, contribuição, de adoção de um comportamento esperado (...)".

para as doutrinas alemã e portuguesa o dever de cooperação esteja ao lado dos demais deveres anexos.

No mesmo sentido, Jorge Cesa Ferreira da Silva observa que os deveres de informação e esclarecimento não são "facilmente separáveis dos demais deveres laterais, visto que a ausência de informação ou esclarecimento configura, ao par, ausência de cooperação, lealdade ou de proteção com a outra parte". O autor, no entanto, entende que "se trata de particularidade de menor importância, tendo-se em vista que a classificação analítica dos deveres laterais é apenas enunciativa", demonstrando, assim, a dificuldade de se antecipar ou de se classificar de antemão os deveres anexos.[389]

Dessa forma, muito embora haja essa aparente divisão na doutrina estrangeira, entendemos que não há razão para que se entenda essa divisão como crítica no estudo dos deveres anexos ou do dever de cooperação.

Em nossa opinião, dada a dificuldade de se dizer de antemão quais seriam os deveres anexos que se verificam em cada contrato, parece-nos sim possível dizer que o dever de cooperação sempre estará presente e dele decorrerão, conforme o caso concreto, os deveres de forma específica a que cada parte estará sujeita, tais como o dever de informar, o dever de sigilo, o dever de mitigar seu próprio prejuízo, entre outros.

Por essa razão, estudaremos mais para frente – ainda que sem adentrar detalhes específicos de cada figura – os deveres anexos mais usualmente verificados nas relações contratuais e que nos parecem ser importantes nos contratos de longo prazo, sem que isso demonstre qualquer diminuição quanto à importância de outros deveres laterais de conduta, sendo apenas uma linha de corte por nós definida para esta análise. Ademais, entendemos que os deveres anexos escolhidos para análise mais detida são aqueles que possuem mais aspectos controvertidos para debate, outro motivo a justificar nossa opção.

4.1.3. Dever de cooperação de todos os contratantes

Passando para outro aspecto da análise do dever de cooperação, é importante deixarmos claro que nosso estudo não se limita ao dever de coope-

---

(SOMBRA, Thiago Luís Santos. *Adimplemento contratual e cooperação do credor*. São Paulo: Saraiva, 2011, p. 142).

[389] SILVA, Jorge Cesa Ferreira da. *A boa-fé e a violação positiva do contrato*. Rio de Janeiro: Renovar, 2002, p. 116.

ração do credor (para possibilitar que o devedor cumpra sua prestação), estudado por alguns doutrinadores, tanto nacionais quanto estrangeiros, mas na verdade abarca uma noção mais ampla do dever de cooperação de ambas as partes. A cooperação pode ser exigida do próprio devedor, e, nesse sentido, ela virá, na maioria das vezes, como uma obrigação lateral e adicional à sua obrigação principal de cumprimento de sua prestação, mas pode ser também exigida do credor da prestação.

Há diversos estudos que vislumbram apenas a cooperação do credor, como abordaremos rapidamente no próximo item, mas, de fato, nosso escopo é maior, tendo por objetivo demonstrar que a relação contratual é complexa e por vezes exige, para o atingimento do programa contratual, a cooperação das partes, independentemente de sua posição obrigacional naquele momento específico da execução do contrato.

Nesse sentido, Giovanni Ettore Nanni afirma que "é lícita a exigência do dever de cooperação tanto do credor como do devedor, indistintamente"[390]. Igualmente, Paulo Luiz Netto Lôbo sustenta que "há dever de cooperação tanto do credor quanto do devedor, para o fim comum"[391].

Outrossim, como já dito acima, a análise buscada nesta tese é a da cooperação de ambas as partes para a consecução do fim contratual da forma mais eficiente possível. Destaca-se que não levamos em conta apenas a consecução da obrigação do devedor, de forma específica – tal como as doutrinas abaixo analisadas o fazem –, mas sim todo o programa contratual, considerado de forma dinâmica e tendo em vista a obrigação como processo.[392]

Independente de sua posição de credor ou devedor, fato é que, a depender da situação concreta, de qualquer parte pode ser exigida a cooperação, ainda que referida parte já tenha inclusive cumprido sua prestação. Dessa forma, diferentemente de outros estudos que focam apenas a coo-

---

[390] NANNI, Giovanni Ettore. O dever de cooperação nas relações obrigacionais à luz do princípio constitucional da solidariedade, cit., p. 311.

[391] LÔBO, Paulo Luiz Netto. *Teoria Geral das Obrigações*, cit., p. 102. Vale ainda citar o seguinte trecho: "É certo que Betti atribuía a conduta de cooperação como atitude devida, ao devedor, quando hoje é concebida como dever geral de conduta imputável a todos os participantes da relação obrigacional, inclusive o credor; mas, é merecido o registro de sua percepção dessa tendência, que não é mero exercício de especulação doutrinária, porquanto fruto das transformações econômicas e jurídicas". (p. 103)

[392] SILVA, Clóvis do Couto e. *A obrigação como processo*, cit., p. 20-22.

peração do credor, nosso enfoque é na cooperação em geral, que pode ser de qualquer das partes, conforme se mostrar o caso concreto, inclusive do próprio devedor, que, além de sua prestação pura, muitas vezes deve cooperar com o credor em outros aspectos, para que o propósito contratual possa ser completa e eficientemente exaurido.

De todo modo, para podermos analisar o tema do dever de cooperação de forma completa e inclusive fazer a diferenciação apropriada, traremos abaixo breve análise das teorias relativas ao comportamento cooperativo do credor e nossa visão sobre tais teorias.

4.1.3.1. Teorias conceituais do comportamento cooperativo do credor

Os estudiosos do dever de cooperação do credor analisam a natureza jurídica de tal dever, para verificar qual seria efetivamente sua classificação, analisando se ela seria um dever, um ônus ou ainda recairia em alguma outra categoria. Ademais, estudam-se também as diferentes consequências de cada uma das naturezas jurídicas consideradas.

Vamos aqui rapidamente analisá-las, para podermos demonstrar as semelhanças e diferenças entre as classificações e quais aspectos guardam relevância para nosso estudo do dever de cooperação compreendido de forma mais ampla, abarcando a relação contratual como um todo e não apenas a cooperação do credor para que o devedor possa executar uma determinada obrigação específica.

4.1.3.1.1. Cooperação como obrigação do credor

Lilian C. San Martín Neira coloca, como primeira posição teórica, um enfoque do dever de cooperação como obrigação do credor. A cooperação recairia nessa categoria quando fosse necessária ao cumprimento da obrigação e estaria ligada ao conceito de *mora creditoris*. A *mora creditoris* deriva da violação do dever de receber pelo credor, bem como de cooperar de forma geral com o devedor, sendo necessário, segundo a autora, perquirir-se culpa do credor no descumprimento de sua obrigação de cooperar.[393] O credor em mora teria assim que ressarcir todos os prejuízos causados ao devedor, sofrendo as mesmas consequências jurídicas de um devedor em

---

[393] NEIRA, Lilian C. San Martín. *Sobre la naturaleza jurídica de la 'cooperación'*..., cit., p. 284.

mora.³⁹⁴ Porém, para os fins do artigo 400 do Código Civil brasileiro³⁹⁵, o credor em mora responderia apenas pelos próprios efeitos da mora, de modo que sua responsabilização seria menos ampla, como regra geral, do que a responsabilização do devedor em mora.

Nessa linha de uma suposta obrigação do credor de permitir o adimplemento da obrigação, Giovanni d'Amico sustenta que há casos em que, de fato, o credor é obrigado a permitir a realização da prestação do devedor, tais como contratos de trabalhos e contratos de execução artística, mas em tais casos a obrigação decorreria da lei ou do próprio contrato, sendo efetivamente uma obrigação primária e não secundária.³⁹⁶

Ainda, o autor entende não haver nenhuma contradição no fato de o credor da prestação também poder ser considerado devedor de uma obrigação de cooperar, e sustenta que, em caso de mora, deverá ser considerada a *mora accipiendi*, com todas as suas consequências e ressarcimentos ao devedor, afirmando ainda que a responsabilidade do credor deve ser considerada contratual, já que ele deixou de cumprir algo que lhe era esperado pelo contrato.³⁹⁷

Essa classificação de obrigação do credor muito se relaciona com aquela que enxerga a cooperação do credor como direito do devedor em ter sua obrigação adimplida e se liberar do vínculo contratual. Essa última é pouco

---

³⁹⁴ NEIRA, Lilian C. San Martín. *Sobre la naturaleza jurídica de la 'cooperación'*..., cit., p. 286. Outra classificação jurídica que a autora comenta é a de faculdade do credor em cooperar. Nessa categoria, o credor teria a faculdade de cooperar e não estaria obrigado a tanto. Caso ele não cooperasse, a consequência mais grave seria justamente a liberação do devedor e a extinção do direito do credor. Alguns autores italianos se socorreriam do artigo 1207 do Código Civil italiano, que trata da mora do credor, para sustentar essa classificação e as consequências jurídicas da falta de cooperação do credor. Não vislumbramos grande importância dessa classificação e diferenças de suas consequências para a primeira, nem sentimos necessidade de aprofundar essa diferenciação para contribuir com nossos estudos. (NEIRA, Lilian C. San Martín. *Sobre la naturaleza jurídica de la 'cooperación'*..., cit., p. 289 e ss.)

³⁹⁵ "Art. 400. A mora do credor subtrai o devedor isento de dolo à responsabilidade pela conservação da coisa, obriga o credor a ressarcir as despesas empregadas em conservá-la, e sujeita-o a recebê-la pela estimação mais favorável ao devedor, se o seu valor oscilar entre o dia estabelecido para o pagamento e o da sua efetivação."

³⁹⁶ D'AMICO, Giovanni. Mancata cooperazione del creditore e violazione contrattuale. *Rivista di Diritto Civile*, Padova, v. 50, p. 77-106, genn/feb., 2004, p. 78.

³⁹⁷ D'AMICO, Giovanni. Mancata cooperazione del creditore e violazione contrattuale, cit., p. 94-95.

difundida entre os doutrinadores, mas existem aqueles que a consideram[398]. Mesmo considerando que o Direito das Obrigações moderno dá especial atenção aos interesses do devedor, não nos parece que ele possui um direito a cumprir a obrigação, propriamente dito.[399] Evidente que tal direito do devedor só existiria nas obrigações nas quais a cooperação do credor é indispensável para a execução da prestação do devedor, tais como nas obrigações alternativas ou que dependam de alguma escolha do credor.

Nesse sentido, aliás, Giovanni D'Amico menciona claramente que não são todas as relações que comportam a necessidade de cooperação do credor, dando exemplos de prestações em que o devedor não precisa de nenhuma cooperação do credor, tais como: (i) um banco que se obriga a fornecer crédito deve estar pronto, sem a necessidade de cooperação do credor, para fornecer o crédito quando o credor desta obrigação lhe solicitar; (ii) a empresa aérea que vende um bilhete de Milão a Roma em um determinado dia e horário; não comparecendo o credor naquele dia e horário para pegar o voo, a empresa se libera imediatamente, sem nenhuma necessidade do cumprimento da obrigação.[400] Assim, para o autor, a classificação da cooperação do credor como direito de o devedor cumprir sua obrigação e se liberar só seria razoável quando não houvesse outro meio de o devedor se liberar que não fosse o efetivo adimplemento.[401]

Para nossos estudos, não nos parece que essa classificação ou suas implicações possuam grande relevância, não apenas porque tendemos a ser mais favoráveis à classificação da cooperação em geral como um dever anexo – com suas respectivas consequências em caso de inadimplemento –, mas também porque normalmente a cooperação que vislumbra-

---

[398] A professora chilena Lilian C. San Martín Neira, que tem artigo extenso sobre o tema, nem sequer a menciona (*Sobre la naturaleza jurídica de la 'cooperación'...*, cit.). Thiago Luís Santos Sombra faz comentários sobre os doutrinadores italianos e portugueses que admitem ou comentam essa classificação. (*Adimplemento contratual e cooperação do credor*, cit., p. 130 e ss.) Giovanni D'Amico menciona-a em conjunto e diretamente relacionada com a classificação de obrigação do credor. (D'AMICO, Giovanni. Mancata cooperazione del creditore e violazione contrattuale, cit., p. 78 e ss.)

[399] SOMBRA, Thiago Luís Santos. *Adimplemento contratual e cooperação do credor*, cit., p. 133.

[400] D'AMICO, Giovanni. Mancata cooperazione del creditore e violazione contrattuale, cit., p. 80.

[401] D'AMICO, Giovanni. Mancata cooperazione del creditore e violazione contrattuale, cit., p. 79.

mos em nosso estudo tende a ser algo maior do que apenas uma escolha do credor.

Além do mais, parece-nos que o devedor possui remédios em caso da falta de colaboração do credor, tal como a consignação em pagamento ou até mesmo sua liberação tendo em vista o inadimplemento da prestação que era cabível ao credor.[402]

4.1.3.1.2. Cooperação como ônus do credor

Há também a classificação de cooperação como ônus do credor.[403] A cooperação não seria algo efetivamente exigível do credor, mas sua ausência implicaria atribuição ao credor dos riscos da sua mora, bem como a extinção da obrigação do devedor. Veja-se que essa corrente se fia no fundamento de que o credor detém a disponibilidade do direito de crédito, não havendo uma análise mais "dinâmica da obrigação como processo"[404]. Para essa classificação, ainda, a mora do credor independeria de culpa.[405]

Jorge Cesa Ferreira da Silva, ao comentar a regra do artigo 400 do Código Civil sustenta que o dever de colaborar em algumas situações "se traduz em ônus jurídico", de modo que "o fato de a colaboração do credor não se concretizar em um *dever* em sentido estrito justifica o regime da *mora creditoris*."[406]

Apesar de essa classificação ser muito comentada por diversos doutrinadores, inclusive estrangeiros[407], entendemos que sua aplicação é bas-

---

[402] Obviamente que essas análises dependem do caso concreto e podem levar a discussões longas. A consignação em pagamento pode se tornar impossível em obrigações alternativas ou que dependam de outras escolhas do credor. Ainda assim, entendemos que o devedor pode notificar o credor e caso não surta efeito, consignar algum bem que esteja dentro daquilo que o credor poderia escolher. O devedor também pode dar o contrato por resolvido pela ausência de colaboração do credor. Se ele já recebeu o pagamento, pode devolvê-lo e, caso contrário, pode simplesmente considerar o contrato resolvido mediante notificação nesse sentido.
[403] BIANCA, C. Massimo. *Diritto Civile*, cit., 374-375.
[404] SOMBRA, Thiago Luís Santos. *Adimplemento contratual e cooperação do credor*, cit., p. 122.
[405] NEIRA, Lilian C. San Martín. *Sobre la naturaleza jurídica de la 'cooperación'...*, cit., p. 292-295. No mesmo sentido, SILVA, Jorge Cesa Ferreira da. *Inadimplemento das Obrigações*. São Paulo: Editora Revista dos Tribunais, 2007, p. 119.
[406] SILVA, Jorge Cesa Ferreira da. *Inadimplemento das Obrigações*, cit., p. 118-119, grifos originais.
[407] SOMBRA, Thiago Luís Santos. *Adimplemento contratual e cooperação do credor*, cit., p. 120-121. Ainda, SALVESTRONI, Umberto. Sulla macata cooperazione all'adempimento nel raporto tra

tante limitada a algumas situações específicas de colaboração pontual do credor para que aquela prestação específica ocorra.

Não se pode compreender a colaboração do credor, tratada por essa corrente de forma mais ampla e genérica, a repercutir na relação contratual como um todo. Isso porque, se analisada a contratação de forma geral, como relação dinâmica, concordar que a cooperação é um mero ônus do credor e sua ausência implica apenas consequências ao credor no que toca aos riscos da mora, parece-nos um pouco simplista demais.

É evidente que aqui tratamos desse aspecto limitado da cooperação do credor e pode haver casos em que a compreensão desta como um ônus seja até cabível.

No entanto, vale comentar também que resta incompatível com a noção de ônus ou obrigação – comentada no tópico anterior – o direito ao ressarcimento dos danos que o devedor possa ter com a ausência de cooperação. Nesse sentido, aliás, Giovanni D'Amico não concorda com os demais doutrinadores italianos e demonstra a contradição entre a questão do ônus e o direito ao ressarcimento que poderia ter o devedor, sustentando que é incompatível com o conceito de ônus – que em tese geraria apenas a perda de um direito ou de uma situação de vantagem – uma possível consequência de ressarcimento.[408]

Por isso, como veremos mais adiante, será necessária uma análise casuística da necessidade de cooperação e, apenas em situações em que não haja outros prejuízos ao devedor, é que se poderia concordar com tal classificação, que determina apenas a perda de um direito ao credor.[409]

Como também se verá a seguir, pode haver casos em que, de fato, o interesse na cooperação não é razoável e justificado a ponto de transformar a cooperação em um dever anexo à outra parte. Interessante transcrever a conclusão sobre o tema de Thiago Luís Santos Sombra:

---

debitori e creditore divenuto incapace. Rivista Trimestrale di Diritto e Procedura Civile, ano LV, n. 2, Milano, Giuffrè, p. 309-320, giugno 2001.

[408] D'AMICO, Giovanni. Mancata cooperazione del creditore e violazione contrattuale, cit., p. 82.

[409] "Situações especiais, no entanto, podem redundar na existência de um dever. Nesses casos, o regime é o geral e também se poderá falar em culpa." (SILVA, Jorge Cesa Ferreira da. *Inadimplemento das Obrigações*, cit., p. 119.)

"Em linhas gerais, vale reafirmar que esta linha doutrinária, sustentada especialmente pelos autores italianos, conquanto hábil a demonstrar alguns aspectos técnicos que culminam com a identificação de uma situação jurídica subjetiva de ônus, padece do excessivo distanciamento da boa-fé e, por conseguinte, pela desconsideração de relevantes interesses do devedor. Afinal, é da essência do ônus não repercutir sobre a esfera patrimonial alheia, o que não se verifica quando o devedor suporta o peso da falta de cooperação do credor"[410].

4.1.3.1.3. Dever lateral de conduta

Por fim, tem-se a classificação de dever anexo derivado da boa-fé, que nos parece, como regra geral, ser a mais adequada, exceto para casos específicos como comentamos anteriormente. Thiago Luís Santos Sombra afirma que essa é a classificação de preferência dos portugueses, "os quais trabalharam com maior acuidade o tema da boa-fé objetiva ao longo dos anos"[411]. Como exemplo, Lilian C. San Martín Neira menciona as condutas de concordância do credor em receber o pagamento, a adoção de medidas para receber mercadorias, a concessão de um prazo de carência para cumprimento.[412]

Para essa classificação, vale destacar quais seriam os limites a exigir-se do credor na cooperação. A autora menciona que o credor se exonera de sua obrigação de cooperar quando esta obrigação lhe impuser um "apreciable sacrifício", em casos em que a cooperação teria um resultado muito oneroso ao credor.[413]

Concordamos com tal limitação, que é inclusive a que melhor se encaixa nas próprias construções do dever lateral derivado da boa-fé objetiva. A boa-fé objetiva, que cria à parte um dever de conduta, jamais poderia se compatibilizar com deveres que fogem à razoabilidade ou impõem ao credor do dever uma conduta que não se coaduna com a posição que dele normalmente se espera, com base naquele contrato específico e nos usos e costumes. Evidente, assim, que os deveres anexos não podem significar ao devedor a realização de providências muito onerosas ou desproporcionais a todo conteúdo contratual.

---

[410] SOMBRA, Thiago Luís Santos. *Adimplemento contratual e cooperação do credor*, cit., p. 122.
[411] SOMBRA, Thiago Luís Santos. *Adimplemento contratual e cooperação do credor*, cit., p. 121.
[412] NEIRA, Lilian C. San Martín. *Sobre la naturaleza jurídica de la 'cooperación'*..., cit., p. 288.
[413] NEIRA, Lilian C. San Martín. *Sobre la naturaleza jurídica de la 'cooperación'*..., cit., p. 289.

No entanto, após analisar as possíveis classificações para caracterizar a natureza jurídica da obrigação, Lilian C. San Martín Neira entende não ser possível criar-se uma regra geral; a cooperação do credor não teria uma natureza unitária porque ela depende do caso concreto e da forma como a ausência de cooperação atinge o devedor. A autora sustenta, ainda, que a cooperação terá contornos de ônus ao credor nas hipóteses em que a falta de cooperação não trouxer prejuízos ao devedor da cooperação.[414]

No mesmo sentido é a conclusão de Thiago Luís Santos Sombra, no sentido de que "serão apresentadas situações particulares em que se avultará mais nítida a adequação a um dado modelo, sem que isso importe, no entanto, a plena inviabilidade de identificação de outro em ocasião diversa"[415].

Ademais, a autora chilena, acima citada, afirma que nem todos os interesses são suscetíveis de exigência de cooperação da outra parte. Concordamos com isso, mas como discorreremos abaixo, entendemos que se o interesse não é suscetível de cooperação, isso significa que a parte contrária não possui o dever lateral de cooperar, justamente porque naquele caso concreto, portanto, eventual interesse da parte não é razoável e sério de forma suficiente a exigir da contraparte um dever de seu lado.[416]

Relembramos que nossa análise visa justamente estudar o dever de cooperação de forma ampla, por qualquer das partes do contrato. Assim, em nossa compreensão, se falamos em dever de cooperação é justamente porque ele nasce de uma legítima necessidade da outra parte para o eficiente cumprimento do contrato. Por essa razão, parece-nos mais sensato considerar o dever de cooperação decorrente dos deveres anexos e apreciar seus limites dentro da moldura da boa-fé, ou seja, não se podendo exigir da parte cooperação que fuja do razoável dentro daquilo que, naquela conformação contratual, é possível de se esperar.

4.1.4. Análise de casos práticos sobre o dever de cooperação

Nossa jurisprudência ainda caminha de forma lenta ao aplicar o dever de cooperação aos casos concretos. Entendemos que isso é natural na medida em que, embora a boa-fé objetiva já pudesse ser considerada um princípio

---

[414] NEIRA, Lilian C. San Martín. *Sobre la naturaleza jurídica de la 'cooperación'*..., cit., p. 323-324.
[415] *Adimplemento contratual e cooperação do credor*, cit., p. 119.
[416] NEIRA, Lilian C. San Martín. *Sobre la naturaleza jurídica de la 'cooperación'*..., cit., p. 323.

de nosso direito mesmo antes da promulgação do Código Civil de 2002, não há dúvida de que seus estudos e maior compreensão foram difundidos de forma mais efetiva após a positivação do princípio.

Nossos tribunais têm, desde então, começado a considerar a aplicação desse princípio na sua vertente de criação de deveres anexos. Especificamente a análise e a aplicação do dever de cooperação ainda nos parecem tímidas, mas imaginamos que a aplicação será cada vez maior, considerando inclusive as boas decisões já encontradas e abaixo citadas.

Frisamos que, neste tópico, vamos citar e comentar as decisões relativas especificamente ao dever de cooperação. Nos tópicos em que comentaremos outros deveres anexos, que entendemos de relevância e usuais na prática, também faremos considerações de como a jurisprudência tem aplicado tais deveres.

Iniciamos nossa análise com comentários ao julgamento do Recurso Especial nº 857.299-SC [417], pelo qual o Superior Tribunal de Justiça (doravante "STJ") entendeu que, empresa brasileira devedora de valor à empresa italiana não estaria em mora ao deixar de realizar o pagamento devido, na medida em que a empresa italiana não cooperou para possibilitar a remessa do valor à Itália, deixando de estar devidamente registrada no Banco Cen-

---

[417] Terceira Turma. Relator Ministro Paulo de Tarso Sanseverino. Julgado em 03.05.2011. Destacamos que todos os acórdãos extraídos do Superior Tribunal de Justiça podem ser acessados em <www.stj.gov.br>. Ademais, em caso de consumidor, mas que vale a pena ser citado, o STJ também entendeu pela necessidade de observação do dever de cooperação em situação na qual o Banco negativa o nome do devedor pela suposta ausência de pagamento da parcela, quando na verdade o devedor havia realizado o pagamento, mas por meio diverso daquele previsto em contrato. No entanto, o pagamento se deu dessa forma diversa pela inviabilidade de ser realizado com a utilização do boleto bancário apropriado. Interessante destacar os seguintes trechos do voto:
"Assim, parêmios como o popular 'quem paga mal paga duas vezes' cede, não raro, lugar a um debate calcado em novos deslindes do contrato e seus princípios orientadores.
(...)
Como corolário da subsunção da moldura fática apresentada aos comandos informativos das relações contratuais, mormente o princípio da boa-fé declinado no art. 4º, III, do CDC, impõe--se a conclusão de que a empresa-recorrente, quando determinou a realização do protesto em comento, vulnerou o princípio da boa-fé contratual consubstanciado, na hipótese, no dever anexo de cooperação, também chamado de obrigação de lealdade."
(Recurso Especial nº 595.631-SC. Terceira Turma. Relatora Ministra Nancy Andrighi. Julgado em 08.07.2004.)

tral do Brasil, o que era indispensável para a remessa dos fundos. Assim, o STJ não condenou a devedora em juros de mora, por entender que houve mora da credora em seu dever de cooperar.

Em outro acórdão, julgando litígio societário, o STJ manteve a resolução do acordo de acionistas por entender da seguinte forma:

> "ausência de confiança e quebra do dever de cooperação e lealdade entre as partes do acordo de acionistas de que se cuida, justificando a solução adotada pelas instâncias ordinárias. De concluir-se, portanto, que o acórdão que decretou a resolução do acordo de acionistas, fundando-se na quebra da *affectio societatis*, com alicerce na deslealdade e no conjunto de atitudes incompatíveis com o dever de cooperação, inclusive a vedação do acesso do representante da recorrida às dependências da Companhia, declarando, nessa linha, a inviabilidade da continuidade na vigência do ajuste, não pratica violação à lei federal de índole infraconstitucional, não logrando ser acolhido o apelo, no particular." [418]

O Tribunal de Justiça de São Paulo ("TJ-SP") também já decidiu algumas vezes pela necessidade de cooperação entre as partes. Em litígio envolvendo empreiteira e dona da obra, o TJ-SP entendeu pela resolução do contrato por impossibilidade, sem culpa do devedor, no caso a empreiteira, tendo em vista que a dona da obra não providenciou licença na prefeitura, sem a qual a obra não poderia prosseguir:

> "Houve quebra do dever de cooperação mútua e a autora, dona da obra, deixou de se manifestar sobre a necessidade de alteração no projeto inicial e, por isso, também não poderia exigir da empreiteira a repetição integral do que pagou, sob pena de enriquecimento sem causa. Foi correta a decisão da I. MM. Juíza de Direito que considerou resolvida a obrigação, pois a prestação do fato tornou-se impossível sem culpa do devedor. As partes tinham conhecimento de que execução do projeto poderia sofrer alterações, diante das peculiaridades do tipo do serviço contratado: reforma da fachada de prédio antigo. A colaboração de ambas as partes era indispensável à realização da obra. Como as partes ao mesmo tempo são vencedoras e vencidas, não há

---

[418] Recurso Especial nº 388.423-RS. Quarta Turma. Relator Ministro Sálvio de Figueiredo Teixeira. Julgado em 13.05.2003.

porque se modificar o regime sucumbencial, motivo pelo qual, também nesse tópico, a sentença fica mantida tal como lançada"[419].

Em ação envolvendo franqueada e franqueadora, o TJ-SP entendeu pelo nível de cooperação elevado em tais contratos, dada sua característica associativa, condenando a franqueadora a indenizar a franqueada, tendo em vista que a primeira possibilitou que grande rede de supermercados vendesse produtos seus, a uma distância de menos de 200 metros da loja da franqueada, e, ainda, por preços muito menores que os praticados pela franqueada.[420]

Vale, ainda, citar decisão sobre prestação de serviços de implementação de software, na qual o TJ-SP reconheceu a falta de cooperação da cliente para com a prestadora dos serviços, o que impossibilitou a correta entrega do quanto contratado:

> "Afirmou que os funcionários da ré, por receio de perderem o emprego, em face da eficiência do programa, que poderia substituir mão-de-obra humana, provavelmente não forneceram dados corretos e não colaboraram para a implantação e funcionamento do programa"[421].

No entanto, o Tribunal acabou reconhecendo culpa recíproca das partes e entendeu que cada uma deveria arcar com seus prejuízos face ao insucesso do projeto. Interessante, porém, notar que, mesmo não se discutindo no acórdão se havia ou não cláusula expressa no contrato determinando a forte colaboração da cliente com a prestadora dos serviços, essa questão restou pacífica, com a compreensão de que fora inadimplido o dever de cooperação, fato este que ficou expresso na ementa do acórdão.[422]

---

[419] Apelação nº 9276980-70.2008.8.26.0000. 25ª Câmara de Direito Privado. Relator Desembargador Amorim Cantuaria. Julgado em 03.08.2011. Todos os acórdãos do TJ-SP podem ser acessados em <www.tjsp.jus.br>.

[420] Apelação nº 7341349-1. 21ª Câmara de Direito Privado. Relator Desembargador Gilberto dos Santos. Julgado em 14.05.2009.

[421] Apelação No. 992495- C/3. 25ª Câmara de Direito Privado. Relator Desembargador Amorim Cantuaria. Julgado em 30.09.2008.

[422] "Prestação de serviços – informatização e implantação de sistema SAP R/3 – cobrança de honorários – alegação de nulidade da sentença "extra petita" – questão prejudicada ante o resultado do apelo – rescisão contratual – culpa de ambas as litigantes em grau equivalente –

Em julgados relativos a títulos levados a protesto e pedido de indenização por protesto indevido, entendeu o TJ-SP que o devedor, depois de ter seu nome levado a protesto, tem a obrigação de informar o credor quando realiza o pagamento de modo diferente do indicado, para que, aí sim, o credor tenha a obrigação de retirar o título do protesto. Caso contrário, o devedor falta com seu dever de cooperação e não pode, por conseguinte, exigir indenização pelo período em que ficou negativado, mesmo após pagar a dívida.[423]

Em acórdão que trata de manutenção de fiança em contrato de locação, o TJ-SP sustentou que o parcelamento de dívidas, frequente nos contratos de locação, estaria "compreendido no dever de cooperação e solidariedade que o credor tem em face da boa-fé objetiva exigida em todos os

vulneração do dever contratual de cooperação – empregados da ré que resistiram ao processo de informatização e prejudicaram o desenvolvimento do projeto, fato que não a exonera do dever de pagar pelos serviços efetivamente prestados – culpa da locadora dos serviços ao frustrar as expectativas da locatária prometendo um sistema de informática não compatível com a atividade da cooperativa – excesso de adaptações do programa de informática que acabaram por descaracterizá-lo – não incidência do princípio 'exceptio non adimpleti contractus' – inexistência de crédito a nenhum dos litigantes.
As provas dos autos revelam que houve culpa reciproca tendo as partes falhado no cumprimento de suas obrigações contratuais. O conjunto probatório, especialmente a prova científica, convence que para que os serviços prestados pela consultoria chegassem a bom termo, seria imprescindível que a Cooperativa se empenhasse, por meio de seus funcionários, no fornecimento das informações indispensáveis a customização do programa, quanto na remoção de obstáculos operacionais na implantação do novo sistema de gerenciamento.
Por sua vez, o diagnóstico, com soluções apontadas pela empresa de Consultoria, foi falho no desconsiderar o nível de real aderência dos recursos standard do SAP R/3 aos processos operacionais da Cooperativa, tanto que no curso do desenvolvimento dos trabalhos passou a utilizar outra linguagem, de molde a contrariar a proposta inicial de otimizar os recursos do sistema SAP R/ 3.
Inegável a frustração das expectativas da Cooperativa, diante dos 'benefícios da solução Plaut' prometidas pela locadora de serviços, porém não confirmadas, e a falta de cooperação do 'time da contratante', fatos que configuram a culpa recíproca pela rescisão ocorrida e foram motivos determinantes para que a fase 1 não terminasse.
Disso decorre que ambas as partes deverão suportar, em partes iguais, as conseqüências do rompimento da avença."
[423] Apelação No. 169.006-4/6-00. 3ª Câmara "A" de Direito Privado. Relator Desembargador Enéas Costa Garcia. Julgado em 03.07.2005; Apelação No. 174.052-4/7-00. 3ª Câmara "A" de Direito Privado. Relator Desembargador Enéas Costa Garcia. Julgado em 18.11.2005.

contratos"[424]. Não concordamos com tal afirmação. Para nós, o parcelamento da dívida do locatário nada mais é do que uma liberalidade do locador, que não está legalmente obrigado a aceitar atrasos ou parcelamentos, se não quiser. Entendemos que existe aí uma utilização indevida do termo "dever de cooperação" e sua utilização como sinônimo de solidariedade, com o que tendemos a não concordar. Para os fins específicos do acórdão, a menção ao "dever de cooperação" foi feita muito mais para denotar uma situação corriqueira na qual o locador coopera com o locatário aceitando um parcelamento, para que então se avaliasse o cerne da questão que era a manutenção da fiança.

Muito embora o ponto central do acórdão seja outro, pela natureza da obrigação que o TJ-SP impôs ao credor, trata-se muito mais do que um dever anexo de conduta, mas de fato uma obrigação de aceitar condições de pagamento diferentes das inicialmente acordadas, sem que haja justificativa plausível para tanto. Para nós é muito claro que o dever de cooperação é um dever de conduta derivado do princípio da boa-fé objetiva, que determina certo comportamento de uma das partes, visando ao cumprimento integral e eficiente do programa contratual. Nada tem a ver com aceitação de atrasos no pagamento ou parcelamento da dívida, na medida em que esta é uma conduta que não pode legitimamente se esperar do credor.

Assim, a análise do caso concreto deve ser rigorosa para que se observem a correta interpretação da questão e o efetivo papel dos deveres anexos de conduta derivados da boa-fé. Não se pode, sob pena de prejudicar a correta utilização de instituto de grande valia, banalizar a questão e entender-se que o dever de cooperação extrapola limites de razoabilidade, como já dissemos acima, considerando-se uma conduta objetiva que se pode esperar de qualquer contratante naquela mesma situação fática.

---

[424] "Locação. Despejo. Execução. Acordo judicial para parcelamento da dívida. Ausência de participação do fiador embargante. Irrelevância. Alegação de novação. Descabimento. Ausência do ânimo de novar. Segunda obrigação que confirma simplesmente a primeira. Inteligência do art. 361 do Código Civil. Esse parcelamento, muito freqüente nos contratos de locação, está compreendido no dever de cooperação e solidariedade que o credor tem em face da boa-fé objetiva exigida em todos os contratos. Somente pode extinguir a fiança quando comprovado que o ajuste causou agravamento da situação do fiador, o que não ocorreu no caso. Alegação de bem de família. Impossibilidade. Exceção prevista no art. 3o, VII, da Lei nº 8.009/90. Recurso improvido." (Apelação No. 1198045-00. 26ª Câmara de Direito Privado. Relator Desembargador Carlos Alberto Garbi. Julgado em 01.09.2008.)

4.2. Dever de informar

Conforme já mencionamos anteriormente, uma das possíveis vertentes do dever de cooperação se dará pelo dever de informar. Como afirma Rúben Stiglitz, o dever de informar é uma obrigação legal, fundada em uma regra acessória, cujo conteúdo consiste em cooperar.[425]

Não pretendemos aqui esgotar o assunto – que, aliás, por si só e seus contornos controvertidos poderia render uma tese inteira, inclusive considerando-se a importância do dever de informar na fase pré-contratual e contratual –, mas apenas discorrer sobre um dos deveres anexos de conduta mais usuais na análise do tema, chamando a atenção para a forma com que o dever se concretiza, sua aplicação e limites a ser observados.[426]

Assim como sustentamos nesta tese que o dever de cooperação tem como função permitir a plena satisfação do contrato, o mesmo ocorrerá com o desdobramento do dever de cooperação em dever de informação[427], cuja função será a fruição do contrato pelas partes em um nível ótimo.

De fato, em diversas situações caberá a algum dos contratantes informar o outro sobre algum aspecto que tornará a execução de alguma obrigação contratual mais eficiente ou mesmo fará com que o credor da prestação tenha um aproveitamento maior da prestação em razão da informação. Isso sem contar o fato de o dever de informar ser indispensável também na fase pré-contratual, já que em tal fase a informação pode ser fator decisivo para que a parte decida seguir ou não com a contratação.

A informação é, sem dúvida, um bem dos mais preciosos que pode existir, dependendo de suas feições e características, e comporta detida análise quanto a sua própria natureza e aspectos relacionados à sua utilização.[428]

---

[425] STIGLITZ, Rúben S. La obligación precontractual y contractual de información. El deber de consejo. *Revista de Direito do Consumidor*, São Paulo, n. 22, p. 9-25, abril/junho, 1997, p. 12.

[426] Para uma análise detalhada do dever de informação ver: FABRE-MAGNAN, Muriel. *De l'obligation d'information dans les contrats: essai d'une theorie*, cit.

[427] FABRE-MAGNAN, Muriel. *De l'obligation d'information dans les contrats: essai d'une theorie*, cit., p. 350-351.

[428] Para uma análise mais detida sobre a informação e seus aspectos econômicos, ver o seguinte artigo: STIGLER, George J. The economics of information. *The Journal of Political Economy*, Volume 69, Issue 3, p. 213-225, Jun. 1961, Disponível em <http://home.uchicago.edu/~vlima/courses/econ200/spring01/stigler.pdf>. Acesso em 06.03.2013. Sobre os aspectos jurídicos do contorno patrimonial da informação, interessante consultar FABRE-MAGNAN, Muriel. *De l'obligation d'information dans les contrats: essai d'une theorie*, cit., p. 72-73.

Não entraremos em uma análise mais detida da informação em si e seus impactos nas contratações e relações comerciais como um todo[429], mas apenas relembramos que, como já mencionado, a assimetria de informação é justamente um dos problemas dos contratos, e principalmente dos contratos de longo prazo, que tendem a ser incompletos pela racionalidade limitada das partes e pela assimetria de informação.

Para o Direito e Economia seria uma verdadeira finalidade do Direito Contratual "incentivar a revelação eficiente de informações dentro da relação contratual".[430] A informação "desempenha papel relevante nos negócios jurídicos em geral, especialmente quando concernente ao objeto do contrato ou aos atributos das partes em relação ao cumprimento das obrigações"[431].

Sendo um dever anexo de conduta, como já comentado, a concreção do dever de informar ocorrerá durante o desenrolar do programa contratual e ele não estará previsto de forma expressa no contrato. Assim, o dever anexo de conduta relativo à informação se diferencia daquele dever de informar que já vem expresso no contrato, por uma necessidade já conhecida de antemão pelas partes, ou na lei, como característica intrínseca daquele contrato específico. O dever de informar previsto no contrato ou na lei é um dever secundário, acessório (não denominado acessório ou anexo "de conduta"), decorrente da expressa vontade das partes, que já dispuseram sobre suas características e ocasião em que será devido, ou do próprio comando legislativo.

Essa distinção se faz importante porque pode haver algum tipo de confusão do intérprete na hora de distinguir uma obrigação de informar já expressamente prevista pelas partes daquela que nasce da boa-fé objetiva e não está escrita em nenhum lugar, exceto na cláusula geral de boa-fé do Código Civil (artigo 422). Além disso, é importante destacar que existem determinados contratos que possuem a informação como um dos deveres principais, primários. Tais são os contratos de consultoria e até mesmo alguns serviços de advocacia.

---

[429] Para análise sobre a assimetria de informação e seus impactos: AKERLOF, George A. The Market for «Lemons»: Quality Uncertainty and the Market Mechanism. *The Quarterly Journal of Economics*, Vol. 84, No. 3., p. 488-500, Aug. 1970.

[430] COOTER, Robert; ULEN, Thomas. *Direito & Economia*, cit. p. 213.

[431] SOUZA, Thelma de Mesquita Garcia e. *O dever de informar e sua aplicação ao contrato de seguro*, cit., p. 33.

O CDC contém obrigações específicas do fornecedor quanto a seu dever de informar. Igualmente tais obrigações não se tratam de dever acessório de conduta do fornecedor. Por ser um dever expresso em lei, enquadra-se justamente nas obrigações legais previstas pelo Código de Defesa do Consumidor, que se baseou fortemente nos ditames da boa-fé para impor obrigações ao fornecedor. Isso não quer dizer, porém, que o dever anexo de conduta de informar não se verifique igualmente nos contratos de consumo. Sem dúvida, nos contratos de consumo as partes também podem estar sujeitas a deveres anexos de informar, sem prejuízo das menções já existentes no CDC – como pode ocorrer, por exemplo, no caso de um contrato de seguro regido pelo CDC, em que o próprio consumidor terá deveres de informação rígidos a ser cumpridos.

Analisando o dever de informar na esfera de consumo, Teresa Ancona Lopez afirma que tal dever "está diretamente ligado aos princípios da transparência e da veracidade e ambos são manifestações da conduta da boa-fé"[432].

Como todo dever lateral de conduta, por não haver expressa previsão de sua ocorrência e aplicação, muitas vezes há dificuldades das partes e do intérprete em averiguar se aquela determinada conduta era mesmo esperada da parte.

Assim, pode surgir dúvida quanto à extensão da informação a ser fornecida e em quais circunstâncias espera-se da parte contratante que ela forneça a informação.[433] Além do que, é importante destacar que o dever de informar não deve assumir caráter absoluto, já que muitas vezes a assimetria de informação não é nociva. Há inclusive situações em que a assimetria é desejada ou esperada, tal como em casos de contratações de consultoria ou até mesmo consultas médicas. O consultor ou o médico não devem informar absolutamente tudo ao cliente ou paciente, mas apenas aquilo que é relevante especificamente para a situação em questão.

Nesse sentido, Gilberto Bergstein observa que o excesso de informação "poderá ser um verdadeiro óbice ao efetivo desenvolvimento da autode-

---

[432] LOPEZ, Teresa Ancona. *Nexo Causal e Produtos potencialmente Nocivos – a Experiência Brasileira do Tabaco*. São Paulo: Quartier Latin, 2008, p. 87.

[433] COLLINS, Hugh. Implied Duty to Give Information During Performance of Contracts. *The Modern Law Review*, 55, p. 556-562, July 1992, p. 556. Disponível em <heinonline.org>. Acesso em 06.03.2013.

terminação do paciente", sendo que o exagero na informação, por meio de informações "irrelevantes, desimportantes e incompreensíveis", possui um efeito negativo; o paciente munido de uma quantidade absurda de informações não consegue absorvê-las e as rejeita ou ignora.[434]

O mesmo pode ocorrer com facilidade nos casos de contrato de consumo. Nesses casos, se o consumidor recebe uma quantidade tamanha de informações que não consegue nem sequer processar, estar-se-á diante de uma violação ao dever de informar, já que "a limitada racionalidade humana, faz com que a transferência de um grande volume de informação ao consumidor importe no descumprimento do dever de informar por parte do fornecedor, pois este é incapaz de receber e processar muita informação".[435]

Dessa forma, o contratante deve informar à outra parte aquilo que for útil e relevante, seja para que a outra parte possa cumprir sua obrigação de forma mais eficiente, seja para que a outra parte possa retirar a maior utilidade da prestação que foi recebida de quem detinha a informação. Assim, por exemplo, em um contrato de fornecimento de equipamentos industriais, caso haja qualquer alteração no equipamento fornecido, ainda que não haja impacto negativo na utilização de tal equipamento por seu cliente (o outro contratante), o fornecedor deve lhe informar a melhor forma de utilização de tal novo equipamento, considerando que o cliente estava acostumado a utilizar o equipamento antigo, que sofreu modificações. Dessa forma, o cliente poderá ter a melhor utilização possível do produto.

Elevando o exemplo a outro nível, tem-se eventual modificação no equipamento que, se não manejado de forma específica, pode trazer risco ao cliente. Assim, igualmente, com base no dever de cuidado e proteção, o fornecedor deve informar seu cliente das alterações ocorridas e da melhor forma de utilizar o equipamento, inclusive para evitar os riscos.

Christoph Fabian observa que nos contratos de longo prazo podem surgir deveres anexos de informar específicos, especialmente quando ocorrerem modificações da prestação, de modo a assegurar a "realização ótima da obrigação". Segundo ele, "quem vende por longo tempo sem-

---

[434] BERGSTEIN, Gilberto. *A informação na relação médico-paciente*. São Paulo: Saraiva, 2013, p. 143.
[435] MARZAGÃO, Nelcina C. de O. Tropardi. *Da informação e dos efeitos do excesso de informação no direito do consumidor*. Tese (Doutorado) – Faculdade de Direito, Universidade de São Paulo, São Paulo, 2005, p. 205.

pre o mesmo produto ao comprador, deve informar, sobre alterações do produto, para que o comprador possa preparar-se com antecedência e da melhor forma possível".[436]

A informação a ser fornecida não pode ser aquela que traria vantagem comercial à parte que vai recebê-la sem nenhum benefício à contraparte. Caso essa informação tenha um valor comercial, ou econômico, aferível, pode-se questionar se, de fato, essa informação deve ser fornecida com base no dever anexo de conduta.

Igualmente, a informação a ser fornecida não pode ser aquela pela qual a parte que vai fornecê-la teve um custo considerável para obter ou, eventualmente, um custo que em nada se relaciona com o contrato e com os benefícios econômicos retirados do contrato.

Dessa forma, Hugh Collins afirma que a informação que pode ser exigida do contratante decorrente de um dever anexo de conduta é aquela já possuída ou que pode ser possuída por meios triviais, sem que a parte incorra em custos de transação para poder fornecer a informação.[437] O autor ainda cita o interessante exemplo da compra e venda de produto para exportação; se o vendedor deve adquirir uma licença de exportação, cabe ao comprador informá-lo corretamente sobre o destino da mercadoria e outras informações necessárias para a obtenção da licença.[438]

Ignazio Tardia reitera que é necessário sempre interpretar-se a cláusula geral da boa-fé que gera o dever de informar em conformidade com o setor e com a disciplina específica do contrato em análise.[439]

Ainda, o autor defende que o direito a ser informado não justifica a inércia do contratante em não ser diligente e não obter a informação por outros meios. A diligência vem como limite da extensão do dever de informar de uma parte em confronto com a outra.[440]

---

[436] FABIAN, Christoph. *O dever de informar no direito civil*. São Paulo: RT, 2002, p. 127.

[437] COLLINS, Hugh. Implied Duty to Give Information During Performance of Contracts, cit., p. 559 e 562.

[438] COLLINS, Hugh. Implied Duty to Give Information During Performance of Contracts, cit., p. 561.

[439] TARDIA, Ignazio. Buona fede ed obblighi di informazione tra responsablitiá precontrattuale e responsabilitá contrattuale. *Rassegna di diritto civile*, Napoli, n. 3, p. 724- 776, 2004, p. 728.

[440] TARDIA, Ignazio. Buona fede ed obblighi di informazione tra responsablitiá precontrattuale e responsabilitá contrattuale, cit., p. 738.

O limite do dever de informar se verifica justamente na lógica de mercado, e Ignazio Tardia explica a importância da Análise Econômica do Direito, que determina que, se a informação é adquirida de forma onerosa pela parte, esta não tem o dever de divulgar à outra parte. Ademais, o autor também sustenta que informações essenciais ao negócio devem ser divulgadas, para que a contraparte possa ter o mesmo nível de informação da outra e a melhor utilidade da prestação ou a mais eficiente forma de cumprir sua obrigação. A essencialidade dependerá do contexto contratual, podendo ser técnica ou até mesmo algo mais subjetivo, se for o caso.[441]

Eduardo Tomasevicius destaca que "os deveres de aviso e notificação são expressões significativas do dever de cooperar", já que contribuem para que seja cumprido o programa contratual, possibilitando à parte orientar sua conduta e propiciando assim o adimplemento. Para o autor, os deveres de alertar sobre perigos também "são exemplos do dever de cooperação", já que, ao transmitir tais informações, o contratante está cooperando para a integridade física e psíquica da parte, evitando danos e custos de transação.[442]

Anne-Sophie Lavefve Laborderie, ao analisar os contratos de longa duração, observa que, em tais contratos, o contexto das partes e do ambiente do negócio influenciam na forma de sua execução. Assim, as partes se encontram sob uma obrigação de cooperação que, com base no entendimento jurisprudencial do artigo 1134, alínea 3, do Código Civil francês, convida as partes a levar em conta o interesse do outro contratante, de modo a determinar o conteúdo da obrigação de informar. Nesse sentido, ela cita exemplo de um contrato de fornecimento de aquecimento, de longo prazo, no qual a companhia de gás da França informou os proprietários do estabelecimento, que se utilizavam dos serviços de aquecimento, sobre uma modificação vantajosa na tarifa apenas um ano e meio após tal modificação ter entrado em vigor. Ao julgar o caso, a Corte concluiu que a companhia de gás violou o dever de informação e conselho, já que não basta apenas informar, mas a informação deve estar de acordo

---

[441] TARDIA, Ignazio. Buona fede ed obblighi di informazione tra responsablitiá precontrattuale e responsabilitá contrattuale, cit., p. 743.
[442] TOMASEVICIUS FILHO, Eduardo. Informação assimétrica, custos de transação, princípio da boa-fé, cit., p. 409.

com o melhor interesse da outra parte, de modo que o retardamento da informação violou essa premissa.[443]

Ademais, a informação a ser fornecida deve ser aquela que a parte tenha, por ela própria, em razão de seus conhecimentos técnicos ou de sua própria posição[444], mas vale também ressaltar que o devedor da obrigação de informar, ainda que não possua o efetivo conhecimento sobre o assunto para transmitir ao credor da informação, muitas vezes tem a obrigação de se informar para poder informar o credor. Isso se destaca ainda mais quando o devedor da obrigação de informar é experiente no campo da informação. Sendo ele expert ou devendo conhecer aquele assunto, deve fornecer as informações corretas e completas ao credor, até porque certamente o devedor expert poderá compreender melhor as informações, filtrá-las, se necessário, e passá-las ao credor da informação da forma mais adequada possível àquele negócio específico que está sendo entabulado ou executado pelas partes.[445]

Muriel Fabre-Magnan sustenta ainda, sobre a extensão do dever de informar, que o contratante não tem a obrigação de informar aquilo que é de conhecimento geral.[446]

O dever de informação não pode ir de encontro a outros direitos. Assim, a empresa que tem direito ao sigilo empresarial não pode ser obrigada a fornecer informações à contraparte que estejam associadas aos seus negócios de forma que sua divulgação poderia ter impacto em sua atuação no mercado.[447] Nos casos em que houver dúvida sobre a extensão do limite do dever de informar, especialmente quando ele esbarrar em tais casos,

---

[443] LABORDERIE, Anne-Sophie Lavefve. *La Pérennité Contractuelle*, cit., p. 295. A autora não menciona qual teria sido a sanção à companhia de gás pela falta de informação. Podemos imaginar ter sido eventual ressarcimento dos valores que os proprietários do estabelecimento pagaram a mais pela tarifa. Em nosso direito tal exemplo possivelmente recairia sobre o Direito do Consumidor, que possui fortes regras sobre o dever de informar.

[444] FABRE-MAGNAN, Muriel. *Droit des obligations (1- Contrat et engagement unilatéral)*. 3ª ed. Paris: Presses Universitaires de France, 2012, p. 498-499.

[445] Nesse sentido, Nelcina C. de O. Tropardi Marzagão, sustenta que "o dever de se informar fundamenta-se no conceito de boa-fé contratual que pressupõe a cooperação entre as partes que devem se ajudar no adimplemento da obrigação. Isto significa que existem situações em que o credor da informação deverá buscá-la para facilitar a dinâmica da obrigação." (*Da informação e dos efeitos do excesso de informação no direito do consumidor*, cit., p. 184.)

[446] FABRE-MAGNAN, Muriel. *Droit des obligations (1- Contrat et engagement unilatéral)*, cit., p. 499.

[447] FABIAN, Christoph. *O dever de informar no direito civil*, cit., p. 162.

como o direito ao sigilo empresarial, deve-se sempre levar em conta que, decorrente da boa-fé objetiva que o é, o dever de informação não pode ultrapassar juízos de razoabilidade e de conduta esperada do contratante.

Ademais, o dever de informação também deve ser considerado tendo em vista todas as peculiaridades da contratação específica, as condições das partes, as circunstâncias do caso concreto. Não se pode exigir do contratante mais do que realmente seria razoável esperar-se naquelas condições específicas, justamente porque isso não se coaduna com a boa-fé objetiva. Nos contratos empresariais e nas relações entre profissionais, é evidente que a análise do dever de informação deve observar a capacidade técnica das partes e o que é efetivamente esperado que um contratante forneça ao outro, não sendo razoável esperar-se dos empresários uma postura ingênua, que acabe por premiar condutas oportunistas. A dosagem do dever de informar não é fácil e deve ser feita com base nos usos e costumes, na boa-fé em sua função interpretativa e na análise das particularidades daquela relação particular.

Ricardo Lupion Garcia afirma que em contratos empresariais o dever de informação (assim como os deveres anexos como um todo, na tese do autor) ficaria mitigado "pelos padrões de cuidado e diligência dos administradores da empresa no momento da celebração do contrato, considerando os elevados níveis de informação que possuem (ou deveriam possuir) para a adequada avaliação das condições do contrato"[448]. Não podemos concordar com a tese que o autor desenvolve sobre a mitigação dos deveres de conduta nos contratos empresariais. Em nossa opinião, o correto é sempre interpretar os contratos de acordo com suas peculiaridades, sendo que, em contratos empresariais, o padrão, o *standard* da boa-fé será bem diferente do padrão daqueles contratos que envolvem pessoas físicas (os chamados contratos existenciais[449]). Isso não quer dizer que os deveres anexos de

---

[448] GARCIA, Ricardo Lupion. *Boa-fé objetiva nos contratos empresariais: contornos dogmáticos dos deveres de conduta*. Porto Alegre: Livraria do Advogado, 2011, p. 160.

[449] Segundo Antonio Junqueira de Azevedo, a boa-fé objetiva: "é muito maior entre os contratos que batizamos de 'contratos existenciais' (os de consumo, os de trabalho, os de locação residencial, de compras da casa própria e, de uma maneira geral, os que dizem respeito à subsistência da pessoa humana) do que entre os 'contratos empresariais'. Essa nova dicotomia, que defendemos, 'contrato existencial/contrato empresarial', é, ao nosso ver, a verdadeira dicotomia contratual do século XXI. Por força da renovação dos princípios contratuais e da freqüência de sua concretização, não se pode mais empregar a palavra 'contrato' sem consciência dessa nova

conduta ficam mitigados em contratos empresariais, mas que sua aferição e forma de interpretação e gradação devem ser consideradas de maneira diferenciada, com base nas características próprias do contrato empresarial.

O mesmo autor assume, porém, que se houver desigualdade das partes, assimetria de informação ou dependência econômica entre as partes, os deveres de conduta voltarão a "prevalecer diante da necessidade da proteção do equilíbrio e das forças contratuais"[450]. Em nossa opinião, muito mais acertado do que sustentar-se a mitigação do dever de informação (ou de qualquer outro dever de conduta) é justamente dar-se o tratamento adequado para a situação específica, sempre com base nos usos e costumes e na boa-fé interpretativa.

Fazemos agora uma breve análise de julgados sobre o dever de informação para podermos dar maior concretude às nossas considerações e verificar se a forma como a jurisprudência tem aplicado tais regras se coaduna com o que sustentamos até aqui, bem como verificar se os julgados de alguma forma atrelam o dever de informar com o dever de cooperação. Obviamente nossa análise não é exaustiva, mas apenas possui o viés de comentar e destacar alguns acórdãos que entendemos mais interessantes.

O STJ, ao analisar caso em que investidores invocaram a inobservância do dever de informação em razão de perdas em suas aplicações financeiras, mesmo aplicando o CDC ao processo, entendeu que, pela qualificação dos investidores, não haveria que se falar em falta de informação sobre os riscos, não admitindo a tese de prestação de serviço defeituoso pelo fundo de investimento.[451] Aqui claramente se verifica uma análise bastante voltada para as condições específicas dos investidores e modulação do dever de informação de acordo com as características do caso concreto.

Em outro caso também julgado com base no CDC, o STJ entendeu pela responsabilização objetiva da instituição de ensino superior pelo descumprimento do dever de informar seus alunos de que não estaria inscrita no MEC, impossibilitando-os assim de exercer a carreira de advogado:

---

dicotomia; ela é operacional e está para o século XXI, como a de 'contrato paritário/contrato de adesão' esteve para o século XX." (AZEVEDO, Antonio Junqueira de. *Novos estudos e pareceres de direito privado*, cit., p. 356.)

[450] GARCIA, Ricardo Lupion. *Boa-fé objetiva nos contratos empresarias: contornos dogmáticos dos deveres de conduta*, cit., p. 176.

[451] REsp 1.214.318-RJ. Terceira Turma. Relator Ministro Sidnei Beneti. Data do Julgamento 12.06.2012.

"A instituição de ensino que oferece curso de bacharelado em Direito sem salientar a inexistência de chancela do MEC, resultando na impossibilidade de aluno, aprovado no exame da OAB, obter inscrição definitiva de advogado, responde objetivamente, nos termos do art. 14 do CDC, pelo descumprimento do dever de informar, por ocultar circunstância que seria fundamental para a decisão de se matricular ou não no curso"[452].

Interessante notar, pelo trecho acima transcrito da ementa de referido acórdão, que pela menção à decisão do aluno de se matricular ou não no curso, parece que o dever de informar a que o STJ faz alusão seria o da fase pré-contratual, já que seria aspecto decisivo para que o aluno decidisse seguir com a contratação.

Muito embora tais acórdãos sejam de casos que foram julgados com base no CDC e em suas peculiaridades com relação ao dever do fornecedor de informar, entendemos interessante sua breve análise, para que possa ser possível verificar como casos de dever de informação estão sendo julgados pelo STJ. Ademais, até a data desta pesquisa, não se verificou a existência de processos julgados no STJ sobre dever de informar em contratos civis ou comerciais.

Em julgado do antigo 2º Tribunal de Alçada Civil de São Paulo, o Tribunal considerou ser parte do dever de informação dos locadores fornecer informações sobre as restrições de uso e destinação do imóvel naquele local específico, considerando que restou comprovado que os locadores sabiam efetivamente de tais restrições e não as informaram à locatária. Assim, tendo os locadores silenciado e não informado a locatária, o Tribunal entendeu que houve descumprimento do "dever de cooperação, de colaboração, que os obrigava a alertar a respeito de eventuais restrições (...), dever este consistente na boa fé objetiva", isentando a locatária de multa contratual pela resolução do contrato e mantendo apenas a condenação da locatária no pagamento de aluguéis devidos pelo período que o imóvel foi utilizado.[453]

---

[452] REsp 1.121.275-SP. Terceira Turma. Relatora Ministra Nancy Andrighi. Data do Julgamento 27.03.2012. Vale citar também acórdão que determinou a responsabilização de laboratório por não informar o paciente sobre a possibilidade de falso negativo em teste de HIV: REsp 707.541-RJ. Quarta Turma. Relator Ministro Hélio Quaglia Barbosa. Data do Julgamento 12.12.2006.
[453] 2º Tribunal de Alçada Civil do Estado de São Paulo. Apelação Com Revisão nº 732.361-0/0. 1ª Câmara de Direito Privado. Relator Des. Aguilar Cortez. Julgado em 10.02.2004.

O Tribunal de Justiça do Rio Grande do Sul ("TJ-RS") entendeu que o médico faltou com seu dever de informar a paciente, que se submeteu à cirurgia plástica, dos riscos de resultado diverso do pretendido. Assim, decidiu aquele Tribunal que:

> "Uma vez demonstrado nos autos o descumprimento, pelo cirurgião médico demandado, do dever de informar à autora acerca dos riscos do serviço por aquele oferecido, e verificadas imperfeições decorrentes da intervenção cirúrgica de lipoaspiração, concernentes na assimetria das mamas e do abdômen, resta caracterizada a violação positiva do contrato, por descumprimento do dever anexo (Nebenpflichten) de informação, o qual, em se tratando de relação de consumo, encontra previsão expressa no art. 30 do CDC. Corolário lógico é o cabimento da indenização por prejuízo extrapatrimonial da espécie dano estético"[454].

O mesmo TJ-RS, ao julgar ação em que o comprador de um posto de gasolina requereu o desfazimento do negócio e a devolução de sinal dado como princípio de pagamento, entendeu ter havido:

> "descumprimento do dever de informação por parte do apelante que, na condição de vendedor, omitiu dolosamente dos compradores informações essenciais sobre o funcionamento do posto de gasolina que, se ofertadas, fariam com que o negócio não se realizasse. O princípio da boa fé tem fundamento ético, constituindo também, um dever jurídico, estando implícito neste princípio a lealdade contratual, e por via reflexa, o dever de informar"[455].

Assim, o comprador viu-se no direito de ser ressarcido, porque o vendedor não havia informado que o posto havia tido seu pedido de licença ambiental indeferido, o que inviabilizaria ou dificultaria em muito a manutenção do estabelecimento. O acórdão narrado utiliza o dever de informação decorrente da boa-fé objetiva como único fundamento para a

---

[454] Apelação Cível nº 70029885506. Sexta Câmara Cível. Relator Desembargador Liege Puricelli Pires. Julgado em 02.09.2010. Todos os acórdãos citados do TJ-RS podem ser consultados em <http://www.tjrs.jus.br/site/>.

[455] Apelação Cível nº 70050839265. Vigésima Câmara Cível. Relator Desembargador Carlos Cini Marchionatti. Julgado em 26.09.2012.

procedência do pedido de desfazimento do negócio. No entanto, parece-nos também ser cabível aqui a figura do dolo, que se invocada poderia ser causa suficiente para a anulação do negócio, nos termos do artigo 145 do Código Civil[456], com a mesma consequência prática da devolução do sinal.[457]

Ainda, o TJ-RS julgou ação na qual uma empresa pedia indenização à empresa de lista telefônica porque a empresa de lista havia colocado o anúncio da autora em determinada posição na lista telefônica, deixando em destaque logo na sequência o anúncio da principal concorrente da autora, em detrimento do seu. Decidiu o Tribunal que:

> "O fato de a requerente ter contratado anúncio destacado, em local estratégico da lista telefônica, sem ter sido previamente comunicada sobre a dobra do encarte, o que já era do conhecimento da contratada na época, atinge o dever de informar. Informação indispensável à formação do ajuste. Dever de lealdade igualmente não observado ao tolerar que a principal concorrente da demandante anunciasse na página anterior e posterior à dobra, permitindo anúncio destacado desta. Conduta que caracterizou o mau cumprimento do contrato, autorizando sua rescisão" [458].

---

[456] "Art. 145. São os negócios jurídicos anuláveis por dolo, quando este for a sua causa."

[457] João Ricardo Brandão Aguirre também cita exemplo prático em que caberia a anulação de contrato por dolo, no qual se sustenta, porém, que a indenização por perdas e danos teria como fundamento a violação de dever anexo de informar, demonstrando assim a linha tênue que existe entre o dolo e o dever de informar, que muitas vezes se interligam: "Como exemplo, cite-se a hipótese de o proprietário de um apartamento destinado à locação informar dolosamente ao pretenso inquilino que reparou toda a parte hidráulica do imóvel apenas para lograr a celebração do contrato, levando a contraparte a assinar o instrumento unicamente em razão dessa informação. Passados trinta dias da imissão na posse do locatário ocorre uma ruptura da coluna de esgoto do referido apartamento, em decorrência da falta de manutenção, exclusivamente, tornando o imóvel inabitável. Esse fato, além de permitir a anulação do contrato por dolo, autoriza a uma pretensão indenizatória por parte do locatário em razão da violação do dever de lealdade e de informação pelo locador." (AGUIRRE, João Ricardo Brandão. *Responsabilidade e informação: efeitos jurídicos das informações, conselhos e recomendações entre particulares*. São Paulo: RT, 2011, p. 167-168.)

[458] Apelação Cível Nº 70012452728, Vigésima Câmara Cível. Relator Desembargador José Aquino Flôres de Camargo. Julgado em 14.09.2005. Outros acórdãos do TJ-RS também tratam do dever de informar: Apelação Cível nº 70039541875. Décima Segunda Câmara Cível. Relator Desembargador Umberto Guaspari Sudbrack. Julgado em 15.12.2011; Apelação Cível

O Tribunal Regional Federal da 4ª Região entendeu que a falta de notificação de mutuários do Sistema Financeiro da Habitação, para que eles pudessem purgar a mora, importou em falta do dever de informação e cooperação, decorrentes da boa-fé objetiva:

> "Portanto, não tendo sido oportunizado aos mutuários – seja pela ilegalidade da notificação editalícia, seja pela falta de avisos de cobrança – um prazo para purgação da mora sob pena de início da execução, resta evidenciada a supressão, dentre as poucas, da mais importante garantia conferida ao credor em procedimentos de cobrança deste tipo, comprometendo, conseqüentemente, a lisura de toda a execução extrajudicial."[459]

Não temos conhecimento do caso além dos fatos narrados no acórdão, no entanto, apesar de concordarmos que seria de todo razoável haver uma última comunicação ao mutuário informando sobre a execução que seria proposta e dando-lhe a oportunidade de saldar a dívida ainda pela via amigável, entendemos que o aspecto mais sério do caso é a nulidade da notificação por edital, que impediria assim o procedimento específico de execução extrajudicial.[460] Ademais, apesar de prática razoável, parece-nos que não poderia ser exigido do mutuante o dever de informar o mutuário antes de iniciar a execução. Se não há no contrato ou na

---

nº 70033434200. Décima Sétima Câmara Cível. Relator Desembargador Liege Puricelli Pires. Julgado em 08.04.2010; Apelação Cível nº 70042356584. Primeira Câmara Especial Cível. Relator Desembargador Eduardo João Lima Costa. Julgado em 12.07.2011.

[459] Apelação cível nº 2003.70.00.074555-0/PR. 4ª Turma. Relator Desembargador Federal Valdemar Capeletti. Julgado em 27.06.2007. (A jurisprudência do Tribunal Regional Federal da 4ª Região está disponível em < http://www2.trf4.jus.br/trf4/>.)

[460] A ementa do acórdão é a seguinte:
"SFH. EXECUÇÃO EXTRAJUDICIAL. DL 70/66. LEILÃO. ARREMATAÇÃO DO IMÓVEL. NOTIFICAÇÃO POR EDITAL. NULIDADE. INEXISTÊNCIA DE PROVA DOS AVISOS DE COBRANÇA. BOA-FÉ OBJETIVA. INOCORRÊNCIA DE LITIGÂNCIA DE MÁ-FÉ. SUCUMBÊNCIA INVERTIDA.
A execução extrajudicial prevista no DL-70/66 não é inconstitucional, mas, em decorrência de ser forma excepcional de cobrança, só poderá ser efetivada mediante obediência estrita a todos os ditames legais.
Conquanto prevista pelo §2º do art. 31 do DL-70/66, inadmissível a notificação por edital quando evidenciada a negligência do credor em tomar providências no sentido de localizar os mutuários para notificá-los pessoalmente da possível execução.

lei regra específica que determine que o mutuário deve ser constituído em mora antes do início da execução, entendemos que o dever de cooperar não se prestaria exatamente a isso e não teria o condão de impedir a execução caso não houvesse a notificação prévia. Dessa forma, entendemos que o acórdão aplicou mal o dever de informar, como dever de cooperar, criando verdadeira dever ao mutuante que não decorre da boa-fé objetiva e nem se coaduna com a conduta que seria dele esperada razoavelmente.

Concluindo, temos que a análise dos casos concretos permite-nos verificar que nossos tribunais estão abertos ao instituto e já têm aplicado na prática sanções pela falta do dever de informar, decorrente da boa-fé objetiva em sua vertente de criadora de deveres anexos. Parece-nos importante, porém, que seja observado rigor técnico nas decisões, para se evitar impropriedades como o último caso, de cujo entendimento sobre o dever de informar discordamos, embora o resultado do caso, por outros fundamentos, acreditamos tenha sido acertado.

4.3. Dever de mitigar o próprio prejuízo

Não há dúvida de que a parte que sofre prejuízo no contrato, por qualquer razão, seja por impossibilidade no cumprimento, frustração do fim do contrato, onerosidade excessiva ou até mesmo mora ou inadimplemento do devedor, deve fazer de tudo para minimizar os prejuízos sofridos. Nada mais cooperativo do que evitar maiores custos àquele que, ao final, pagará a conta pelos prejuízos.

Assim, entendemos que o dever de cooperação cria também à parte que está sofrendo prejuízos, por qualquer motivo, o dever de fazer tudo o que for possível – dentro da diligência normal esperada e observando-se os aspectos específicos daquela contratação, incluindo o grau de exper-

---

Decorre da boa-fé objetiva, regra geral aplicável a todos os contratos, deveres secundários tais como os de cuidado, de informação, de cooperação e empenho para a satisfação das expectativas legítimas de cada parte.
A inexistência de comprovação de remessa aos mutuários de avisos de cobrança da dívida enseja a nulidade da execução extrajudicial.
A caracterização da litigância de má-fé deve ter, além dos requisitos previstos no art. 17 do CPC, os componentes da conduta dolosa e do dano processual.
Invertidos os ônus da sucumbência."

tise das partes, a complexidade das obrigações, etc. –, para evitar maiores prejuízos ou estancar os prejuízos que está tendo.

Nesse sentido, vale transcrever entendimento do Superior Tribunal de Justiça, de que o dever de mitigar o próprio prejuízo decorre do dever de cooperação:

> "3. Preceito decorrente da boa-fé objetiva. *Duty to mitigate the loss*: o dever de mitigar o próprio prejuízo. Os contratantes devem tomar as medidas necessárias e possíveis para que o dano não seja agravado. A parte a que a perda aproveita não pode permanecer deliberadamente inerte diante do dano. Agravamento do prejuízo, em razão da inércia do credor. Infringência aos deveres de cooperação e lealdade"[461].

Igualmente, François Diesse reafirma a relação entre a boa-fé e a cooperação citando exemplos de julgamentos de tribunais arbitrais de casos de contratos internacionais que observaram a "obrigação de minimizar as perdas" que existe entre as partes, visando a salvaguardar seus interesses.[462]

Muito embora Mota Pinto coloque diversos deveres anexos ao lado do dever de cooperação, seguindo a tradição da doutrina portuguesa, é interessante destacar que, ao dar exemplo dos deveres de cooperação, ele menciona o dever do credor de "limitar o mais possível os danos, no interesse do obrigado e não agravar uma situação de perigo para o devedor".[463]

Judith Martins-Costa também entende que o dever de mitigar o próprio dano está "inserido entre os deveres de cooperação e de consideração com os legítimos interesses do parceiro contratual – e, por isso, relacionado diretamente com o princípio da boa-fé objetiva"[464].

---

[461] Recurso Especial 758.518-PR. Terceira Turma. Relator Ministro Vasco Della Giustina. Julgado em 17.06.2010.

[462] DIESSE, François. La bonne foi, La cooperation et le raisonnable dans la Convention des Nations Unies relative à la vente internationale de marchandises (CVIM), cit., p. 72-73.

[463] PINTO, Carlos Alberto da Mota. Cessão da Posição Contratual, cit., p. 345.

[464] MARTINS-COSTA, Judith. Responsabilidade civil contratual. Lucros cessantes. Resolução. Interesse positivo e interesse negativo. Distinção entre lucros cessantes e lucros hipotéticos. Dever de mitigar o próprio dano. Dano moral e pessoa jurídica, cit, p. 585.

Os Princípios do UNIDROIT[465], assim como os Princípios do Direito Contratual Europeu[466], possuem previsões expressas sobre a mitigação dos danos ou prejuízos, que dispõem que:

"Artigo 7.4.8
(Mitigação de danos)
(1) A parte devedora não é responsável por danos sofridos pela parte lesada se os danos pudessem ter sido reduzidos pela última por meio de medidas razoáveis.
(2) A parte lesada tem o direito de reaver quaisquer despesas razoavelmente incorridas na tentativa de reduzir o dano."[467]

No mesmo sentido, a Convenção de Viena de 1980 sobre Venda Internacional de Mercadorias prescreve, em seu artigo 77, que a parte que acredita sofrer quebra do contrato deve tomar medidas razoáveis, conforme a circunstância, para mitigar os danos advindos da quebra, incluindo lucros cessantes. Caso o credor deixe de tomar medidas para mitigar o dano, o devedor poderá requerer redução nos danos proporcionalmente ao valor de possível mitigação.[468]

---

[465] A tradução livre apresentada para o português levou em conta a seguinte disposição da versão em inglês:
"ARTICLE 7.4.8
(Mitigation of harm)
(1) The non-performing party is not liable for harm suffered by the aggrieved party to the extent that the harm could have been reduced by the latter party's taking reasonable steps.
(2) The aggrieved party is entitled to recover any expenses reasonably incurred in attempting to reduce the harm.
UNIDROIT Principles of International Commercial Contracts 2004 Disponível em: <http://www.unidroit.org/english/principles/contracts/main.htm>. Acesso em 16.05.2012, grifamos).
[466] A redação dos PECL é praticamente idêntica à do UNIDROIT. Artigo 9:505. (Disponível em <http://frontpage.cbs.dk/law/commission_on_european_contract_law/pecl_full_text.htm#pecl1>. Acesso em 16.05.2012.)
[467] Como dito acima, a redação dos dois artigos é praticamente idêntica.
[468] "Article 77
A party who relies on a breach of contract must take such measures as are reasonable in the circumstances to mitigate the loss, including loss of profit, resulting from the breach. If he fails to take such measures, the party in breach may claim a reduction in the damages in the amount by which the loss should have been mitigated."

Federica Rongeat-Oudin e Martin Oudin comentam que, em julgamentos de casos de contratos internacionais por órgãos arbitrais, é comum se verificar os árbitros utilizando-se da boa-fé e determinando a observância ao dever de mitigar o próprio prejuízo.[469]

O Código Civil alemão contém disposição expressa no sentido de que se a pessoa lesada deixa de evitar ou reduzir os danos, a responsabilidade do culpado, bem como a extensão da indenização a ser paga, dependerá da análise de tais fatos.[470]

Béatrice Jaluzot, ao dividir as obrigações acessórias em três grandes categorias, como ela as chama, coloca a "obligation de mitigation" como uma delas, ao lado da obrigação de cooperação e da obrigação de informação, e observa que, apesar de o Direito francês não a invocar com frequência, existem julgados que tomam por base tal dever acessório decorrente da boa-fé, mas tal obrigação pode também ser compreendida naquele país como um desdobramento do abuso de direito.[471]

O Código Civil brasileiro não contém artigo expresso sobre o dever de o credor mitigar o próprio prejuízo, mas os artigos 769 e 771, que tratam do contrato de seguro, contêm previsões que demonstram que a figura não é de todo estranha ao Código.[472]

(Disponível em <http://www.uncitral.org/pdf/english/texts/sales/cisg/V1056997-CISG-e-book.pdf>.Acesso em 04.03.2013.)
[469] RONGEAT-OUDIN, Federica; OUDIN, Martin. The Reception of the UNIDROIT Principles by the Lex Mercatoria, cit., p. 716.
[470] "Section 254
Contributory negligence
(1)Where fault on the part of the injured person contributes to the occurrence of the damage, liability in damages as well as the extent of compensation to be paid depend on the circumstances, in particular to what extent the damage is caused mainly by one or the other party.
(2)This also applies if the fault of the injured person is limited to failing to draw the attention of the obligor to the danger of unusually extensive damage, where the obligor neither was nor ought to have been aware of the danger, or to failing to avert or reduce the damage. The provision of section 278 applies with the necessary modifications."
(Disponível em <http://www.gesetze-im-internet.de/englisch_bgb/englisch_bgb.html#p0751>. Acesso em 06.03.2013.)
[471] JALUZOT, Béatrice. La bonne foi dans les contrats, cit., p. 513 e p. 521-523.
[472] "Art. 769. O segurado é obrigado a comunicar ao segurador, logo que saiba, todo incidente suscetível de agravar consideravelmente o risco coberto, sob pena de perder o direito à garantia, se provar que silenciou de má-fé."

Segundo Véra Maria Jacob Fradera: "No sistema do Código Civil de 2002, o *duty to mitigate the loss* poderia ser considerado um dever acessório, derivado do princípio da boa-fé objetiva, pois nosso legislador, com apoio na doutrina anterior ao atual Código, adota uma concepção cooperativa de contrato."[473]

E o Enunciado169 da II Jornada de Direito Civil do Centro de Estudos Judiciários do Conselho da Justiça Federal dispõe que: "Art. 422: O princípio da boa-fé objetiva deve levar o credor a evitar o agravamento do próprio prejuízo"[474].

Dessa forma, em nossa opinião, o dever de mitigar o próprio prejuízo realmente demonstra uma grande relação com uma postura cooperativa, parecendo-nos bem próprio colocar tal dever como um dos deveres anexos que guardam identidade com o dever de cooperação.

Ademais, se o credor é diligente e toma medidas razoáveis para mitigar os danos, as despesas atreladas a tais medidas devem ser indenizadas pelo devedor, já que o credor as fez em benefício e interesse do próprio devedor [475], como demonstram os Princípios do UNIDROIT e os Princípios do Direito Contratual Europeu, que contêm artigos expressos nesse sentido, citados anteriormente.

Véra Maria Jacob Fradera afirma ainda que, havendo cláusula de limitação de responsabilidade, o devedor teria que pagar as medidas incorridas pelo credor para estancar ou diminuir os prejuízos, ainda que elas ultrapassem o valor da limitação contratual, já que tais medidas tomadas pelo credor gerariam uma obrigação autônoma, que não estaria limitada pelo contrato.[476]

Não estamos convencidos disso pela breve explanação dada pela autora. Em nossa opinião, sendo os danos decorrentes do contrato, qualquer

---

"Art. 771. Sob pena de perder o direito à indenização, o segurado participará o sinistro ao segurador, logo que o saiba, e tomará as providências imediatas para minorar-lhe as conseqüências."

[473] FRADERA, Véra Maria Jacob. Pode ser o credor instado a diminuir o próprio prejuízo? *Revista Trimestral de Direito Civil*, Rio de Janeiro, v. 19, p. 109-119, jun./set. 2004, p. 116.

[474] Jornadas de Direito Civil. Disponível em < http://www.jf.jus.br/cjf/cej-publ/jornadas-de-direito-civil-enunciados-aprovados/>. Acesso em 18.05.2012.

[475] FRADERA, Véra Maria Jacob. Pode ser o credor instado a diminuir o próprio prejuízo?, cit., p. 117.

[476] FRADERA, Véra Maria Jacob. Pode ser o credor instado a diminuir o próprio prejuízo?, cit., p. 118.

medida relacionada também estaria abarcada pela limitação de responsabilidade prevista pelas partes. Assim, parece-nos que seria mais acertado se o ressarcimento de tais medidas também fosse submetido aos limites de indenização previstos no contrato. Pensar de outra forma não nos parece correto e não alcançamos exatamente as razões que motivaram a autora a excluir tais medidas da limitação.[477]

Ainda, e justificando também a afirmação acima comentada, a mesma autora sustenta que a violação ao dever de mitigar o próprio prejuízo teria origem em responsabilidade extracontratual (delitual, segundo ela) e não contratual. Também não concordamos com tal assertiva. Discorreremos mais detidamente sobre a origem da responsabilidade pela violação de dever anexo no item 5.2.2, mas desde já registramos nossa discordância.

De fato, por se tratar de dever anexo de conduta, decorrente da boa-fé objetiva, em cenários nos quais o dever de mitigar decorre de relação contratual entre as partes, a responsabilidade pela sua violação parece-nos, obviamente, contratual também. Ainda que não esteja expressamente prevista no texto contratual firmado pelas partes, por ser dever anexo de conduta decorrente da boa-fé e por se tratar de dever que a parte deve ter em conta com relação à pessoa determinada (e não quanto a qualquer um, como a regra geral do *neminem ladere*), em nossa opinião trata-se de responsabilidade contratual.

Interessante verificar que, além dos casos em que o dever de mitigar o próprio prejuízo decorre de relação contratual entre as partes, o mesmo dever pode decorrer e se aplicar a situações de responsabilidade aquiliana.[478]

Ainda, Fredie Didier Jr. tratou do dever de mitigar o próprio prejuízo aplicado ao universo processual. Segundo ele: "É lícito conceber a existência de um dever da parte de mitigar o próprio prejuízo, impedindo o crescimento exorbitante da multa, como corolário do princípio da boa-fé

---

[477] Para estudo sobre a limitação de responsabilidade, ver: FERNANDES, Wanderley. *Cláusulas de exoneração e de limitação de responsabilidade*. São Paulo: Saraiva, 2013.

[478] DIAS, Daniel Pires Novais. O Duty to Mitigate the loss no Direito civil brasileiro e o encargo de evitar o próprio dano. *Revista do Curso de Direito da UNIFACS*, nº 139, 2012. Disponível em <http://www.revistas.unifacs.br/index.php/redu/article/view/1894>. Acesso em 11.05.2013, p. 13.

processual, cláusula geral prevista no art. 14, II, CPC."[479] A consequência do descumprimento da parte ao dever de mitigar o próprio prejuízo seria a perda do direito à multa pelo período de tempo em que se configuraria abuso do direito.

Entendemos que a transposição do conceito para o Direito Processual é válida e muito interessante, mas deve ser considerada com ressalvas, como inclusive veremos abaixo em outros exemplos. Isso porque o simples retardamento do exercício do direito, sem que sejam observadas outras condutas da parte que pudessem justificar a aplicação do instituto, não pode como regra ser considerado suficiente para que se entenda pela violação do dever.

Daniel Pires Novais Dias faz uma detida explanação sobre a dificuldade de se obrigar a vítima a diminuir ou estancar seus próprios prejuízos com base no Direito Civil brasileiro, já que existem disposições no ordenamento que autorizam a pessoa a renunciar a patrimônio, razão pela qual, em tese, ninguém estaria obrigado, por meio de um dever, a proteger seu patrimônio. No entanto, o bom ponto mencionado por ele é o de que, se o credor pretende se ver ressarcido pelo devedor dos prejuízos sofridos, não pode ele deixar de evitar maiores prejuízos, caso ele possua essa opção.[480]

Para o autor, a posição que coloca o *duty to mitigate the loss* como um dever acessório de conduta, apesar de ser fortemente aceita nos países da Europa continental, ainda lhe parece insatisfatória. Principalmente pelo fato de que, se fosse um efetivo dever anexo, a parte credora do dever poderia pedir perdas e danos no caso de seu descumprimento. Isso não acontece no dever de mitigar o próprio prejuízo, que traz apenas ao próprio credor do dano uma perda do direito de requerer os danos que ele deixou de mitigar. A conduta não pode ser exigida pela outra parte (credora do dever anexo) e nem mesmo pode ser objeto de indenização:

"Ao não adequar sua conduta de modo a evitar o próprio dano ou o seu agravamento, isto é, ao não observar o encargo de afastamento do dano ou mini-

---

[479] DIDIER JR., Fredie. Multa coercitiva, boa-fé processual e suppressio: aplicação do duty to mitigate the loss no processo civil. *Revista de Processo*. São Paulo: RT, ano 34, nº 171, p. 35-48, maio/2009, p. 48.
[480] DIAS, Daniel Pires Novais. O *duty to mitigate the loss* no Direito civil brasileiro e o encargo de evitar o próprio dano, cit., p. 26-27.

mização de sua extensão, a vítima perderia, total ou parcialmente, o direito à indenização pelo respectivo dano que poderia ter evitado sofrer."[481]

Assim, para o autor o mais correto seria caracterizar o *duty* como um ônus ou encargo. Dessa forma, segundo ele, a lacuna que existe na legislação sobre o assunto deveria ser suprida com a figura do "encargo de evitar o próprio dano."[482]

Outrossim, ele sustenta que o ordenamento já possui previsões que poderiam ser utilizadas para evitar que se pague indenização pelos danos que o próprio credor não mitigou, tais como os artigos 402, 403 e 945 do CC[483].

De fato, concordamos que os aplicadores do direito devem atentar para tais disposições do Código Civil ao julgar situações que possam identificar como descumprimento do dever de mitigar o próprio prejuízo.

De todo modo, ainda que não se possa falar em exigência de direito pela contraparte caso o dever de mitigar o próprio prejuízo não seja observado pela vítima (aqui compreendida também a parte prejudicada no contrato), isso não retiraria da mitigação seu caráter de dever anexo de conduta, na medida em que nos parece bastante apropriado considerar que essa é uma das condutas esperadas da parte em razão da boa-fé.

Não há propriamente uma obrigação a ser exigida da vítima ou um direito de a parte que é devedora de perdas e danos de requerer indenização face à vítima que não mitiga os prejuízos. O que ocorre, caso não haja a mitigação do prejuízo, é apenas a perda de direito da vítima de ser ressarcida pelos danos que ela própria não mitigou. No entanto, isso não exclui da figura da mitigação dos danos o caráter de conduta esperada que

---

[481] DIAS, Daniel Pires Novais. O *duty to mitigate the loss* no Direito civil brasileiro e o encargo de evitar o próprio dano, cit., p. 34.

[482] DIAS, Daniel Pires Novais. O *duty to mitigate the loss* no Direito civil brasileiro e o encargo de evitar o próprio dano, cit., p. 34.

[483] "Art. 402. Salvo as exceções expressamente previstas em lei, as perdas e danos devidas ao credor abrangem, além do que ele efetivamente perdeu, o que razoavelmente deixou de lucrar. Art. 403. Ainda que a inexecução resulte de dolo do devedor, as perdas e danos só incluem os prejuízos efetivos e os lucros cessantes por efeito dela direto e imediato, sem prejuízo do disposto na lei processual."
"Art. 945. Se a vítima tiver concorrido culposamente para o evento danoso, a sua indenização será fixada tendo-se em conta a gravidade de sua culpa em confronto com a do autor do dano."

advém da boa-fé, mas apenas modifica a questão do próprio ressarcimento, em caso de haver inobservância dessa conduta.

Ruy Rosado de Aguiar Júnior ensina que "se a gravidade desse incumprimento decorreu da ação ou da omissão decorrente do credor, tal acréscimo não deve ser levado em consideração"[484].

Com isso, parece-nos que o dever de mitigar o próprio prejuízo pode sim ser fundamentado na boa-fé, como desdobramento de um dever geral de cooperação entre as partes, sendo irrelevante, para essa fundamentação, a questão de indenização em caso de um comportamento inadequado pela parte que deveria tê-lo observado.

O que não se pode, de modo algum, é aplicar o dever de mitigar o próprio prejuízo de forma equivocada, como destaca Daniel Pires Novais Dias, em casos nos quais claramente ele não é adequado, incluindo aqueles em que o prejuízo é sempre do devedor e aqueles de exercício tardio de direito pelo credor da obrigação. Para os últimos casos, o que poderia ser aplicável é a *suppressio*, mas sempre sendo necessária uma análise adequada e com base no caso concreto, já que a mera demora do credor em cobrar o débito não é suficiente para a aplicação da figura, como observa Anderson Schreiber, exigindo-se outros elementos que poderiam ter passado ao devedor a confiança de que aquele direito de crédito não seria exercido.[485]

Sobre o exercício tardio de direitos, vale citar acórdão de julgamento de Recurso Especial pelo STJ (que já foi acima comentado em razão de sua ementa falar em dever de mitigar e cooperação), pelo qual se entendeu que o credor que demora muito para tomar medidas contra o devedor não poderia receber o valor de seu crédito de forma integral. No caso em comento, o STJ decidiu que:

"Desse modo, verifica-se que a recorrente descuidou-se com o seu dever de mitigar o prejuízo sofrido, pois o fato de ter deixado o devedor na posse do imóvel por quase 7 (sete) anos, sem que este cumprisse com o seu dever contratual (pagamento das prestações relativas ao contrato de compra e venda), evidencia a ausência de zelo com o seu patrimônio e o agravamento significa-

---

[484] AGUIAR JÚNIOR, Ruy Rosado de. *Extinção dos contratos por incumprimento do devedor (resolução)*. Rio de Janeiro: Aide, 2003, p. 136.
[485] *A proibição de comportamento contraditório – Tutela da confiança e venire contra factum proprium*, cit., p. 191-193.

tivo das perdas, uma vez que a realização mais célere dos atos de defesa possessória diminuiriam a extensão do dano"[486].

O problema que vemos em tal acórdão é o fato de não haver nos elementos fáticos qualquer aspecto que possa demonstrar que o credor havia passado ao devedor confiança em uma conduta diversa da cobrança dos valores devidos, tal como qualquer postura que viesse a demonstrar concordância com a mora ou renúncia ao seu direito de cobrança.

De fato, não há dúvida de que a demora foi significativa, já que:

> "Conforme noticiado nos autos, o promitente-comprador deixou de efetuar o pagamento das prestações do contrato de compra e venda em 1994, abandonando, posteriormente, o imóvel em setembro de 2001. Contudo o credor só realizou a defesa de seu patrimônio em 17 de outubro de 2002, data do ajuizamento da ação de reintegração de posse c/c pedido de indenização, situação que evidencia o descaso com o prejuízo sofrido".[487]

No entanto, rigorosamente não há nos autos demonstração de que a postura do credor teria se mostrado tal que justificaria uma diminuição em seu crédito. Assim, e como sustenta Anderson Schreiber, é importante atentar para os prazos de prescrição e analisar com cautela o caso concreto para a aplicação da *suppressio* em situações em que há prazo fixado de prescrição para o credor, inclusive sob pena de ferir-se a segurança jurídica.[488]

Dessa forma, em nossa opinião, é muito complicado negar-se a alguém um direito, sem que tal direito esteja prescrito, apenas pela demora em si em sua cobrança, não havendo uma postura que seja contraditória à cobrança. Parece-nos que o STJ utilizou-se do dever de mitigar o próprio prejuízo de forma bastante ampla no exemplo citado, carecendo de uma revisão mais cuidadosa e técnica.

Voltando aos requisitos para a aplicação do dever de mitigar o próprio prejuízo, é importante destacar que a conduta que se espera do credor

---

[486] Recurso Especial 758.518-PR. Terceira Turma. Relator Ministro Vasco Della Giustina. Julgado em 17.06.2010.
[487] Recurso Especial 758.518-PR. Terceira Turma. Relator Ministro Vasco Della Giustina. Julgado em 17.06.2010.
[488] *A proibição de comportamento contraditório – Tutela da confiança e venire contra factum proprium*, cit., p. 191-193.

para que ele mitigue os prejuízos é aquela razoável, esperada de qualquer pessoa que estivesse naquela situação e tivesse as mesmas características daquele credor. Assim, é de se levar em conta as especificidades de sua personalidade, incluindo-se aí sua expertise. Não se requer que o credor tenha uma conduta além daquela que lhe seria razoavelmente esperada.[489]

Comentamos a seguir acórdãos exarados pelo TJ-RS, nos quais nos parece que a menção ao descumprimento do dever de mitigar o próprio prejuízo foi feita sem um rigor maior.[490] Note-se que em quase todos os julgamentos (com exceção do primeiro caso), a violação ao dever de mitigar o próprio prejuízo não foi o argumento exclusivo para se negar o direito à indenização (ou parte dela) aos supostos credores, mas foi usada como um dos pilares para a negativa.

No primeiro caso, o TJ-RS analisou o rompimento precoce de um contrato e o direito de a parte lesada ser ressarcida pelos gastos relativos às despesas feitas para implementar as atividades de prestação de serviços de limpeza, que seriam desenvolvidas sob o contrato. O acórdão não é nada detalhado e nem sequer menciona quais seriam tais despesas. De fato, a análise do acórdão é bastante limitada em razão da ausência de alguns dados que seriam importantes, mas fato é que nesse acórdão menciona-se especificamente apenas que a autora "não obrou em mitigar seu próprio prejuízo", fazendo-se uma análise do instituto em si e não propriamente do caso concreto. Não é possível, somente pela análise do acórdão, compreender de fato se a autora teria direito ou não ao ressarcimento pleiteado pelas despesas que aparentemente realizou para cumprir o contrato. No entanto, o que preocupa na análise do caso é a impressão de que o instituto foi usado com pouco rigor, sem uma análise detida das condições fáticas efetivas. Ademais, não se fala em momento nenhum que a autora não teria provado tais danos ou que a ré teria comprovado que a autora não teria mitigado seu prejuízo, o que nos pareceria de rigor para a situação.[491]

Outro caso por nós analisado trata de danos sofridos pelo dono de um caminhão em vista da queda de carga em seu veículo, que teve que ficar

---

[489] DIAS, Daniel Pires Novais. O *duty to ditigate the loss* no Direito civil brasileiro e o encargo de evitar o próprio dano, cit., p. 36.

[490] DIAS, Daniel Pires Novais. O *duty to ditigate the loss* no Direito civil brasileiro e o encargo de evitar o próprio dano, cit., p. 15.

[491] Apelação cível nº 70037440682. 12ª Câmara Cível. Relator Desembargador Umberto Guaspari Sudbrack. Julgado em 30.09.2010.

parado para conserto, causando-lhe supostamente lucros cessantes pelo período do reparo. Tendo o autor vencido em parte de seus pleitos, especialmente na parte da indenização por danos emergentes, ele apelou ao Tribunal para obter uma outra parte de seus danos emergentes (que, segundo o acórdão, não foram causados pela queda em análise) e lucros cessantes. No tocante aos lucros cessantes, o acórdão, dentre outros fundamentos, tal como falta de provas do período em que o caminhão ficou parado, entendeu que o autor não teria demonstrado que "se acautelou de eventual prejuízo, seja ao adquirir veículo que desempenhasse a mesma função, ou mesmo alugar veículo que pudesse fazer frente a eventuais compromissos contratuais assumidos".[492]

Parece-nos, no entanto, que o ônus colocado ao autor foi muito pesado face às circunstâncias fáticas. Inicialmente, trata-se de pessoa física – provavelmente um humilde caminhoneiro – que teve perdas com a queda que avariou seu veículo. Sendo assim, evidente que é pessoa de pouca experiência e eventualmente nem pensou em alugar veículo semelhante para manter seus negócios. Ademais, não se sabe se é realmente usual a locação de caminhões do mesmo porte e se há efetivo mercado de locação de tais veículos, assim como há na locação de automóveis. Outrossim, a menção à compra de novo veículo parece totalmente despropositada, especialmente se considerarmos que o valor pleiteado a título de lucros cessantes é pequeno, R$ 3.240,00 (três mil duzentos e quarenta reais), demonstrando que muito provavelmente o caminhoneiro nem sequer tinha condições para adquirir um novo veículo, o que certamente lhe representaria custo significativo.

Pela análise do acórdão – sem os demais elementos do processo – fica a impressão de que a mitigação do prejuízo seria uma tarefa que exigiria do credor medidas que superariam a razoabilidade esperada, como destacado acima, considerando as peculiaridades do caso e do próprio credor. Dessa forma, sem adentrar os demais argumentos – tais como a falta de provas da ocorrência de lucros cessantes, que poderiam por si só ter sido suficientes para o desprovimento do recurso nesse particular –, fato é que novamente parece-nos que a utilização da figura do dever de mitigar o próprio prejuízo não foi objeto de análise adequada.

---

[492] Apelação cível nº 70037891090. 12ª Câmara Cível. Relator Desembargador Umberto Guaspari Sudbrack. Julgado em 26.08.2010.

O terceiro acórdão analisado trata de um acidente com caminhão que transportava carga do autor da ação, sendo que, em razão do acidente, a carga transportada se perdeu. O autor requereu indenização pelo valor da carga – que incluía equipamentos de trabalho e também um pequeno veículo de carga que estava dentro do caminhão –, além de lucros cessantes. O Tribunal determinou o pagamento ao autor do valor que esse tinha atribuído à carga para fins fiscais, equivalente a apenas R$ 2.000,00 (dois mil reais), sendo que o autor alegou que a carga consistia em valor muito mais alto. No que toca aos lucros cessantes, o Tribunal entendeu não haver prova da renda do autor, do tempo de seu recesso do trabalho por conta da perda dos materiais de trabalho, considerando inclusive tratar-se de danos hipotéticos, e entendeu, ainda, que "caberia à parte autora demonstrar que se acautelou de eventual prejuízo, via aquisição ou aluguel de veículo e equipamentos para fazer frente a compromissos contratuais assumidos". Entendemos, porém, que a utilização da figura do dever de mitigar danos foi desnecessária, na medida em que os demais aspectos do processo nos pareceram suficientes para o não acolhimento dos pedidos do autor, dando-nos a sensação de ser desarrazoado esperar-se de um simples mecânico ter se acautelado da forma como pretendeu o julgado.[493]

Por fim, analisamos um julgado do mesmo TJ-RS que nos parece, dentro da análise dos demais casos, ter sido o que levou em conta o dever de mitigar os prejuízos da forma mais adequada, ainda que com algumas questões que entendemos merecedoras de questionamentos.[494]

O acórdão narra o caso de empresa que adquiriu máquina para sua manufatura, que supostamente não funcionava de forma apropriada. A adquirente, em primeiro grau, teria tido a procedência apenas dos pedidos de danos emergentes, pleiteando assim a reforma da decisão para que fossem englobados os lucros cessantes, no montante de R$ 25.440,00 (vinte e cinco mil, quatrocentos e quarenta reais), considerando o valor que poderia ter sido lucrado por hora com a máquina.

Além de o Tribunal entender que não havia prova da extensão dos lucros cessantes (já que a autora sustentou que a máquina trabalharia 24

---

[493] Apelação cível nº 70036012086. 12ª Câmara Cível. Relator Desembargador Umberto Guaspari Sudbrack. Julgado em 14.10.2010.
[494] Apelação cível nº 70025609579. 12ª Câmara Cível. Relator Desembargador Umberto Guaspari Sudbrack. Julgado em 20.05.2009.

horas por dia), considerou também que a autora não teria observado o *duty to mitigate the loss*, "seja ao adquirir outra máquina que desempenhasse a mesma função, ou mesmo entabular contrato de prestação do referido serviço com outra empresa". Aqui, pela análise fática do caso, considerando que o valor da máquina era de R$ 12.500,00 (doze mil e quinhentos reais), que a autora era uma empresa e, portanto, esperava-se dela uma postura profissional e experiente no mercado, parece-nos de fato que pode ter havido uma falta de cautela em estancar ou diminuir os prejuízos com a paralisação da máquina.

No entanto, e aqui obviamente sem considerar aspectos fáticos que podem ter sido levados em conta pelos julgadores, mas não estão detalhados no acórdão, parece-nos que tal conduta mereceria uma indenização por lucros cessantes limitada, excluindo-se dos danos totais o valor que a autora poderia ter mitigado. Esse seria o melhor caminho em nossa opinião, novamente destacando o acesso limitado que tivemos aos fatos. Vale pontuar, também, que o acórdão não esclarece questões relativas ao ônus da prova do descumprimento do dever de mitigar os danos, que poderiam ser importantes para o caso.

Há um acórdão do TJ-SP que faz considerações úteis sobre o dever de mitigar o prejuízo e o *venire contra factum proprium*, para justificar a redução da multa contratual em razão de suposto exercício tardio do direito do credor na cobrança. No entanto, apesar de o acórdão conter lições interessantes, entendemos que a efetiva redução da multa contratual acaba ocorrendo muito mais pela aplicação da proporcionalidade que efetivamente pelo exercício tardio do direito. Aliás, ao analisar os fatos narrados no acórdão, e novamente destacando que não analisamos os demais elementos dos autos, que não estão narrados no próprio acórdão, parece-nos que seria talvez uma penalidade excessiva diminuir a multa apenas pelo exercício tardio, já que a credora teria se mantido inerte por um ano apenas. Assim, em nossa opinião, o simples lapso temporal não seria suficiente para penalizar a autora diminuindo-se a multa contratual. Seria necessário, também, analisar se ela teve alguma conduta que indicaria eventual aceitação tácita ou perdão aos devedores, o que não nos parece ter ocorrido pelos elementos contidos no acórdão.[495]

---

[495] Apelação cível nº 967.851-1. 16ª Câmara de Direito Privado. Relator Desembargador Cândido Alem. Julgado em 29.06.2009.

Em outro acórdão do mesmo TJ-SP, relativo à cobrança de taxa bancária por conta inativa, que o correntista não encerrou corretamente, mas que o banco tampouco encerrou após o prazo contratual que previa o encerramento automático com 180 dias de inatividade, referido Tribunal também menciona o dever de o banco mitigar os próprios prejuízos, já que ele não deveria esperar por muito tempo para cobrar o consumidor, esperando que o débito apenas crescesse. Porém, não se consegue compreender se a condenação do banco réu, a indenizar o autor pelos danos morais em razão da inscrição de seu nome em banco de dados, teve por fundamento a violação do dever de mitigar os próprios danos ou sua conduta indevida decorrente da abusiva cobrança.[496]

Assim, não é possível verificar qual a efetiva consequência do descumprimento do dever de mitigar os prejuízos pela simples leitura do acórdão, parecendo que o argumento foi usado apenas como reforço. Além disso, veja-se que não se aplicou rigorosamente o dever de mitigar o próprio prejuízo, já que o banco não foi impossibilitado de cobrar a taxa mensal relativa ao período em que ele teria deixado de mitigar seu prejuízo. O banco, na verdade, foi punido com a condenação por danos morais. Parece-nos, assim, que a aplicação da figura foi feita apenas como reforço e sem o rigor técnico esperado.

Vale citar, por fim, relevante acórdão do extinto 2º Tribunal de Alçada Civil do Estado de São Paulo, que entendeu que a financeira (credora) que não informou tempestivamente o consumidor (mutuário/devedor) sobre seu saldo devedor do financiamento de veículo que havia sido roubado – saldo este que teria que ser pago pelo mutuário à financeira –, deixou de mitigar seu próprio prejuízo:

> "Por outro lado, se é certo que os contratos de financiamento e de seguro não se confundem, não se pode deixar de considerar que a boa fé objetiva impõe dever de cooperação e que a devedora não estava obrigada a arcar com a demora excessiva, não razoável, do credor para comunicar o saldo devedor à seguradora, sabido que isto interferia diretamente na evolução negativa do valor de mercado do veículo e na evolução positiva do saldo devedor.

---

[496] Apelação cível nº 991.07.072632-5. 19ª Câmara de Direito Privado. Relator Ricardo Negrão. Julgado em 19.10.2010.

Por isto, à vista das provas produzidas e da revelia caracterizada, impõe-se acolher o pleito da autora para que, admitido o valor de mercado do veículo informado e a responsabilidade do credor pela demora no recebimento da indenização securitária, determinar a ele restitua a diferença que aquela pagou para cobrir o saldo devedor do financiamento, com correção monetária pela tabela prática do Tribunal de Justiça desde o desembolso mais juros de mora a partir da citação pela menor taxa legal"[497].

No caso, como a financeira tinha direito a receber o saldo devedor e o consumidor utilizaria o valor recebido do seguro para realizar o pagamento à financeira, o atraso na informação da financeira quanto ao correto saldo devedor só fez o débito crescer, aumentando ainda mais seus prejuízos na qualidade de credora do saldo. Com isso, o Tribunal entendeu ser correto o ressarcimento do valor que o consumidor pagou a mais à financeira, por conta do atraso em informá-lo corretamente sobre o valor do débito.

A análise dos casos práticos é interessante porque nos permite verificar como o instituto está sendo aplicado concretamente e qual a extensão de sua aplicação. Obviamente que não esgotamos a pesquisa nos tribunais, mas pudemos verificar que o instituto já é bastante utilizado, tendo apresentado grande receptividade nos casos concretos.

O problema, parece-nos, é sua utilização equivocada em alguns casos, nos quais o instituto não foi aplicado corretamente, ou ainda em casos que poderiam ter sido resolvidos de outra forma, com maior rigor técnico.

De todo modo, como a análise doutrinária do assunto também é incipiente (pelo menos em nosso país), temos confiança de que, com a maior difusão dos contornos exatos do dever de mitigar o próprio prejuízo, a jurisprudência, que nos parece ávida por utilizar o conceito, poderá aplicá-lo com maior rigor.

O estudo dos casos é, assim, positivo no sentido de nos mostrar juízes abertos à utilização de novos institutos e prontos para estudar alterações que visam renovar e modernizar nosso direito.

Ainda, apesar de alguns casos analisados incluírem assuntos de Direito do Consumidor, que possui certas peculiaridades e não é o foco de nosso trabalho, entendemos por citá-los mesmo assim, já que os acórdãos eram

---

[497] Apelação nº 677172- 0/0. 1ª Câmara. Relator Desembargador Aguilar Cortez. Julgado em 28.09.2004.

interessantes e traziam discussões relevantes para nossa análise. Ademais, nos casos analisados não foram invocados institutos do Direito do Consumidor que impedissem uma análise comparativa com o Direito Civil.

Frisamos, dessa forma, que a aplicação do dever de mitigar o próprio prejuízo em contratos de longo prazo nos parece bastante necessária, pela ideia de estreita cooperação entre os contratantes em tais formas de relação. Assim, novamente se verifica cabível a compreensão de que os deveres anexos possuem uma especial graduação nas relações duradouras, sendo de rigor uma grande lealdade entre as partes em tais relações, que deve levar a uma postura dos contratantes de mitigar seus prejuízos, como forma de cooperação para a mais eficiente obtenção dos resultados contratuais.

4.4. Dever de renegociar

Muito embora tenhamos escolhido alguns exemplos de deveres de conduta mais usuais, tais como o dever de informar e o dever de mitigar o próprio prejuízo, decidimos também analisar o dever de renegociar, que pode não parecer tão recorrente. Tal opção levou em conta as peculiaridades do dever de renegociar e sua interação com o dever de cooperação.

Além disso, pareceu-nos que, dado o interesse de nossa pesquisa em contratos de longo prazo, seria difícil deixar de lado o dever de renegociar. Isso porque, como vimos nos itens anteriores, os contrato de longo prazo tendem a ser contratos incompletos, que acabam por vezes precisando de adaptações para que sobrevivam à dinâmica contratual. Ademais, fatos extraordinários e supervenientes podem fazer com que o contrato perca o equilíbrio inicialmente almejado pelas partes, demandando igualmente adaptações.

De uma forma ou de outra, há de ocorrer alterações nas circunstâncias ou alguma situação na qual se mostre a incompletude do contrato, para que seja cabível requerer-se a renegociação.[498] Não seria possível

---

[498] Cláudia Lima Marques afirma que a doutrina alemã "considera ínsito no dever de cooperar positivamente, o dever de renegociar as dívidas do parceiro mais fraco, por exemplo, em caso de quebra da base objetiva do negócio. Cooperar aqui é submeter-se às modificações necessárias à manutenção do vínculo e à realização do objetivo comum e do contrato". (MARQUES, Cláudia Lima. *Contratos no Código de Defesa do Consumidor: o novo regime das relações contratuais*, cit., p. 198.). Parece-nos, pelo raciocínio analisado, que o dever seria propriamente de alterar o contrato e não apenas de renegociar-se de boa-fé. Não concordamos com alterações com-

falar-se em dever de renegociação em casos de desequilíbrio genético (ou seja, aquele que ocorre já no nascedouro da relação contratual), que podem ter outros remédios, se aplicáveis, tal como a lesão ou o estado de perigo.

Assim como os demais deveres anexos de conduta mencionados nos itens já vistos, o dever de renegociação, por si só, poderia ser objeto de uma tese específica, na medida em que possui diversos aspectos a ser analisados, muitas discussões e pontos controvertidos. Dessa forma, nossa análise, aqui obviamente limitada, terá o foco mais direcionado aos aspectos relativos à verificação de tal figura como um dever anexo de conduta e quais as consequências para a parte que o descumprir.

Decorrente da boa-fé objetiva, o dever de renegociar está intimamente ligado aos aspectos da lealdade contratual e do próprio dever de cooperação entre as partes. De fato, em razão da impossibilidade de cumprimento do contrato nos moldes inicialmente avençados, a cooperação entre as partes impõe que elas renegociem de boa-fé os termos que se tornaram prejudicados, seja em razão da incompletude contratual, seja em razão da alteração das circunstâncias[499].

Dessa forma, como sustentam Nelson Nery e Thiago Rodovalho dos Santos:

---

pulsórias de contratos, como discorreremos mais à frente. Nos casos de consumo também nos parece inapropriado, ainda que com vistas a proteger o consumidor vulnerável, sob pena de indesejável desequilíbrio e impacto na economia.

[499] Não trataremos aqui das questões específicas da onerosidade excessiva superveniente, para evitar desvios de focos que não nos parecem adequados. Sobre o assunto recorremos à nossa obra: *A onerosidade excessiva superveniente no novo Código Civil: críticas e questões controvertidas*, cit. Sugerimos, ainda, a leitura das seguintes obras sobre o tema: ASCENSÃO, José de Oliveira. A alteração das circunstâncias e justiça contratual no novo Código Civil. *Universitas/Jus*, Brasília, n. 11, 2003; FRANTZ, Laura Coradini. *Revisão dos contratos*. São Paulo: Saraiva, 2007; KHOURI, Paulo R. Roque A. *A revisão judicial nos contratos no novo Código Civil, Código do Consumidor e Lei nº 8.666/93*: a onerosidade excessiva superveniente. São Paulo: Atlas, 2006; MARTINS-COSTA, Judith. A revisão dos contratos no Código Civil brasileiro. *Roma e America*: diritto romano comune: rivista di diritto dell'integrazione e unificacione del diritto in Europa e in America Latina, Roma, n. 16, p. 65-172, 2003; PUGLIESE, Antonio Celso Fonseca. Teoria da imprevisão e o novo Código Civil. *Revista dos Tribunais*, São Paulo, v. 93, n. 830, p. 12-26, dez. 2004; NERY JR., Nelson; NERY, Rosa. *Código Civil comentado*. 4ª ed. São Paulo: Ed. Revista dos Tribunais, 2006, p. 448; RODRIGUES JUNIOR, Otavio Luiz. *Revisão judicial dos contratos: autonomia da vontade e teoria da imprevisão*. 2. ed. São Paulo: Atlas, 2006.

"entre esses deveres laterais de cooperação se insere também o dever de renegociação contratual toda vez que a perturbação causada ao contrato de longa duração ou execução diferida tenha o condão de sensivelmente alterar-lhe a base objetiva sobre a qual foi pactuado"[500].

Para os autores, ainda, o dever de renegociação seria um desdobramento do dever de lealdade entre as partes. [501]

No mesmo sentido, Giovanni Ettore Nanni sustenta que o dever de renegociação é decorrente do princípio da boa-fé e do dever de cooperação, sendo um dever lateral de conduta, nas hipóteses em que não há cláusula específica no contrato contendo tal previsão.[502]

Suzanne Lequette também afirma que a jurisprudência francesa tende a reconhecer a existência de um dever geral de adaptação, com base na boa-fé, artigo 1134, alínea 3, do Código Civil francês.[503]

A importância da renegociação de condições contratuais é tema de bastante destaque nos contratos internacionais, que já contêm há certo tempo a noção de *hardship*[504] e o dever de renegociação das partes, para

---

[500] NERY JR., Nelson; SANTOS, Thiago Rodovalho dos. Renegociação contratual. *Revista dos Tribunais*, ano 100, vol. 906, p. 113-155, abr./2011, p. 130.

[501] NERY JR., Nelson; SANTOS, Thiago Rodovalho dos. Renegociação contratual, cit., p. 130.

[502] NANNI, Giovanni Ettore, A obrigação de renegociar no Direito Contratual brasileiro, cit., p. 95. Ainda, Felipe Kirchner defende a existência de um dever geral de renegociação nos contratos de longo prazo. (KIRCHNER, Felipe. Os novos poderes oriundos do contrato: readaptação e ruptura do vínculo contratual em razão da impossibilidade material. *Revista de Direito do Consumidor*, São Paulo, ano 16, n. 62, p. 40-85, abr./jun. 2007, p. 63.)

[503] LEQUETTE, Suzanne. *Le contrat-coopération – contribution à la théorie générale du contrat*, cit., p. 366.

[504] Hardship é dificuldade. Tal como o conceito é utilizado nos contratos internacionais, pode-se compreendê-lo como sendo dificuldade que impacta o cumprimento do contrato. Segundo o dicionário online de inglês Longman:
"something that makes your life difficult or unpleasant, especially a lack of money, or the condition of having a difficult life:
an economic policy that caused great hardship for many people
Many students are suffering severe financial hardship.
hardship of
the hardships of war." (Disponível em <http://www.ldoceonline.com/dictionary/hardship>. Acesso em 23.07.2013.)
Vale citar os seguintes textos sobre *hardship*: MARTINS-COSTA. Judith. A cláusula de *hardship* e a obrigação de renegociar nos contratos de longa duração, cit.; BAPTISTA, Luiz Olavo. O

que se alcancem novamente o equilíbrio e a equivalência das prestações, caso alguma situação alheia às partes altere a base do negócio.[505]

Com isso, deveres de renegociação do contrato estão presentes nos Princípios do UNIDROIT, nos Princípios de Direito Contratual Europeu (PECL – Principles of European Contract Law) e no Draft of Common Frame of Reference. Tais regramentos preveem a possibilidade de o Judiciário (ou eventual arbitragem, por óbvio) revisar o contrato caso a renegociação não seja frutífera e, até mesmo, de a parte que não observou a boa-fé na renegociação ser condenada a indenizar os prejuízos da outra parte.[506]

---

risco nas transações internacionais problemática jurídica e instrumentos (de defesa). *Revista de Direito Público*. São Paulo: RT, ano 16, n. 66, p. 265-273, abr.-jun./1983; GAMA JUNIOR, Lauro. A Convenção de Viena sobre a compra e venda internacional de mercadorias – 1980: essa grande desconhecida. *Revista de Arbitragem e Mediação*. São Paulo: RT, v. 3, n. 9, p. 134-149, abr./jun. 2006; COSTA, José Augusto Fontoura; NUSDEO, Ana Maria de Oliveira. As cláusulas de força maior e de "hardship" nos contratos internacionais. *Revista de Direito Mercantil, Industrial, Econômico e Financeiro*. São Paulo: RT, ano XXXIV, n. 97, p. 76-103, jan-mar. 1995.

[505] Nos contratos internacionais também é comum observar-se a existência das chamadas cláusulas escalonadas para resolução de controvérsias, que normalmente preveem que, antes da arbitragem, as partes participarão de algum procedimento de mediação ou conciliação. Nesse sentido: LEMES, Selma Ferreira. As peculiaridades e os efeitos jurídicos da cláusula escalonada: mediação ou conciliação e arbitragem. 359-376. In: FERRAZ, Rafaella; MUNIZ, Joaquim de Paiva. (Coord.). *Arbitragem Doméstica e Internacional: estudos em homenagem ao prof. Theóphilo de Azeredo Santos*. Rio de Janeiro: Forense, 2008, p. 359-376.

[506] Princípios do UNIDROIT:
"ARTICLE 2.1.15
(Negotiations in bad faith)
(1) A party is free to negotiate and is not liable for failure to reach an agreement.
(2) However, a party who negotiates or breaks off negotiations in bad faith is liable for the losses caused to the other party.
(3) It is bad faith, in particular, for a party to enter into or continue negotiations when intending not to reach an agreement with the other party.
(...)
ARTICLE 6.2.3
(Effects of hardship)
(1) In case of hardship the disadvantaged party is entitled to request renegotiations.
The request shall be made without undue delay and shall indicate the grounds on which it is based.
(2) The request for renegotiation does not in itself entitle the disadvantaged party to withhold performance.

(3) Upon failure to reach agreement within a reasonable time either party may resort to the court.
(4) If the court finds hardship it may, if reasonable, (a) terminate the contract at a date and on terms to be fixed, or (b) adapt the contract with a view to restoring its equilibrium." (UNIDROIT Principles of International Commercial Contracts 2004 Disponível em: <http://www.unidroit.org/english/principles/contracts/main.htm>. Acesso em 16.05.2012.)
Principles of European Contract Law
"Article 6:111: Change of Circumstances
(1) A party is bound to fulfill its obligations even if performance has become more onerous, whether because the cost of performance has increased or because the value of the performance it receives has diminished.
(2) If, however, performance of the contract becomes excessively onerous because of a change of circumstances, the parties are bound to enter into negotiations with a view to adapting the contract or terminating it, provided that:
(a) the change of circumstances occurred after the time of conclusion of the contract,
(b) the possibility of a change of circumstances was not one which could reasonably have been taken into account at the time of conclusion of the contract, and
(c) the risk of the change of circumstances is not one which, according to the contract, the party affected should be required to bear.
(3) If the parties fail to reach agreement within a reasonable period, the court may:
(a) end the contract at a date and on terms to be determined by the court ; or
(b) adapt the contract in order to distribute between the parties in a just and equitable manner the losses and gains resulting from the change of circumstances.
In either case, the court may award damages for the loss suffered through a party refusing to negotiate or breaking off negotiations contrary to good faith and fair dealing." (Disponível em <http://frontpage.cbs.dk/law/commission_on_european_contract_law/pecl_full_text.htm#pecl1>. Acesso em 16.05.2012.)
Draft of Common Frame of Reference
"Section 3:
Negotiation and confidentiality duties
II. – 3:301: Negotiations contrary to good faith and fair dealing
(1) A person is free to negotiate and is not liable for failure to reach an agreement.
(2) A person who is engaged in negotiations has a duty to negotiate in accordance with good faith and fair dealing and not to break off negotiations contrary to good faith and fair dealing. This duty may not be excluded or limited by contract.
Chapter 3: Marketing and pre-contractual duties
II. – 3:301
(3) A person who is in breach of the duty is liable for any loss caused to the other party by the breach.

Demonstrando a importância desse dever, o Draft of Common Frame of Reference não permite nem mesmo que ele seja excluído ou limitado contratualmente pelas partes.[507]

No entanto, é importante ressaltar que, nos contratos regidos por tais regramentos, o dever de renegociação é um dever legal, já que deriva expressamente das regras aplicáveis à contratação. Nesse caso, a renegociação não será vista como um dever anexo de conduta, mas como um dever expressamente previsto em lei.

Igualmente, quando as partes incluírem no próprio contrato a obrigação de renegociação, esta adquirirá uma feição contratual, deixando de ser um dever anexo de conduta, para tornar-se uma obrigação contratual.

Assim, o que importa para esta análise é realmente o dever anexo de conduta de renegociar, como um desdobramento da boa-fé em sua função de criadora de deveres de conduta, e também como um dos desdobramentos do dever de cooperação.

Dessa maneira, pode-se afirmar que as partes têm o dever de renegociar se as circunstâncias fáticas assim exigirem, durante o curso do contrato de longo prazo.

Anne-Sophie Lavefve Laborderie afirma que a boa-fé impõe às partes uma obrigação geral de renegociação, que constitui um instrumento ético que visa a aprimorar a colaboração entre as partes durante a execução do contrato.[508]

Mas uma questão que nos atormenta é a existência de obrigatoriedade para renegociação, diante de algumas circunstâncias específicas que impossibilitam o cumprimento do contrato nos moldes pactuados, gerando, assim, uma verdadeira obrigação à parte que é chamada à renegociação pela parte que está sofrendo com as alterações das circunstâncias ou com a incompletude.

---

(4) It is contrary to good faith and fair dealing, in particular, for a person to enter into or continue negotiations with no real intention of reaching an agreement with the other party." (Disponível em <http://ec.europa.eu/justice/policies/civil/docs/dcfr_outline_edition_en.pdf>. Acesso em 30.05.2012.)

[507] Conforme nota de rodapé acima.
[508] LABORDERIE, Anne-Sophie Lavefve. *La Pérennité Contractuelle*, cit, p. 407. Como já dissemos acima, a doutrina francesa fala em "obrigações acessórias" e não em "deveres acessórios" de conduta. Ainda, na mesma página, a autora destaca que, por meio da renegociação, consegue-se implementar a perenidade contratual.

Numa primeira análise, esse aspecto do dever de renegociar nos parece se chocar com a liberdade contratual e a autonomia privada[509]. E isso nos perturba porque consideramos que, em determinadas situações, a parte pode simplesmente entender que naquelas circunstâncias fáticas o melhor para ela é justamente encerrar o relacionamento contratual.

No entanto, como podemos extrair de lições sobre o assunto[510] e com as quais concordamos, o dever de renegociar que se impõe às partes contém também certas condições e limites e, portanto, deve sim ser considerado com um dever anexo de conduta, exigindo determinada postura das partes.

Como sustenta Francesco Macario, a relevância da obrigação de cooperação das partes resolve a aparente antinomia entre a obrigação de renegociar e a liberdade de contratar.[511] De fato, ocorrendo alguma situação extraordinária que altere a base objetiva do contrato ou sobre a qual as partes não tenham disposto (em razão da incompletude contratual), nada mais cooperativo do que as partes tentarem renegociar e chegar a uma solução conjunta.

E justamente nesse sentido, e com base nos regramentos mencionados acima, o que se exige da parte é a postura cooperativa para renegociar e não uma efetiva solução da questão, ultimando na renegociação. Interessante destacar que os Princípios do UNIDROIT deixam claro que a parte é livre para negociar e não é responsável por não chegar a um consenso. No entanto, os mesmos Princípios dispõem que, se a parte negociar de má-fé, ou romper as negociações de má-fé, ela se torna responsável pelos danos causados à outra parte. A má-fé é compreendida se a parte entrar

---

[509] Para uma análise mais aprofundada sobre a autonomia privada ver: SCHLABENDORFF, Adriana. A reconstrução do direito contratual: o valor social do contrato. 2004. Tese (Doutorado) – Faculdade de Direito, Universidade de São Paulo, São Paulo, 2004. p. 196 e ss.

[510] Assim sustentam NANNI, Giovanni Ettore, A obrigação de renegociar no Direito Contratual brasileiro, cit.; NERY JR., Nelson; SANTOS, Thiago Rodovalho dos. Renegociação contratual, cit.; LEQUETTE, Suzanne. *Le contrat-coopération – contribution à la théorie générale du contrat*, cit., p. 362 e ss.; LABORDERIE, Anne-Sophie Lavefve. *La Pérennité Contractuelle*, cit., p. 409.

[511] MACARIO, Francesco. Adeguamento e rinegoziazione nei contratti a lungo termine, cit., p. 322. Vale ainda citar a seguinte passagem, extraída da mesma página: "Se quest'ultima riflessione può valere una linea generale, deve riconoscersi che, nei contratti di lungo periodo, l'obbligo di rinegoziazione, quale mezzo per evitare la risoluzione del contratto nel rispeto del principio di buona fede, sembra acquistare una valenza specifica e di notevole rilevanza."

em negociações ou continuar negociações quando não tiver intenção de chegar a um consenso. Os Princípios do Direito Contratual Europeu determinam também que a parte será responsável por indenizar caso ela se recuse a negociar.

É evidente que para a efetiva reparação dos danos, seja pelo rompimento das negociações de má-fé, seja por negociar sem ter a verdadeira intenção de alterar o contrato – apenas assim protelando uma solução –, seja ainda por se recusar a renegociar, a parte prejudicada terá a tarefa de comprovar a ocorrência de danos e pode vir a ser difícil realmente atrelá-los a tais situações. No entanto, caberá ao julgador ter cautela e muita atenção e, se entender que há nexo causal entre o descumprimento do dever de renegociar e os danos, concedê-los sim à parte prejudicada, inclusive como forma de prestigiar uma postura das partes segundo a boa-fé.

Anne-Sophie afirma que a obrigação de renegociar possui a feição de obrigação de resultado; porém, a efetiva consequência de manter a relação por meio da adaptação assume o contorno de uma obrigação de meio, esperando-se dos contratantes que, agindo dentro da mais rigorosa boa-fé, façam tudo que lhes pareça possível para renegociar de forma eficiente e leal, mas não se podendo obrigá-los a chegar a bom termo.[512] Para a autora, ainda, em muitos casos, se as partes verificam que a adaptação não é possível, o melhor é que não adiem a renegociação e simplesmente optem por resolver o contrato da forma mais rápida e menos prejudicial possível.[513]

Entendemos que, de fato, as partes devem guardar em suas condutas a maior lealdade possível, esperando-se delas que tentem inicialmente negociar com atitudes positivas nesse sentido. Mas não se pode obrigá-las a chegar a uma solução e adaptar o contrato. E nem seria razoável do ponto de vista comercial que houvesse essa obrigação, já que aquilo que uma parte pode entender como sendo razoável para reequilibrar ou complementar o conteúdo do contrato, pode se mostrar totalmente inadequado para a outra.

---

[512] No mesmo sentido, LEQUETTE, Suzanne. *Le contrat-coopération – contribution à la théorie générale du contrat*, cit., p. 374. Mota Pinto também afirma que os deveres anexos tratam-se de obrigação de meio e não de resultado. (PINTO, Carlos Alberto da Mota. *Cessão da Posição Contratual*, cit., p. 346.)

[513] LABORDERIE, Anne-Sophie Lavefve. *La Pérennité Contractuelle*, cit, p. 409.

Suzanne Lequette sustenta que nos chamados contratos-cooperação, categoria sugerida por ela para determinados contratos em que existe íntima relação e a cooperação das partes é absolutamente necessária porque elas perseguem objetivos comuns, como já vimos, haveria a possibilidade de entender-se pela obrigação da parte de aceitar a adaptação quando a proposta da outra parte fosse razoável.[514]

Não concordamos com a posição da autora, já que, como sustentamos acima, apenas o contratante efetivamente saberá se aquilo que está sendo proposto faz sentido para seus interesses particulares. Mesmo nos contratos que possuem feições de contratos quase associativos, apenas o contratante poderá saber com certeza que determinada adaptação lhe é razoável e comercialmente interessante e, assim, ele deve ter a faculdade de recusar a adaptação.

Nesses casos de impossibilidade de renegociação em razão de interesses divergentes das partes durante o processo de discussões, o que entendemos mais apropriado é a resolução do contrato, com a observância de condições que mitiguem os prejuízos de ambas as partes, tudo dentro do espírito cooperativo que deve permear a relação. Ainda que as partes não cheguem a bom termo quanto a novas condições contratuais para sua adaptação, por vezes elas terão que consentir sobre condições específicas para a própria resolução, visando evitar ou diminuir os danos com o encerramento da relação comercial.

O Anteprojeto de Reforma do Direito das Obrigações e Prescrição francês (também chamado de Rapport Catala), que propõe mudanças ao Código Civil daquele país, estabelece que em caso de insucesso nas negociações, se não houver má-fé, as partes terão a faculdade de resilir o contrato sem a possibilidade de requererem perdas e danos.[515]

---

[514] LEQUETTE, Suzanne. *Le contrat-coopération – contribution à la théorie générale du contrat*, cit., p. 375-376.
[515] "Art. 1135 Les conventions obligent non seulement à ce qui est exprimé, mais encore à toutes les suites que l'équité, l'usage ou la loi donnent à l'obligation d'après sa nature.
(Obs. : art. 1135 actuel c.civ.)
On doit, notamment, suppléer dans le contrat les clauses qui y sont d'usage, quoiqu'elles n'y soient pas exprimées.
(Obs. : C'est l'article 1160 actuel, qui paraît mieux venu dans le sillage de l'article 1135.)
Art. 1135-1 Dans les contrats à exécution successive ou échelonnée, les parties peuvent s'engager à négocier une modification de leur convention pour le cas où il adviendrait que, par l'effet

A cláusula de *hardship* sugerida pela Câmara de Comércio Internacional (CCI), de Paris, também prevê a possibilidade de negociações em caso de circunstâncias extraordinárias que resultem em onerosidade excessiva, mas, assim como o Anteprojeto antes citado, prevê o direito de encerramento do contrato à parte que invocar a cláusula (ou seja, à parte que estiver sofrendo onerosidade excessiva).[516]

Importante lembrar que o Código Civil brasileiro permite que, havendo onerosidade excessiva superveniente, a parte prejudicada requeira em juízo

---

des circonstances, l'équilibre initial des prestations réciproques fût perturbé au point que le contrat perde tout intérêt pour l'une d'entre elles.
Art. 1135-2 A défaut d'une telle clause, la partie qui perd son intérêt dans le contrat peut demander au président du tribunal de grande instance d'ordonner une nouvelle négociation.
Art. 1135-3 Le cas échéant, il en irait de ces négociations comme il est dit au chapitre ler du présent titre.
Leur échec, exempt de mauvaise foi, ouvrirait à chaque partie la faculté de résilier le contrat sans frais ni dommage.
(Obs. : Ces textes éludent l'imprévision et se bornent à une référence aux circonstances (cf. art. 900-2 c. civ.). Ils sont fondés sur la perte de l'intérêt au contrat : étant dans le titre onéreux cette formule paraît plus adaptée à la situation que celle de l'article 900-2. Ils sont en cohérence avec les dispositions préliminaires du chapitre 1 relatives à la négociation.)" (Disponível em <http://www.justice.gouv.fr/art_pix/RAPPORTCATALASEPTEMBRE2005.pdf>. Acesso em 21.07.2013. Mantivemos as observações contidas no próprio texto do Anteprojeto por acharmos que são interessantes.)

[516] "[1] A party to a contract is bound to perform its contractual duties even if events have rendered performance more onerous than could reasonably have been anticipated at the time of the conclusion of the contract.
[2] Notwithstanding paragraph 1 of this Clause, where a party to a contract proves that:
[a] the continued performance of its contractual duties has become excessively onerous due to an event beyond its reasonable control which it could not reasonably have been expected to have taken into account at the time of the conclusion of the contract; and that
[b] it could not reasonably have avoided or overcome the event or its consequences, the parties are bound, within a reasonable time of the invocation of this Clause, to negotiate alternative contractual terms which
reasonably allow for the consequences of the event.
[3] Where paragraph 2 of this Clause applies, but where alternative contractual terms which reasonably allow for the consequences of the event are not agreed by the other party to the contract as provided in that paragraph, the party invoking this Clause is entitled to termination of the contract." (Disponível em <http://www.iccbooks.com/Home/force_majeure.aspx>. Acesso em 21.07.2013)

a resolução do contrato. No entanto, grande parte da doutrina acaba por entender que o juiz poderá também revisar o contrato.[517]

Não concordamos com uma revisão contratual "forçada" pelo juiz. Sem dúvida, há que se priorizar a conservação do contrato e a manutenção do vínculo, mas se as partes chegam a um litígio como tal, em uma situação na qual normalmente já se tentou uma renegociação e ela não foi atingida, não se pode transferir ao juiz (ou igualmente ao árbitro) a tarefa de criar as condições contratuais às quais as partes estarão vinculadas. Isso, em nossa opinião, fere por completo a autonomia privada, já que ninguém pode ser obrigado a contratar. Ademais, ainda que o juiz requeira a realização de perícia e se cerque de profissionais capacitados sobre a questão contratual de fundo, que até tenham, em tese, condições técnicas de sugerir o reequilíbrio do contrato, fato é que nos parece total afronta aos princípios contratuais obrigar a parte a aceitar condições que ela não deseja.[518]

Obviamente que a situação concreta terá de ser avaliada com muita cautela, podendo-se inclusive condenar a parte que não aceitou negocialmente resolver o contrato a indenizar as perdas e danos da outra, caso essa

---

[517] Nesse sentido: ASCENSÃO, José de Oliveira. A alteração das circunstâncias e justiça contratual no novo Código Civil, cit., p. 93; KHOURI, Paulo R. Roque A. *A revisão judicial nos contratos no novo Código Civil, Código do Consumidor e Lei nº 8.666/93*: a onerosidade excessiva superveniente, cit., p. 122-123; FRANTZ, Laura Coradini. *Revisão dos contratos*, cit., p. 105; GOMES, Orlando. *Contratos*, cit., p. 216; MARTINS-COSTA, Judith. A revisão dos contratos no Código Civil brasileiro, cit., p. 161; NERY JR., Nelson; NERY, Rosa. *Código Civil comentado*, cit., p. 448; PUGLIESE, Antonio Celso Fonseca. Teoria da imprevisão e o novo Código Civil, cit., p. 20-21. Darcy Bessone também aceitava a revisão como regra, mesmo antes da positivação: "Em certos casos, porém, o melhor remédio seria a revisão para adaptação às novas condições, mas, a nosso ver, em caráter facultativo para o credor, a quem ficaria salvo preferir a resolução, porque, de outro modo, poderia ser conduzido a estipulações que não lhe conviessem." (BESSONE, Darcy. *Do contrato: teoria geral*. 1. ed. Rio de Janeiro: Forense, 1960, p. 296) Vale ainda transcrever a seguinte passagem, bastante interessante, muito embora discordemos da revisão forçada: "Essa leitura do art. 478 corresponde ao estado de evolução da doutrina mais avançada, consistindo em um dever de cooperação para o equilíbrio contratual nos vínculos de trato sucessivo ou diferida execução." (RODRIGUES JUNIOR, Otavio Luiz. *Revisão judicial dos contratos: autonomia da vontade e teoria da imprevisão*, cit., p. 163.)

[518] Já havíamos expressado essa opinião em SCHUNCK, Giuliana Bonanno. *A onerosidade excessiva superveniente no novo Código Civil: críticas e questões controvertidas*, cit., p. 133. Importante citar a opinião de Paula Forgioni: "(...) o juiz não pode negociar pela parte e a parte não pode ser obrigada a contratar, salvo em raras hipóteses em que há previsão em lei." (FORGIONI, Paula A. *Contrato de Distribuição*, cit., p. 77. Ver também p. 439.)

tenha sido uma das tentativas da parte prejudicada em razão da alteração das circunstâncias ou da incompletude. No entanto, forçar-se a parte a aceitar uma situação se ela não se sente apta a tanto – pois caso se sentisse certamente já teria aceitado a alteração negocialmente ou durante o curso do processo, tal como em contestação ou em audiência –, parece-nos uma medida inaceitável, sob pena inclusive de prejudicar os negócios e a economia. Como vimos anteriormente, na parte relativa à incompletude contratual, o juiz não saberá complementar o contrato. Além disso, os interesses das partes não podem ser desconsiderados e ninguém poderá melhor do que a própria parte saber se aquela alteração faz sentido ou lhe é econômica ou comercialmente desinteressante.

Concluindo, podemos sustentar que o dever de renegociar decorre do dever anexo de conduta de cooperação e, caso não seja observado, levará às consequências que serão discorridas em mais detalhes no próximo capítulo, quais sejam a resolução do contrato pelo inadimplemento do dever anexo de conduta[519], a possibilidade de oposição de exceção do contrato não cumprido e perdas e danos. Entendemos que o requerimento da parte para cumprimento específico do dever de renegociar será pouco cabível, já que fica difícil pensar no contratante que ajuizará uma ação para obrigar o outro a renegociar.

Além disso, a condução das negociações deve sempre ser pautada na boa-fé, sob pena de gerar também indenização à parte que sofrer prejuízos com uma negociação maculada por falsas intenções ou postura não cooperativa.

4.5. Dever de cooperação em maior intensidade nos contratos de longo prazo

Por tudo que já verificamos quanto aos contratos de longo prazo, parece-nos que em tais situações os deveres anexos de conduta devem ser exigidos dos contratantes em um nível diferenciado, na medida em que a posição de maior contato, confiança e dependência entre os contratantes faz com que eles devam observar maior cooperação entre si.[520]

---

[519] Interessante destacar a diferença entre a resolução do contrato por onerosidade excessiva e a resolução do contrato pelo descumprimento do dever de renegociar.
[520] Jacques Ghestin observa que, graças à confiança, as partes podem convencionar compromissos abertos e cooperar de maneira a obter benefícios que não poderiam ter fora da relação de longo prazo. (GHESTIN, Jacques. L'Analyse Économique de la Clause Générale, cit., p. 178.)

Podemos verificar uma tendência da doutrina estrangeira, com aceitações nacionais, de considerar a existência de um dever geral de cooperação entre os contratantes, principalmente em determinadas hipóteses, nas quais se verificam um contato e dinâmica tal entre as partes, que exigem essa postura diferenciada.

Assim, esse dever geral de cooperação, decorrente da boa-fé objetiva e verificado principalmente através dos deveres anexos, mostra-se mais acentuado nas contratações de longo prazo, pelas características específicas e particulares de tais contratações.

Os exemplos de julgados anteriormente estudados também demonstram a tendência de o dever de cooperação ser mais intenso nas contratações de longo prazo, tendo em vista a reiterada interação entre as partes, a dependência entre elas e a efetiva visão da obrigação como processo, demonstrando que, dentro da dinâmica contratual, a cada momento um dos contratantes está em posição diferente e, se um é credor em determinada situação, logo na sequência passa a ser devedor, sendo que esse processo vai se desenrolando durante o programa contratual, fazendo com que as posições sejam constantemente alteradas e as partes se verifiquem em situação de constante troca e necessidade de cooperação.

Muriel Fabre-Magnan, ao comentar sobre a cooperação entre as partes durante a execução do contrato, sustenta que ela é diversa conforme o tipo contratual considerado, tendo papel de destaque nas contratações de longo prazo e nas contratações internacionais. A autora cita nesse sentido uma sentença da Câmara de Comércio Internacional (CCI), que entende que as partes devem ser conscientes de que somente uma colaboração leal, total e constante entre elas permite que se resolvam as dificuldades inerentes à execução do contrato.[521]

Suzanne Lequette afirma que o dever implícito de cooperação varia em conteúdo e em extensão conforme as obrigações das partes e o próprio contrato, levando em conta parâmetros objetivos como a operação contratual, sua complexidade e os fatores que circundam a execução do contrato. Ademais, parâmetros subjetivos também serão considerados na aferição do grau de intensidade do dever de cooperação. Nesse sentido, para a autora,

---

[521] FABRE-MAGNAN, Muriel. *De l'obligation d'information dans les contrats: essai d'une theorie*, cit., p. 351.

quanto maior for a relação de confiança e/ou de dependência das partes, mais intensamente deverá ser considerado o dever de cooperação.[522]

Mota Pinto também afirma que os deveres laterais de conduta "podem existir em qualquer relação contratual, embora, naturalmente, o seu número e intensidade sejam maiores numa relação duradoura".[523]

Interessante, ainda, destacar o que sustenta Carneiro da Frada:

> "A regra da conduta segundo a boa-fé desempenha, pela natureza da relação, um papel particularmente notório na fundamentação das condutas exigíveis. Ela concretiza-se num dever de cooperação especialmente intenso que impede sobre as partes para se assistirem mutuamente nos seus interesses sempre que espreita perigo de serem afectados, bem como a fim de as adstringir a condutas que não comprometam sem motivo o resultado almejado pelo outro contraente como o contrato"[524].

Na doutrina nacional, vale observar as importantes lições de Antonio Junqueira de Azevedo, que sustenta "para conciliar a flexibilidade da boa--fé, inerente à sua qualidade de princípio, com as necessidades práticas da sua concretização, que se devem respeitar tanto as peculiaridades da categoria e do tipo de contrato a que ela se aplicam, quanto seus níveis e funções". Assim, o autor ensina que a regra da boa-fé, apesar de cogente, tem aplicações mais ou menos intensas de acordo com suas funções e com os tipos negociais. Com isso, para ele, nos contratos de longa duração, "a dinâmica da relação contratual exige, pela relativa indeterminação de seu objeto, que vai se concretizando passo a passo, uma aplicação intensa da boa-fé como norma de colaboração", inclusive em sua função de criação de deveres de comportamento.[525]

---

[522] LEQUETTE, Suzanne. *Le contrat-coopération – contribution à la théorie générale du contrat*, cit., p. 351 – 352.
[523] PINTO, Carlos Alberto da Mota. *Cessão da Posição Contratual*, cit., p. 346.
[524] FRADA, Manuel A. Carneiro da. *Teoria da Confiança e Responsabilidade Civil*, cit., p. 563. De fato, o autor dá especial importância e destaque às relações duradouras, pontuando que em tais casos o dever de informação também é acentuado, assim como os deveres de lealdade, lisura e correção, para os casos de aviso prévio. Igualmente, são destacadas pelo autor, ainda com base no caráter duradouro da relação, "as manifestações particulares da confiança" tais como a *suppressio* e a *surrectio*. (FRADA, Manuel A. Carneiro da. *Teoria da Confiança e Responsabilidade Civil*, cit., p. 568-569).
[525] AZEVEDO, Antonio Junqueira de. *Novos estudos e pareceres de direito privado*, cit., p. 127.

Giovanni Ettore Nanni igualmente sustenta que os deveres laterais são observados com mais frequência e demandam, assim, maior atenção "nas situações em que a relação obrigacional não se esgota em uma única prestação, mas em sucessivas e duradouras, ou também nos contratos de longa duração, coligados e nos chamados contratos relacionais"[526].

Dessa forma, em nossa opinião e pelas análises que fizemos das características específicas do dever de cooperação e do contrato de longo prazo, o intérprete deve levar em conta a exigência de maior intensidade do dever de cooperação entre as partes nas contratações de longo prazo, para que possa então avaliar se houve violação do dever de cooperação e verificar qual são as consequências de tal violação (a serem comentadas no Capítulo 5).

Porém, também pelo que já verificamos, o intérprete não pode se descurar de analisar as características específicas da contratação em si, considerando o caso concreto, os usos e costumes daquele negócio específico e do local daquela contratação, para que a compreensão dos deveres anexos naquele contrato singular seja a mais completa e correta possível.

Nesse sentido, interessante destacar que a análise do negócio específico é de extrema importância e, como sustenta Gustavo Haical, o exame dos deveres laterais decorrentes da boa-fé objetiva deve "tomar por base, dentro das circunstâncias do caso, as regras impostas pelos usos do tráfico. Os usos servem para elucidar e fixar como se deve proceder em cumprimento dos deveres impostos pela boa-fé objetiva, pois esse é o comportamento exigido no tráfico"[527].

---

[526] NANNI, Giovanni Ettore. O dever de cooperação nas relações obrigacionais à luz do princípio constitucional da solidariedade, cit., p. 304. Entre os autores nacionais, ainda, Thiago Luís Santos Sombra também sustenta, ainda que de forma lateral, a importância da cooperação aumentada nos vínculos de trato sucessivo. (SOMBRA, Thiago Luís Santos. *Adimplemento contratual e cooperação do credor*, cit., p. 146.)

[527] HAICAL, Gustavo Luís da Cruz. Os usos do tráfico como modelo jurídico hermenêutico no Código Civil de 2002. *Revista de Direito Privado*, São Paulo, ano 13, vol. 50, p. 11-50, abr-jun. 2012, p. 31. Pontes de Miranda também associa a boa-fé aos usos do tráfico: "Rigorosamente, as regras da boa-fé entram nas regras do uso do tráfico, porque tratar lisamente, com correção, é o que se espera encontrar nas relações da vida. Os usos do tráfico, mais restritos, ou mais especializados, apenas se diferenciam por sua menor abrangência." (MIRANDA, Pontes de. *Tratado de direito privado*. 4. ed. T. III. São Paulo: Ed. Revista dos Tribunais, 1983, p. 331.)

Verifica-se ser crucial uma análise completa e total do negócio específico, não se podendo analisar apenas certos aspectos ou particularidades da contratação, sob pena de uma análise incompleta do contrato e de suas particularidades.

Apenas com a análise completa do negócio específico e da forma como os deveres anexos devem ser compreendidos em tal contratação – dando-se acentuada importância e uma leitura adequada a tais deveres nos casos de contratos de longo prazo – pode-se passar para um momento posterior que é justamente a análise das consequências próprias que a quebra do dever anexo terá naquele contrato.

Como veremos no Capítulo 5, a violação de um dever anexo terá consequências bastante similares ao descumprimento de um dever de prestação e isso deve ocorrer pela importância que os deveres anexos de conduta possuem, especialmente em contratações de longo prazo.

Ademais, devem ser sempre considerados, para fins da análise do dever de cooperação, os limites exigidos do contratante no tocante à sua postura e ao dever anexo de conduta esperado. O dever lateral de conduta não pode trazer ao contratante um ônus ou um peso que não aquele normalmente esperado do contratante naquele tipo específico de contratação, considerando-se todas as suas particularidades. Não se pode transferir ao contratante determinada obrigação tão gravosa que deixa de ser acessória e passa a ser algo que deveria ter sido parte do rol das prestações das partes, inclusive para que custos fossem considerados tendo por base tal obrigação.

Ao fazermos as análises aqui realizadas e ao chegarmos às conclusões já destacadas, pensamos se seria interessante haver modificações legislativas, para que o Código Civil dispusesse de forma específica sobre as condições peculiares dos contratos de longo prazo (tal como sugere o Projeto de Código Civil e Comercial Argentino), bem como sobre o dever de cooperação.

Poderia haver, de fato, disposições específicas sobre as contratações de longo prazo, seus impactos e forma de interpretação dos deveres das partes em razão das peculiaridades a eles inerentes. O Código Civil oferece proteção de forma mais explícita às contratações que perduram no tempo apenas quanto à denúncia e à onerosidade excessiva, nos termos dos artigos 473 e 478 a 480, respectivamente.[528] Seria interessante se houvesse

---

[528] "Art. 473. A resilição unilateral, nos casos em que a lei expressa ou implicitamente o permita, opera mediante denúncia notificada à outra parte.

regras específicas visando a cobrar dos contratantes um padrão de conduta mais leal e cooperativo em contratos duradouros.

Apesar de uma possível alteração legislativa ser desejável também quanto aos deveres anexos de conduta, entendemos que o princípio da boa-fé objetiva contido na cláusula geral do artigo 422 do Código Civil, bem como nas regras de interpretação pela boa-fé, dispostas no artigo 113 do mesmo diploma, contém amplitude suficiente para abarcar a proteção do dever de cooperação nos contratos e de forma mais acentuada nos contratos de longo prazo. Sem dúvida, se houvesse dispositivo específico sobre os deveres laterais de conduta, que concretizam o dever de cooperação, e a forma de sua aplicação aos contratos, o intérprete teria mais facilidade no momento de subsumir o caso concreto à regra.

De todo modo, nossa legislação já permite a exigência de um dever de cooperação aos contratantes e, inclusive, de um padrão mais intenso para os casos de contratos que perduram no tempo.

Com base no que foi até aqui estudado, no Capítulo seguinte analisaremos o descumprimento dos deveres anexos de conduta e suas consequências, para que nossa pesquisa possa ficar completa e ter a adequada compreensão de que, para hipóteses de contratos de longo prazo, os deveres anexos possuem uma importância acentuada, uma intensidade diferenciada, e sua violação deve ser compreendida da forma mais apropriada possível, observando-se as peculiaridades de tais casos.

Parágrafo único. Se, porém, dada a natureza do contrato, uma das partes houver feito investimentos consideráveis para a sua execução, a denúncia unilateral só produzirá efeito depois de transcorrido prazo compatível com a natureza e o vulto dos investimentos.
(...)
Art. 478. Nos contratos de execução continuada ou diferida, se a prestação de uma das partes se tornar excessivamente onerosa, com extrema vantagem para a outra, em virtude de acontecimentos extraordinários e imprevisíveis, poderá o devedor pedir a resolução do contrato. Os efeitos da sentença que a decretar retroagirão à data da citação.
Art. 479. A resolução poderá ser evitada, oferecendo-se o réu a modificar eqüitativamente as condições do contrato.
Art. 480. Se no contrato as obrigações couberem a apenas uma das partes, poderá ela pleitear que a sua prestação seja reduzida, ou alterado o modo de executá-la, a fim de evitar a onerosidade excessiva."

Quebra do Dever de Cooperação e Consequências

5.1. Violação positiva do contrato

A figura da violação positiva do contrato foi desenvolvida pelo jurista alemão Hermann Staub em 1902, ao observar que os conceitos tradicionais de inadimplemento, relativo e absoluto, além do regime dos vícios, existentes no Direito alemão, não eram suficientes para tratar todos os casos de descumprimentos de obrigações contratuais, havendo de fato uma lacuna no Código Civil daquele país. Assim, ele propôs a supressão de tais lacunas pela figura da violação positiva do contrato.[529]

Em 1907, a alta Corte alemã para assuntos civis adotou a figura desenvolvida por Staub ao julgar o caso de um sujeito que havia adquirido forragem para seus cavalos, que estava contaminada. Dois cavalos morreram após a ingestão da forragem contaminada e, assim, o autor pleiteou perdas e danos. Não havia como o autor fundamentar sua ação em mora ou inadimplemento, porque o bem havia sido entregue; tampouco na garantia, porque o vendedor não havia garantido que a forragem não estaria contaminada. Assim, a Corte recorreu à doutrina de Staub, na medida em

---

[529] SILVA, Jorge Cesa Ferreira da. *A boa-fé e a violação positiva do contrato*, cit., p. 173. No mesmo sentido, Menezes Cordeiro afirma que: "Fique assente – no que representa um ponto a favor de STAUB – que a existência do problema por ele diagnosticado, isto é, a presença de violações creditícias não integráveis, com linearidade, nos esquemas de mora e da impossibilidade, constantes do BGB é confirmada pelos seus críticos, de modo implícito ou explícito." (CORDEIRO, António Menezes, *Da boa-fé no direito civil*, cit., p. 599.)

que, pela lei alemã, caberia ao adquirente, em razão do defeito no produto, apenas devolvê-lo e receber de volta o preço ou pedir um abatimento no preço compatível com o vício, o que sem dúvida não ressarciria os prejuízos tidos com a perda dos cavalos.[530]

Como afirma Menezes Cordeiro, comentando o trabalho de Staub, a ideia de ressarcimentos de danos de naturezas diversas ao inadimplemento ou mora já existia, mas não havia fundamentação adequada para isso. Assim, "a solução estaria em, por aplicação analógica ao regime da mora, reconhecer à parte leal ao contrato a possibilidade de escolher entre três termos: manter o contrato e exigir uma indenização por cada violação singular, exigir uma indenização geral pelo incumprimento do contrato ou rescindi-lo"[531].

Logo no início do desenvolvimento da figura por Staub, não havia uma unicidade entre os casos que estariam por ela abarcados. Isso levou a críticas da doutrina na época, inclusive feitas por Heinrich Stoll, que mais tarde veio a desenvolver melhor a teoria.[532] Na verdade, Staub não se preocupou em criar uma sistematização fechada para a figura, mas desejou muito mais tentar suprir a lacuna que existia no BGB quanto a determinadas situações que não se enquadravam nem em mora nem em inadimplemento. No entanto, os desenvolvimentos doutrinários posteriores foram capazes de moldar o suporte fático objetivo da figura.[533]

A nomenclatura dada por Staub também foi alvo de muitas críticas, já que não somente aquelas ações positivas estão abarcadas pela violação positiva, mas também omissões do devedor em cumprir determinado dever anexo. Assim, a nomenclatura "positiva" foi bastante debatida e criticada[534],

---

[530] EBKE, Werner F.; STEINHAUER, Bettina M. The Doctrine of Good Faith in German Contract Law. In: BEATSON, Jack; FRIEDMANN, Daniel. (Ed.) *Good Faith and Fault in Contract Law*. Oxford: Oxford University Press, p. 171-190, 2001, p. 174.

[531] CORDEIRO, António Menezes, *Da boa-fé no direito civil*, cit., p. 596.

[532] CORDEIRO, António Menezes, *Da boa-fé no direito civil*, cit., p. 598.

[533] SILVA, Jorge Cesa Ferreira da. *A boa-fé e a violação positiva do contrato*, cit., p. 217.

[534] Larenz também critica tal nomenclatura porque, segundo ele, ela passa a ideia de que o devedor faz o que deve – ou seja, positivamente – para cumprir a prestação por completo. Mas o devedor que não observa um dever lateral de conduta deixa de ter uma conduta positiva em relação à obrigação. (LARENZ, Karl. *Derecho de Obligaciones*. Tomo I. Versão espanhola e notas de Jaime Santos Briz. Madrid : Revista de Derecho Privado, 1958, p. 366.)

mas fato é que acabou permanecendo, já que a figura foi aos poucos se consolidando.[535]

Inicialmente Staub considerou uma série de diferentes hipóteses que estariam abarcadas na violação positiva do contrato, porque não seriam corretamente enquadradas em outras proteções da lei alemã. Tais hipóteses podiam ser divididas nos seguintes grupos: "(1) o descumprimento de obrigações negativas; (2) o negligente cumprimento de deveres de prestação; (3) o mau cumprimento de obrigações duradouras; (4) o descumprimento de deveres laterais e (5) a recusa antecipada do devedor de cumprir o devido"[536].

Algumas dessas hipóteses foram posteriormente bastante discutidas e consideradas fora do campo de aplicação da figura em questão. Menezes Cordeiro afirma que se devem considerar como hipóteses de violação positiva os casos de "cumprimento defeituoso da prestação principal, de incumprimento ou impossibilidade de prestações secundárias e de violação de deveres acessórios"[537]. E o autor, apesar de todas as críticas existentes à figura, entende que a violação positiva deve ser mantida como figura unitária, por possibilitar que nos casos acima se apliquem o "direito à indenização pelos danos, a possibilidade de recusar legalmente a prestação e a de mover a exceção do contrato não cumprido"[538].

Para nós, porém, importa efetivamente analisar os casos de violação positiva do contrato pela quebra de deveres anexos de conduta: "os deveres acessórios, instrumentalmente necessários para caracterizar a prestação devida, também podem ser inadimplidos"[539].

---

[535] "O título de violação contratual positiva é mantido porque consagrado pelo uso e designa (a) o descumprimento dos deveres secundários e (b) a quebra antecipada. Melhor seria classificar essas violações como infração ao princípio da boa-fé e infração antecipada do contrato, deixando de lado a denominação de violação contratual positiva. (AGUIAR JÚNIOR, Ruy Rosado de. *Extinção dos contratos por incumprimento do devedor (resolução)*, cit., p. 126.)

[536] SILVA, Jorge Cesa Ferreira da. *A boa-fé e a violação positiva do contrato*, cit., p. 217.

[537] CORDEIRO, António Menezes, *Da boa-fé no direito civil*, cit., p. 602.

[538] CORDEIRO, António Menezes, *Da boa-fé no direito civil*, cit., p. 602.

[539] MARTINS-COSTA. Judith. *Comentários ao novo Código Civil*, cit., p. 228. Para análise dos demais pontos considerados como violação positiva do contrato, ver BASTOS, Antonio Carlos de Leme. Violação positiva do contrato. In: *Transformações Contemporâneas do Direito das Obrigações*. Org. MOTA, Mauricio; KLOH, Gustavo. Rio de Janeiro: Elsevier, p. 351-428, 2011.

Como observa Larenz, o devedor pode infringir não apenas o dever de prestação, mas outro dever de conduta derivado da relação obrigacional, dando lugar, assim, à violação positiva do contrato.[540]

Na reforma que o Código Civil alemão sofreu em 2002[541], a violação de um dever foi positivada no § 280, (1):

"Danos pela quebra de dever

O Tribunal de Justiça do Rio Grande do Sul já permitiu a resolução de contrato com base em descumprimento de dever anexo:

"Apelação cível. Direito Privado não-especificado. Ação de rescisão de contrato cumulada com pedido indenizatório por danos morais e materiais. Contrato de prestação de serviços de recuperação de créditos fiscais. Violação dos deveres anexos de informação e assistência. Ato ilícito objetivo de natureza extracontratual. Protesto indevido de títulos, em valores acima dos repactuados por acordo verbal comprovado nos autos. Venire contra factum proprium. Tu quoque. Dano moral in re ipsa. Pessoa jurídica. Ocorrência. Cabimento. Manutenção do quantum indenizatório.

(1) Se o obrigado viola um dever decorrente da obrigação, o credor pode demandar pelos danos causados. Essa disposição não será aplicável se o obrigado não for responsável pela violação do dever"[542].

---

[540] LARENZ, Karl. *Derecho de Obligaciones*, cit., p. 363.
[541] Sobre a reforma, em especial da parte de Obrigações, ver: SCHULTE-NÖLKE, Hans. *The New German Law of Obligations: an Introduction*. Disponível em <http://www.iuscomp.org/gla/literature/schulte-noelke.htm>. Acesso em 07.04.2013.
[542] Tradução livre de:
"Section 280
Damages for breach of duty
(1)If the obligor breaches a duty arising from the obligation, the obligee may demand damages for the damage caused thereby. This does not apply if the obligor is not responsible for the breach of duty." Citamos ainda o § 281 que pode ser utilizado também para casos de quebra de deveres:
(1) To the extent that the obligor does not render performance when it is due or does not render performance as owed, the obligee may, subject to the requirements of section 280 (1), demand damages in lieu of performance, if he has without result set a reasonable period for the obligor for performance or cure. If the obligor has performed only in part, the obligee may demand damages in lieu of complete performance only if he has no interest in the part performance. If the obligor has not rendered performance as owed, the obligee may not demand damages in lieu of performance if the breach of duty is immaterial.

No mesmo sentido, o § 282 estabeleceu a possibilidade de danos para o caso de danos em substituição à execução:

"Danos em substituição à execução pela quebra de dever sob o § 241 (2)
Se o obrigado viola um dever nos termos do § 241 (2), o credor pode, se os requisitos do § 280 (1) estiverem atendidos, demandar danos em substituição à execução, se não for mais razoavelmente esperado que o credor aceite a execução pelo obrigado"[543].

Por sua vez o § 241 (2) estabelece que uma obrigação também pode, dependendo de seu conteúdo, obrigar cada uma das partes a levar em conta os direitos, os interesses legais e outros interesses da outra parte.

Dessa forma, verifica-se pela redação dos artigos do BGB acima citados que a reforma destacou os interesses de cada uma das partes nas obrigações, dando lugar à preocupação com os deveres anexos e o descumprimento de tais deveres. Assim, a violação positiva do contrato como figura independente acabou perdendo o sentido na Alemanha, na medida em que o BGB passou a regular a quebra dos deveres anexos e suas consequências.[544]

---

(2) Setting a period for performance may be dispensed with if the obligor seriously and definitively refuses performance or if there are special circumstances which, after the interests of both parties are weighed, justify the immediate assertion of a claim for damages.
(3) If the nature of the breach of duty is such that setting a period of time is out of the question, a warning notice is given instead.
(4) The claim for performance is excluded as soon as the obligee has demanded damages in lieu of performance.
(5) If the obligee demands damages in lieu of complete performance, the obligor is entitled to claim the return of his performance under sections 346 to 348."
(Disponível em http://www.gesetze-im-internet.de/englisch_bgb/englisch_bgb.html#p0828. Acesso em 21.03.2013)
[543] Tradução livre de:
"Section 282
Damages in lieu of performance for breach of a duty under section 241 (2)
If the obligor breaches a duty under section 241 (2), the obligee may, if the requirements of section 280 (1) are satisfied, demand damages in lieu of performance, if he can no longer reasonably be expected to accept performance by the obligor."
(Disponível em http://www.gesetze-im-internet.de/englisch_bgb/englisch_bgb.html#p0828. Acesso em 21.03.2013)
[544] SOMBRA, Thiago Luís Santos Sombra. *Adimplemento contratual e cooperação do credor*, cit., p. 88.

Vale ainda destacar que o BGB inclui a violação de deveres anexos na parte relativa a obrigações e não aos contratos, indo ao encontro da tendência mais moderna de considerar a existência de deveres acessórios de conduta não apenas no campo do Direito Contratual, mas incluindo-os nos assuntos de Obrigações, Família, etc. E nesse sentido, a tendência também tem sido usar a expressão "violação positiva do crédito", e não "do contrato", já que a figura pode ser aplicável a situações outras que o Direito Contratual.[545] De todo modo, apenas por uma questão de costume, manteremos a terminologia "violação positiva do contrato", sem que isso signifique qualquer limitação da figura ao Direito Contratual.

Assim, retomando o raciocínio sobre a aplicação de tal figura ao Direito brasileiro, entendemos que as hipóteses de descumprimento contratual nas situações abarcadas na doutrina da violação positiva do contrato devem ser analisadas e aceitas, possibilitando que o credor do dever anexo tenha medidas a tomar, contra o devedor, que superam as simples medidas relativas à mora ou ao inadimplemento, relacionadas apenas ao descumprimento da prestação.[546]

---

[545] Gustavo Luís da Cruz Haical utiliza a nomenclatura violação positiva do crédito. (HAICAL, Gustavo Luís da Cruz. O inadimplemento pelo descumprimento exclusivo de dever lateral advindo da boa-fé objetiva. In: MOTA, Mauricio; KLOH, Gustavo (Org.). *Transformações Contemporâneas do Direito das Obrigações*. Rio de Janeiro: Elsevier, 2011, p. 485-522.) Larenz menciona "infrações positivas de pretensões", apesar de utilizar de forma corrente a nomenclatura violação positiva do contrato: "infracciones contractuales positivas *(o infraciones positivas de pretensiones, ya que puede tratarse de otras no referidas a relaciones obligatorias contractuales)*". (LARENZ, Karl. *Derecho de Obligaciones*, cit., p. 366, grifos no original.) Ainda no mesmo sentido: GOMES, Orlando. *Transformações gerais do direito das obrigações*. 2. ed. São Paulo: Ed. Revista dos Tribunais, 1980, p. 162.

[546] "Mais profícuo é compreender o resultado destas transformações, qual seja, a superação de um esquema clássico de proteção apenas da prestação principal por uma proteção global da relação jurídica, visando satisfazer os interesses das partes envolvidas." (MARTINS, Raphael Manhães. A teoria do inadimplemento e transformações no direito das obrigações. *Revista de Direito Privado*. São Paulo, ano 9, n. 33, p. 250-289, jan./mar. 2008, p. 288.) Em sentido contrário à necessidade de aceitação da figura da violação positiva do contrato, ver: LAHR, Duzolina Helena. Deveres acessórios de conduta: perfil histórico-dogmático. Dissertação (Mestrado) – Faculdade de Direito da Universidade de São Paulo, 2003, p. 142. A autora entende que o Brasil contém o "princípio geral de responsabilidade civil" que já compreenderia a possibilidade de se pleitear indenização pela quebra dos deveres anexos. Discordamos da posição, na medida em que, como discorremos aqui, não apenas a indenização pode interessar ao credor, sendo de todo recomendável uma figura que já traga consigo essa e outras possibilidades ao credor. Orlando

Isso porque, pela redação do artigo 394, do Código Civil, a mora só é considerada para os casos de o devedor não efetuar o pagamento e o credor não querer recebê-lo, ainda que nosso Código seja um dos mais amplos ao considerar também os aspectos de tempo, lugar e forma que a lei ou a convenção estabelecer.[547]

Destaca-se aqui a palavra pagamento da redação de referido artigo, que pode ser considerada como a prestação efetiva, não dando espaço para violações de deveres anexos de conduta. E, por sua vez, nos termos do artigo 395, parágrafo único, do Código Civil, o inadimplemento absoluto ocorre quando a prestação, em razão da mora, tornar-se inútil ao credor.[548] Novamente, a noção de inadimplemento se socorre do conceito de prestação, impossibilitando que se considere inadimplido o contrato por violação de deveres anexos de conduta.[549]

Gomes também entende que a figura é interessante e útil, mas não seria realmente necessária no Direito brasileiro, na medida em que o antigo artigo 1.092 do Código Civil (atual 475 do CC/2002) já dispunha que a parte lesada pelo inadimplemento poderia requerer a rescisão do contrato com perdas e danos. O descumprimento de dever negativo, da forma como ele tratou, seria um inadimplemento. Entendemos, porém, que sua análise foi mais restrita a deveres negativos que a deveres anexos de conduta, de forma geral. E como aqui já sustentado, não seria correto dizer que ocorre inadimplemento, propriamente dito, quando ocorre a violação de deveres anexos de conduta, já que não se trata especificamente da prestação em si, esta sim "protegida" pelas regras do inadimplemento e da mora. (GOMES, Orlando. *Transformações gerais do direito das obrigações*, cit., p. 160.)

[547] "Não há como se negar a existência desse instituto jurídico no Direito brasileiro, porque, mesmo a mora abrangendo o não cumprimento da prestação no tempo, lugar e forma devidos, ela somente se restringe ao descumprimento dos deveres insertos nos interesses da prestação. Não abrange os interesses de proteção. Por isso, quando descumpridos deveres laterais insertos no interesse de proteção, surge a violação positiva do crédito." (HAICAL, Gustavo Luís da Cruz. O inadimplemento pelo descumprimento exclusivo de dever lateral advindo da boa-fé objetiva, cit., p. 504.)

[548] "Art. 394. Considera-se em mora o devedor que não efetuar o pagamento e o credor que não quiser recebê-lo no tempo, lugar e forma que a lei ou a convenção estabelecer.

Art. 395. Responde o devedor pelos prejuízos a que sua mora der causa, mais juros, atualização dos valores monetários segundo índices oficiais regularmente estabelecidos, e honorários de advogado.

Parágrafo único. Se a prestação, devido à mora, se tornar inútil ao credor, este poderá enjeitá-la, e exigir a satisfação das perdas e danos."

[549] "Assim, apenas a quebra daqueles deveres laterais provenientes exclusivamente do princípio da boa-fé, não guardando relação com a tipicidade da prestação principal, caracterizam-se como violação positiva do contrato, com especial destaque para os deveres de proteção." (SILVA,

Como destaca Carneiro da Frada, nos casos de violação positiva do contrato, o dano ocorre:

"não já do mau cumprimento de um dever de prestação, mas da violação de um outro dever de comportamento que incumbia ao devedor no quadro da relação contratual e destinado, ora a assegurar uma conveniente execução dessa relação (ou a realização de seu fim), ora a evitar a lesão dos interesses da contraparte com a execução do contrato"[550].

Dessa forma, fazendo-se uma transposição da figura da violação positiva do contrato para nosso ordenamento jurídico, entendemos que ela seria aplicável para regular aquelas violações que não estão expressas na lei, mas que podem dar ensejo a perdas e danos, à exceção do contrato não cumprido, à execução específica, quando cabível, e, inclusive, como veremos adiante, à resolução do contrato[551].

Além disso, a violação positiva também alberga os casos de quebra antecipada do contrato, que são aquelas hipóteses nas quais o devedor se recusa, seja expressa, seja implicitamente, a executar sua prestação. Nesses casos, o credor não teria que aguardar pelo inadimplemento, podendo requerer a resolução do contrato com base na violação positiva.[552]

Os casos de mau cumprimento da prestação, que poderiam muitas vezes ser resolvidos de forma isolada pelo regime dos vícios, acabam tendo forte presença também da violação de um dever anexo de cuidado, proteção ou

---

Rafael Peteffi da. Teoria do adimplemento e modalidade de inadimplemento, atualizado pelo novo Código Civil. *Revista do Advogado*, São Paulo, AASP, Ano XXII, nº 68, p. 135-153, dez/2002, p. 150.)

[550] FRADA, Manuel A. Carneiro da. *Contrato e Deveres de Proteção*, cit., p. 32.

[551] "A resolução cabe nos casos de inexecução. Classifica-se esta em *falta de cumprimento* ou *inadimplemento stricto sensu, mora*, e *cumprimento defeituoso*. A inexecução pode ser *imputável* ou *inimputável ao devedor*." (GOMES, Orlando. *Contratos*, cit., p. 203, grifos no original.)

[552] SILVA, Rafael Peteffi da. Teoria do adimplemento e modalidade de inadimplemento, atualizado pelo novo Código Civil, cit., p. 151. No mesmo sentido, CATALAN, Marcos Jorge. *Considerações iniciais sobre a quebra antecipado do contrato e sua recepção pelo direito brasileiro*. Disponível em <http://www.diritto.it/pdf/26875.pdf>. Acesso em 23.03.2013. FRADERA, Véra Maria Jacob de. A Quebra Positiva do Contrato. *Revista da Ajuris: Associação dos magistrados do Rio Grande do Sul*, nº 44, p. 144-152, 1998. AGUIAR JÚNIOR, Ruy Rosado de. *Extinção dos contratos por incumprimento do devedor (resolução)*, cit., p. 126 e ss.

lealdade, sendo possível, assim, vislumbrar-se igualmente o descumprimento de um dever anexo de conduta.[553] O que ocorre, na verdade, é uma sobreposição de figuras, já que muitas vezes a entrega da coisa com defeito pode significar também a violação de um dever anexo.

Nesse sentido, aliás, interessante notar no campo dos vícios redibitórios que o artigo 443 do Código Civil[554] dispõe que, se o alienante conhecia o vício ou defeito da coisa, deverá restituir o preço e mais perdas e danos; se não o conhecia, deverá restituir apenas o preço e as despesas do contrato. No entanto, o mau cumprimento, ainda que apenas culposo e não doloso, pode significar prejuízos ao credor que ultrapassem o preço da coisa. Assim, a depender da situação fática, se efetivamente tiver havido também uma violação de dever anexo de conduta, nada obstaria que o credor exigisse a indenização pelos demais prejuízos com base nesse fundamento.[555]

Rafael Peteffi da Silva exemplifica tal situação com as clássicas hipóteses do vendedor de forragem, que vende forragem envenenada, fazendo com que dois cavalos do fazendeiro pereçam, ou do comerciante que recebe um lote de maçãs podres que acabam estragando aquelas que estavam boas. Ele observa que, nesses casos, do mesmo ato surgem dois danos. O primeiro relativo ao mau cumprimento da obrigação e o segundo, relativo à violação a um dever lateral de proteção.[556]

De todo modo, esse tema foge à nossa análise primária e é interessante apenas para demonstrar o fato de que, muitas vezes, uma situação de violação contratual significa uma sobreposição de figuras, já que em diversas ocasiões os deveres anexos se mostrarão violados, ainda que outros institutos também sejam aplicáveis. O que não pode ocorrer, no entanto, é um julgamento equivocado dos institutos corretos, aplicando-se a violação positiva do contrato para questões que claramente poderiam ser resolvi-

---

[553] SILVA, Jorge Cesa Ferreira da. *A boa-fé e a violação positiva do contrato*, cit., p. 249.
[554] "Art. 443. Se o alienante conhecia o vício ou defeito da coisa, restituirá o que recebeu com perdas e danos; se o não conhecia, tão-somente restituirá o valor recebido, mais as despesas do contrato."
[555] SILVA, Jorge Cesa Ferreira da. *A boa-fé e a violação positiva do contrato*, cit., p. 251.
[556] SILVA, Rafael Peteffi da. Teoria do adimplemento e modalidade de inadimplemento, atualizado pelo novo Código Civil, cit., p. 151.

das por outras figuras mais adequadas, inclusive sob pena de banalizar seu uso e acabar desacreditando sua efetiva necessidade.[557]

Jorge Cesa Ferreira da Silva observa que, para os casos que são regidos pelo Direito do Consumidor, o CDC já trouxe regulamentação específica sobre o fato do produto, ou seja, defeitos no produto que atingem a segurança do consumidor, e que onde poderia haver a incidência dos deveres anexos de proteção, já há previsão específica do CDC.[558]

Ainda que não haja uma expressa previsão legal no sentido de se recepcionar a violação positiva do contrato, abrindo uma nova via de análise da violação de obrigações contratuais, que se diferencia do inadimplemento e dos vícios da coisa, entendemos que a boa-fé objetiva autoriza a introdução desse conceito e suas consequências ao nosso ordenamento.

Nesse sentido, aliás, é a orientação do Enunciado nº 24 da I Jornada de Direito Civil do Centro de Estudos Judiciários do Conselho da Justiça Federal:

---

[557] Nesse sentido, Gustavo Luís da Cruz Haical aponta exemplos de casos que foram decididos de forma equivocada pela violação positiva, incluindo assuntos que deveriam ter sido resolvidos por inadimplemento relativo e cumprimento defeituoso da prestação. (HAICAL, Gustavo Luís da Cruz. O inadimplemento pelo descumprimento exclusivo de dever lateral advindo da boa-fé objetiva, cit., p. 506-507.) Igualmente, o acórdão cuja ementa se transcreve abaixo, parece-nos ter aplicado a violação de deveres anexos para um caso no qual ocorreu, na verdade, dolo do contratante, por sustentar que o novo plano de saúde então contratado teria certas coberturas que não se verificaram na prática, na tentativa de persuadir os contratantes a celebrar o contrato. Note-se, porém, que, para o caso em análise, aplica-se o Direito do Consumidor:
"SEGURO SAÚDE Boa-fé Objetiva – Mudança de planos individuais para plano coletivo, mediante promessa de que não haveria alteração na rede credenciada de médicos, hospitais e laboratórios, o que era preponderante na negociação – Descumprimento dos deveres genéricos de informação, proteção, lealdade e cooperação – Quebra de confiança ao oferecer o plano coletivo a consumidores, de forma que viessem a contratar, por meio de pessoa jurídica estipulante, em condições menos favoráveis Resolução pela violação positiva do contrato, com o restabelecimento da relação contratual anterior – Recurso desprovido."
(Tribunal de Justiça de São Paulo. Apelação nº 0138095-55.2010.8.26.0100. 1ª Câmara de Direito Privado.
Relator Desembargador Alcides Leopoldo e Silva Júnior. Julgado em 21.08.2012.)
[558] SILVA, Jorge Cesa Ferreira da. *A boa-fé e a violação positiva do contrato*, cit., p. 324 e ss.

"24 – Art. 422: em virtude do princípio da boa-fé, positivado no art. 422 do novo Código Civil, a violação dos deveres anexos constitui espécie de inadimplemento, independentemente de culpa"[559].

Dessa forma, o Direito brasileiro acaba por recepcionar a violação de deveres anexos e a coloca como espécie de inadimplemento, por meio do princípio da boa-fé objetiva, possibilitando, como veremos a seguir, que tais violações tenham as mesmas consequências que o descumprimento das prestações.

Com isso, o conceito de violação positiva do contrato acaba até mesmo se mostrando desnecessário em nosso Direito, já que os papéis amplos da boa-fé objetiva se mostram suficientes para resolver as situações que foram incluídas pelos alemães, no passado, em tal conceito.

De todo modo, ainda analisando o antigo conceito alemão, interessante observar que Staub já se preocupava com as obrigações duradouras e os impactos de seu inadimplemento, ainda que não as tivesse efetivamente conceituado dessa forma, já que essa classificação só foi feita anos depois, em estudos da segunda década do século XX. A preocupação de Staub era inicialmente com contratos de fornecimento, mas por óbvio se aplica a contratos de longo prazo em geral. Para ele, o inadimplemento de prestações singulares dava ensejo à possibilidade de resolução do contrato, indo ao encontro do que diz o artigo 1564 do Código Civil italiano, cuja redação não existia ainda naquela época.[560]

Essa criação de Staub pode ser utilizada de forma análoga para um ponto importante de nossa tese, que é justamente a possibilidade de o contratante, seja ele credor ou devedor, poder requerer a resolução do contrato de longo prazo com base na violação de dever lateral. Note-se que Staub não falava em violação de dever lateral em sua análise de contratos duradou-

---

[559] Jornadas de Direito Civil. Disponível em < http://www.jf.jus.br/cjf/cej-publ/jornadas-de--direito-civil-enunciados-aprovados/>. Acesso em 18.05.2012.
[560] SILVA, Jorge Cesa Ferreira da. *A boa-fé e a violação positiva do contrato*, cit., p. 252-254. A redação do artigo citado é a seguinte:
"Art. 1564 Risoluzione del contratto
In caso d'inadempimento (1218) di una delle parti relativo a singole prestazioni, l'altra può chiedere la risoluzione del contratto, **se l'inadempimento ha una notevole importanza (1455) ed è tale da menomare la fiducia nell'esattezza dei successivi adempimenti.**" (grifos nossos)

ros, mas efetivamente na violação de uma prestação singular.[561] No entanto, embora Staub, para esse aspecto específico não falasse de dever anexo de conduta, sua tese de possibilidade de resolução do contrato de trato sucessivo ou execução continuada pelo inadimplemento de uma só prestação já demonstra a necessidade de ampla confiança entre os contratantes.

Destaca-se que o Código Civil italiano estabelece que o inadimplemento deva ter efetiva importância para possibilitar que o contrato seja resolvido[562]. Se a importância do inadimplemento for pequena (*scarsa*, na letra daquela lei), o contrato não poderá ser resolvido.

Muito embora esse artigo não tenha correspondente no Código Civil brasileiro, ele demonstra que existe uma preocupação com a manutenção do vínculo contratual e se coaduna inclusive com a doutrina brasileira, que advoga pela conservação do contrato em determinadas situações.

E nesse sentido, poder-se-ia sustentar, por hipótese, que não havendo inadimplemento (relativo ou absoluto) no tocante à obrigação principal, eventual violação de dever anexo não seria forte o suficiente para sustentar a resolução do contrato. No entanto, como veremos, nos casos de violação de deveres anexos em contratos de longo prazo, nos quais a importância do dever de cooperação é aumentada, é imperioso considerar-se a confiança que uma parte deposita na outra, a complexidade do vínculo e a importância da contratação, para que se autorize, sim, a resolução apenas com base na violação de deveres anexos.

5.2. Natureza e origem da responsabilização pela violação de deveres anexos
5.2.1. Responsabilidade subjetiva

Uma dúvida que surge, quando da análise da violação do dever anexo de conduta, é no sentido de ser ou não necessário analisar-se a conduta ou

---

[561] Rafael Peteffi da Silva também sustenta a possibilidade de resolução do contrato em razão do inadimplemento de apenas uma prestação singular, com base na quebra da confiança entre as partes, mas coloca suas dúvidas quanto à possibilidade de tal hipótese se enquadrar, na verdade, nos conceitos de mora e inadimplemento absoluto, em vez de violação positiva, pela quebra da economia do contrato. (SILVA, Rafael Peteffi da. Teoria do adimplemento e modalidade de inadimplemento, atualizado pelo novo Código Civil, cit., p. 151.)

[562] "Art. 1455 Importanza dell'inadempimento
Il contratto non si può risolvere se l'inadempimento di una delle parti ha scarsa importanza, avuto riguardo all'interesse dell'altra (1522 e seguenti, 1564 e seguente, 1668, 1901)."

culpa do devedor ou, por outro lado, se o devedor poderia ser responsabilizado de forma objetiva, ou seja, sem a necessidade de perquirir-se sua culpa ou conduta pela violação do dever.

Entendemos que a análise da conduta do devedor do dever anexo é absolutamente necessária para que se possa aferir se ele deve ser responsável pela violação.

Ora, os deveres laterais de conduta decorrem da boa-fé objetiva e impõem certos padrões e condutas a ser observados pelos contratantes, mas sem que tais regras sejam pré-definidas ou taxativamente reguladas, como já vimos anteriormente. Até mesmo por nascer de um comando aberto como a boa-fé e não ser especificamente prescrito na lei, entendemos indispensável que se verifique como a parte agiu face ao contexto contratual, para que então se avalie se houve ou não violação a dever anexo.

Nesse sentido, observa Jorge Cesa Ferreira da Silva que "a necessidade da culpa provém da própria ligação da violação positiva do contrato aos direitos laterais que, muitas vezes, mostram-se impossíveis de conhecimento concreto a priori", destacando, ainda, a especial atenção que deve ser dada à conduta da parte.[563]

Ainda, Véra Fradera sustenta que a violação seria a "lesão culposa da obrigação, que não tenha como fundamento a impossibilidade ou mora", destacando a questão da culpa.[564]

Também passando a ideia de ser necessária a análise da culpa, Larenz fala em cumprimento diligente da prestação, enfatizando que o devedor não está apenas obrigado a cumprir a prestação, mas a fazê-lo de forma diligente, sob pena de causar danos. Ele sugere que o cumprimento negligente, descuidado, que originar danos, deve ser reprimido.[565]

Ademais, como toda análise relativa à boa-fé, caberá observar os fatos concretos, os usos daquele negócio específico, os costumes naquela situação. Nesse sentido, o Enunciado nº 409 da V Jornada de Direito Civil do Centro de Estudos Judiciários do Conselho da Justiça Federal dispõe que: "409 – Art. 113. Os negócios jurídicos devem ser interpretados não só con-

---

[563] SILVA, Jorge Cesa Ferreira da. *A boa-fé e a violação positiva do contrato*, cit., p. 267.
[564] FRADERA, Véra Maria Jacob de. A Quebra Positiva do Contrato. Revista da Ajuris, cit., p. 144.
[565] LARENZ, Karl. *Derecho de Obligaciones*, cit., p. 62.

forme a boa-fé e os usos do lugar de sua celebração, mas também de acordo com as práticas habitualmente adotadas entre as partes"[566].

No entanto, na I Jornada de Direito Civil, entendeu-se de forma diferente, atribuindo-se à violação dos deveres anexos a modalidade de responsabilização objetiva, ou seja, independente da culpa do agente:

> "24 – Art. 422: em virtude do princípio da boa-fé, positivado no art. 422 do novo Código Civil, a violação dos deveres anexos constitui espécie de inadimplemento, independentemente de culpa"[567].

Não podemos concordar com essa orientação que trouxe o Enunciado nº 24 da I Jornada, inclusive sob pena de ele se mostrar perigoso para a análise do assunto pelo Judiciário. Para deixar claro, evidentemente concordamos que a violação dos deveres anexos constitui espécie de inadimplemento. Mas a parte final do Enunciado, que diz "independentemente de culpa", parece-nos extremamente preocupante.

Não se pode pretender dissociar a análise da violação do dever anexo de conduta da culpa quando não há comando objetivo e expresso nem mesmo sobre quais seriam tais deveres, sendo imprescindível, portanto, verificar-se a conduta da parte.

Outrossim, admitir-se responsabilidade objetiva sem previsão expressa de texto legal determinando tal forma de responsabilização parece-nos bastante agressivo e ousado.

O Código Civil brasileiro estabelece a responsabilidade objetiva apenas em algumas hipóteses específicas, demonstrando que a responsabilização subjetiva, ou seja, que depende da culpa, é a regra em nosso sistema.

Carlos Roberto Gonçalves sustenta que o Código Civil de 2002 "filiou-se à teoria subjetiva", como se observa no artigo 186 que "erigiu o dolo e a culpa como fundamentos para a obrigação de reparar o dano"[568].

---

[566] Jornadas de Direito Civil. Disponível em < http://www.jf.jus.br/cjf/cej-publ/jornadas-de-direito-civil-enunciados-aprovados/>. Acesso em 18.05.2012.

[567] Jornadas de Direito Civil. Disponível em < http://www.jf.jus.br/cjf/cej-publ/jornadas-de-direito-civil-enunciados-aprovados/>. Acesso em 18.05.2012.

[568] GONÇALVES, Carlos Roberto. *Responsabilidade Civil*. 7ª ed. São Paulo: Saraiva, 2002, p. 23.

E vale ainda lembrar que não se deve confundir "responsabilidade objetiva com obrigação de meios e obrigação de resultado na responsabilidade contratual. Aqui apenas poderá ocorrer a presunção de culpa, com inversão do ônus da prova"[569]. Dessa forma, ainda que algumas obrigações contratuais se revistam de obrigações de resultado, fato é que mesmo em tais casos não haveria de se falar em responsabilização objetiva, mas apenas de inversão do ônus da prova em favor do credor da obrigação.

Assim, como a responsabilidade objetiva atua de forma residual, ela deve estar expressamente prevista em lei, até porque possui "maior severidade".[570]

Os casos de responsabilidade objetiva previstos no Código Civil ou em outras leis são específicos e taxativos. Não se pode aceitar como regra a responsabilidade objetiva ou ainda pensar-se em uma hipótese de responsabilidade objetiva à míngua de texto legal. Isso seria uma verdadeira afronta ao sistema de responsabilidade civil de nosso ordenamento.

Destacamos que, para os casos específicos de Direito do Consumidor, que contém todo um microssistema próprio e justifica a proteção acentuada da parte mais fraca, o CDC já prevê a responsabilidade objetiva na maioria das hipóteses e, assim, para tais hipóteses, mesmo que o descumprimento seja de dever anexo de conduta, o fornecedor será responsabilizado de forma objetiva, obedecendo à dinâmica do CDC. Porém, para determinados casos, tal como a responsabilidade de profissionais liberais, o próprio CDC prevê a responsabilização apenas de forma subjetiva.

No entanto, nos casos de contratos civis ou comerciais, a responsabilização objetiva é sempre a exceção. Na verdade, nos termos do artigo 927, parágrafo único, do Código Civil, a obrigação de reparar independentemente de culpa só ocorre nos casos previstos em lei (tal como a responsabilidade do empregador pelo empregado, dos pais pelos filhos e outros

---

[569] STOCO, Rui. *Tratado de responsabilidade civil: doutrina e jurisprudência*. 8ª ed. São Paulo: Editora Revista dos Tribunais, 2011, p. 165.

[570] PAULA, Carolina Bellini Arantes de. *As excludentes de responsabilidade civil objetiva*. São Paulo: Atlas, 2007, p. 34.

casos pontuais[571]) ou quando a atividade do autor do dano implicar riscos para o outro.[572]

Como sustenta Sílvio de Salvo Venosa:

"A responsabilidade objetiva, ou responsabilidade sem culpa, somente pode ser aplicada quando existe lei expressa que a autorize ou no julgamento do caso concreto, na forma facultada pelo parágrafo único do art. 927. Portanto, na ausência de lei expressa, a responsabilidade pelo ato ilícito será subjetiva, pois esta é ainda a regra geral no direito brasileiro". [573]

Dessa forma, tal como o Enunciado nº 24 está disposto, haverá responsabilidade objetiva por descumprimento de dever anexo mesmo quando não houver risco da atividade.

Interessante citar que Yves Picod considera a obrigação de cooperação como uma obrigação de meio, o que também denota o fato de que não se

---

[571] "Em consonância com os ditames do nosso novo Código Civil, a responsabilidade subjetiva subsiste como regra necessária, expressamente prescrita em seu artigo 186, sem prejuízo da adoção da responsabilidade objetiva, que foi acatada em dispositivos vários e esparsos, dentre eles, poderiam ser lembrados, os artigos 936, 937 e 938, que tratam, respectivamente, da responsabilidade do dono do animal, do dono do prédio em ruína e do habitante da casa da qual caírem coisas. E ainda os artigos 929 e 930, que preveem a responsabilidade por ato ilícito (estado de necessidade); os artigos 939 e 940, sobre a responsabilidade do credor que demanda o devedor antes de vencida a dívida ou por dívidas já pagas; o artigo 933, pelo qual os pais, tutores e curadores e empregadores donos de hotéis e de escolas respondem, independentemente de culpa, pelos atos danosos de terceiros; o parágrafo único do artigo 927, que trata da obrigação de reparar o dano, independentemente de culpa, nos casos especificados em lei, ou quando a atividade normalmente desenvolvida pelo autor do dano implicar, por sua natureza, risco para os direitos de outrem; o artigo 931, que imputa a responsabilidade objetiva aos empresários individuais e às empresas pelos danos causados pelos produtos postos em circulação." (PAULA, Carolina Bellini Arantes de. *As excludentes de responsabilidade civil objetiva*, cit., p. 59.)

[572] Assim prevê o Parágrafo único do artigo 927 do Código Civil:
"Art. 927. Aquele que, por ato ilícito (arts. 186 e 187), causar dano a outrem, fica obrigado a repará-lo.
Parágrafo único. Haverá obrigação de reparar o dano, independentemente de culpa, nos casos especificados em lei, ou quando a atividade normalmente desenvolvida pelo autor do dano implicar, por sua natureza, risco para os direitos de outrem."

[573] VENOSA, Sílvio de Salvo. *Direito civil: responsabilidade civil*. 12 ed. São Paulo: Atlas, 2012, p. 13.

espera um resultado específico, mas a efetiva postura da parte em cooperar com a outra.[574]

Assim, somos favoráveis à necessidade de se perquirir culpa ou dolo nos casos de inadimplemento de dever anexo e suas consequências, sob pena de estar-se contra o próprio sistema de responsabilidade civil que estabelece a responsabilidade objetiva apenas nos casos em que a lei assim determina.

Não havendo determinação legal para a responsabilização objetiva, evidente que a responsabilidade deve ser a subjetiva, especialmente para situações tão peculiares e que dependem de análise maior do contexto e atitude das partes.

5.2.2. Responsabilidade contratual

Outro aspecto que merece análise é a origem da responsabilidade pelo descumprimento de dever anexo, ou seja, se ela seria uma espécie de responsabilidade contratual ou extracontratual. O interesse por tal estudo se dá em razão das possíveis consequências que o descumprimento do dever anexo teria para as partes na relação contratual, desde aplicação de multas contratuais ou cláusulas penais, até mesmo a possibilidade de se abarcar os danos decorrentes do descumprimento do dever anexo dentro de eventual limitação de responsabilidade existente no contrato.

O dever anexo de conduta não se encontra expressamente previsto no contrato e ganha seus efetivos contornos apenas durante a realização do programa contratual, não podendo ser identificado aprioristicamente, como já vimos anteriormente em detalhes. Por essa razão, como ele não é uma obrigação expressa, haveria a discussão se a violação do dever anexo teria origem no contrato ou se seria uma simples responsabilidade aquiliana, tendo por base o princípio geral de que ninguém deve causar dano a outrem.

O fato de o dever anexo de conduta não estar expresso na redação do contrato não retira dele seu caráter contratual. Ele nasce da boa-fé objetiva que rege as relações contratuais, entre outras, tendo sua origem no

---

[574] "Certaines limites du devoir de coopération s'imposent au bon sens. Elle tiennent à sa nature et à sa portée. Tout d'abord, l'obligation de coopération est une obligation contractuelle de moyens. On ne demande pas au débitteur « qu'il garantisse le résultat final de l'operation contractuelle », relève M. Mestre." (PICOD, Yves. *L'obligation de coopération dans l'execution du contrat*, cit, p. 6.)

contrato celebrado entre as partes, ainda que não exista desde o momento em que o contrato foi celebrado. Os deveres laterais de conduta não estão previstos na gênese do contrato, mas nascem de forma funcional, conforme este vai se desenvolvendo e o programa contratual é cumprido pelas partes.

Ademais, diferentemente de uma responsabilidade extracontratual, que tem por comando a máxima de que ninguém deve causar danos a outrem, sendo esse outrem efetivamente qualquer pessoa e não uma pessoa já anteriormente identificada, os deveres anexos por sua vez devem ser cumpridos em face do contratante individualizado, com quem a parte já possui relação contratual. Os deveres anexos de conduta nascem do contrato e só existem em razão da relação contratual (ou obrigacional, em outras hipóteses) mantida entre as partes.

Vale ainda lembrar que as consequências do descumprimento de dever anexo podem gerar efeitos contratuais, como veremos a seguir, incluindo a resolução e a própria exceção do contrato não cumprido, se assim for o caso.

Dessa forma, entendemos que a violação do dever anexo de conduta tem de ser compreendida como um ilícito contratual, gerando, portanto, responsabilidade contratual para a parte que o descumpre e devendo obedecer, por consequência, a todas as particularidades já acordadas pelas partes para aquele contrato específico.

Essa foi, aliás, a interpretação que deu ao assunto o STJ, ao julgar o Recurso Especial nº 595.631-SC, já comentado no item 4.1.4, cuja ementa estabeleceu expressamente que: "A violação a qualquer dos deveres anexos implica em (sic) inadimplemento contratual de quem lhe tenha dado causa"[575].

Como observa Rafael Peteffi da Silva:

"ao deslocar o espectro da violação dos direitos laterais para o campo extracontratual, estaríamos privados de lançar mão de figuras como a resolução contratual e a exceção de contrato não cumprido, sendo necessário o ajuizamento de uma demanda reparatória toda vez que ocorresse uma infração desse tipo por parte do devedor"[576].

---

[575] Recurso Especial nº 595.631-SC. Terceira Turma. Relatora Ministra Nancy Andrighi. Julgado em 08.07.2004.
[576] SILVA, Rafael Peteffi da. Teoria do adimplemento e modalidade de inadimplemento, atualizado pelo novo Código Civil, cit., p. 152. Cláudia Lima Marques também sustenta que os

Mota Pinto também sustenta que a indenização por danos decorrentes de violação de deveres laterais deve se sujeitar ao regime da responsabilidade contratual, ainda que o contrato esteja resolvido.[577]

Se assim não fosse, aliás, o contratante prejudicado não teria a seu favor os remédios que iremos analisar com mais vagar a seguir, tal como a possibilidade de execução específica – se cabível no caso concreto –, a resolução do contrato, caso a gravidade do descumprimento assim justifique, bem como a exceção do contrato não cumprido.

Todas essas figuras se aplicam ao contratante prejudicado justamente porque o descumprimento tem origem em obrigação contratual, ainda que essa obrigação seja tácita e tenha nascido não da vontade expressa das partes, mas da boa-fé objetiva, regulando a relação e fazendo ser plenamente satisfeitos os interesses do credor.

---

deveres anexos são contratuais: "Assim, apesar de no Brasil consagrarmos a expressão alemã de deveres anexos ou secundários, *enquanto contratuais*, tratam-se de verdadeiras obrigações (obrigações acessórias, como os denominam os franceses), a indicar que a relação contratual obriga não somente ao cumprimento da obrigação principal (a prestação), mas também ao cumprimento das várias obrigações acessórias ou os deveres anexos daquele tipo de contrato. " (MARQUES, Cláudia Lima. *Contratos no Código de Defesa do Consumidor: o novo regime das relações contratuais*, cit., p. 185, grifou-se.) No mesmo sentido, Paulo Sérgio Velten Pereira afirma que: "Compreender os deveres laterais como decorrentes do princípio *neminem laedere* e remetê-los para o âmbito da responsabilidade civil geral, importa retirar do contratante lesado a possibilidade de invocar a tutela contratual, deixando-o sem a necessária proteção diante de inúmeras situações que ocorrem no cotidiano." (PEREIRA, Paulo Sérgio Velten. *A exceção do contrato não cumprido fundada na violação de dever lateral*. Dissertação (Mestrado) – Pontifícia Universidade Católica de São Paulo, 2008, p. 171.) Ainda sustentando a natureza contratual do dever lateral de conduta: MARINANGELO, Rafael. *A violação positiva do contrato e o inadimplemento dos deveres laterais impostos pela boa-fé*. Dissertação (Mestrado) – Pontifícia Universidade Católica de São Paulo, 2005, p. 70-71.

[577] PINTO, Carlos Alberto da Mota. *Cessão da Posição Contratual*, cit., p. 413. No entanto, o autor entende que, a depender do caso concreto, como por exemplo havendo pluralidade de autores, o prejudicado poderia sustentar, se assim lhe fosse mais favorável, a responsabilidade extracontratual. (Idem, p. 411.) Arturo Solarte Rodríguez, fazendo uma análise da posição doutrinária da Espanha, sustenta que ainda há divisão entre os autores, que algumas vezes sustentam ser caso de responsabilidade contratual e outras extracontratual. Citando Díez-Picazo, o autor menciona ser mais lógico incluir-se tal responsabilidade dentro da esfera contratual para que os deveres nascidos dentro do contrato tenham tratamento igual. (RODRÍGUEZ, Arturo Solarte. La buena fe contractual y los deberes secundarios de conducta. Disponível em <http://www.javeriana.edu.co/juridicas/pub_rev/documents/7Solarteult..pdf>. Acesso em 15.09.2013, p. 311-312.)

Como afirma Antonio Carlos de Leme Bastos, sendo a violação de deveres anexos de conduta considerada inadimplemento contratual, torna-se possível "a aplicação de mecanismos previstos no contrato, tais como a exigência do pagamento de indenização pré-fixada em cláusula penal, a submissão da controvérsia a Juízo de eleição, o que abrange inclusive a possibilidade de haver no contrato cláusula arbitral".[578]

Mas se não fosse considerada responsabilidade contratual, o credor poderia apenas reclamar perdas e danos, tal como pode fazer em casos de responsabilidade aquiliana, restando totalmente esvaziados os próprios deveres anexos e a cláusula geral de boa-fé objetiva em sua vertente de criadora de deveres. Por essa razão, Jorge Cesa Ferreira da Silva sustenta "as enormes virtudes da alocação contratual dos deveres laterais".[579]

Outro aspecto que ressalta a origem contratual dos deveres anexos de conduta é justamente sua eficácia após o encerramento da relação contratual (a chamada culpa *post factum finitum*). Não seria viável impor-se a alguém determinada conduta apenas com base na responsabilidade aquiliana, não fosse o vínculo contratual anterior que justifica que a conduta seja na direção esperada. O contrato faz com os deveres anexos de conduta se perpetuem ainda que o vínculo contratual em si já esteja extinto.

O mesmo ocorre para contratos que sejam eivados com o vício da nulidade. O fato de o contrato ser considerado nulo não significa efetivamente que ele não produza nenhum efeito. Pelo contrário, determinados deveres de conduta devem ser observados ainda que o contrato não produza os efeitos relativos à prestação em si.[580] A subsistência dos deveres laterais a contratos nulos reforça a ideia de que a origem de tais deveres é a própria avença entre as partes, ainda que ela nasça com vício insanável.[581]

Menezes Cordeiro explica que, com base na culpa *post factum finitum*, os deveres acessórios possuem regras próprias de extinção, pois nascem com o vínculo contratual (ainda antes mesmo da celebração do contrato propriamente dita), mas não se extinguem imediatamente com o encerra-

---

[578] BASTOS, Antonio Carlos de Leme. Violação positiva do contrato, cit., p. 375.
[579] SILVA, Jorge Cesa Ferreira da. *A boa-fé e a violação positiva do contrato*, cit., p. 86.
[580] Trata-se dos efeitos do negócio nulo, que não são os efeitos próprios do contrato. Nesse sentido, ver AZEVEDO, Antonio Junqueira de. *Negócio jurídico: existência, validade e eficácia*. 4. ed. São Paulo: Saraiva, 2010, p. 64.
[581] SOMBRA, Thiago Luís Santos Sombra. *Adimplemento contratual e cooperação do credor*, cit., p. 149.

mento do contrato, já que, pela confiança, "o escopo contratual não pode ser frustrado a pretexto de que a obrigação se extinguiu".[582]

Dessa forma, não é razoável – especialmente em razão dos aspectos que veremos a seguir e da repercussão contratual que tal descumprimento gera –, a possibilidade de incluir-se a responsabilidade pela violação de dever anexo de conduta na regra geral de responsabilidade extracontratual. É absolutamente lógico e necessário considerar-se a responsabilidade como contratual, seja pela sua origem, seja pelos seus efeitos.

5.3. Consequências do descumprimento do dever de cooperação
5.3.1. Resolução do contrato

Feita a análise da figura da violação de deveres anexos, passamos então a um estudo mais específico do descumprimento dos deveres laterais, nosso foco de estudo, e quais poderiam ser os efeitos e consequências para o vínculo contratual.

Como vimos anteriormente, entendemos que, pelas características específicas dos contratos de longo prazo – e aqui consideramos os contratos de longo prazo de forma bastante ampla, sem querer fazer qualquer limitação apriorística, mas desde logo entendendo ser difícil a aplicação de nossas considerações aos contratos de execução diferida, porque neles restará apenas uma prestação a ser cumprida, sem maior interação entre as partes –, faz todo sentido exigir-se uma intensidade mais elevada do dever de cooperação, para que as prestações possam ser cumpridas da forma mais eficaz possível e, com isso, ter-se um melhor desempenho do programa contratual como um todo.

Com base nisso, cabe-nos então analisar se haveria diferenças na forma de considerar-se a violação dos deveres laterais em tais contratos.

Inicialmente é necessário destacar que, já no momento de análise e interpretação do contrato, deve-se levar em consideração que o dever de cooperação é mais intenso, sendo com isso necessário exigir-se uma postura mais cooperativa dos contratantes que a postura que eventualmente se exigiria em uma relação de curto prazo, com a entrega praticamente simultânea das prestações. As partes devem ter isso em mente, apresentando um comportamento cooperativo e fazendo todo o possível para que a execução do programa contratual se dê da maneira mais eficaz, ou seja,

---

[582] CORDEIRO, António Menezes, *Da boa-fé no direito civil*, cit., p. 630-631.

muitas vezes observando-se deveres anexos de conduta não exigidos caso não houvesse essa intensidade elevada da cooperação.

O intérprete, por sua vez, deve igualmente ter isso em mente, analisando a situação sempre de forma a que os contratantes estejam em posição de auxílio, dentro daquilo que é esperado e razoável, inclusive considerando os possíveis interesses antagônicos, bem como aspectos particulares daquele negócio e mercado, no caso de contratos empresariais. Novamente aqui se reforça a ideia de que o grau de intensidade e a própria avaliação da existência do dever de cooperação (sendo ele qualquer dever anexo) devem levar em conta a contratação individualmente considerada.

Como menciona Gustavo Luís da Cruz Haical, nas relações obrigacionais duradouras, todas as suas peculiaridades exigirão do "intérprete uma maior agudeza na observação do que nas relações obrigacionais de execução instantânea"[583].

Com esses conceitos bem delineados, o problema que desde logo nos vem à mente, e que tentamos solucionar da forma que nos parece mais adequada, é justamente aquele de a violação do dever anexo, ainda que em uma situação única, representar tão grave impacto na contratação, em especial pela quebra da confiança entre as partes, que deve ser compreendida como fator suficiente a permitir a resolução do contrato.[584] Note-se

---

[583] HAICAL, Gustavo Luís da Cruz. O inadimplemento pelo descumprimento exclusivo de dever lateral advindo da boa-fé objetiva, cit., p. 514.

[584] Sobre o aspecto da confiança, interessante citar acórdão extraído de reclamação trabalhista, no qual o TRT da 4ª Região determinou que o empregado fosse indenizado pela violação positiva do contrato perpetrada pelo empregador, ao conceder informação incorreta sobre plano de afastamento que ofereceu aos funcionários. O Tribunal entendeu ter faltado confiança, mas entendemos que, além disso, houve informação incorreta, que também justifica a indenização pelo fato de o empregado ter escolhido um primeiro plano de afastamento e posteriormente ter sido lançado um segundo plano mais benéfico, quando o empregador havia expressamente declarado que o primeiro seria o único plano: "Recurso ordinário do reclamante. Quebra da boa-fé objetiva. Violação positiva do contrato. O conteúdo contratual é composto por pelo menos duas espécies de deveres, os deveres de prestação e os deveres de proteção. Os primeiros dizem respeito à prestação que caracteriza o tipo contratual, constituindo, no contrato de trabalho, a prestação de serviços, pelo empregado, e a paga de salário, pelo empregador. Os segundos dizem respeito a deveres de conduta, dentre eles os deveres de proteção à legítima confiança, de não defraudar imotivadamente a confiança legitimamente despertada na parte contrária, sob pena de inadimplemento obrigacional na modalidade conhecida como violação positiva do contrato. Hipótese em que o Banco, ao declarar que não mais editaria propostas semelhantes, induziu

que nosso exemplo considera uma situação hipotética na qual inclusive se poderia sustentar que a prestação ainda é útil ao credor – credor entendido aqui na compreensão dinâmica da obrigação, que movimenta a posição das partes conforme o momento contratual – e que de fato o único descumprimento é de um dever anexo de conduta criado pela boa-fé.

Nossa resposta, guardadas algumas considerações que serão feitas em seguida, é positiva[585], aceitando a possibilidade da resolução em tais casos,

---

os seus empregados – e, particularmente, o reclamante – a aderir ao PAI-50. Declarando-a, assumiu a responsabilidade pelo seu cumprimento, ou pelos danos advindos da violação da promessa geradora de confiança. Apelo provido." (Recurso Ordinário 073.893.820.060.906-6. Rel. Ricardo Martins Costa. J. 06.09.2006, destaques originais. Disponível em <http://www.trt4.jus.br/portal/portal/trt4/home>.)

[585] I. Tendo em vista o Código Civil em vigor ter sido elaborado sob a perspectiva de novos valores e princípios jurídicos norteadores do direito privado, dentre os quais o da eticidade, o art. 422 do CC/02 pressupõe interpretação e leitura extensiva, no sentido de que os contratantes devem guardar a probidade e boa-fé não apenas na conclusão e execução do contrato, mas também na fase preparatória e na sua extinção (fases pré e pós contratual). A boa-fé prevista no art. 422 do Código Civil representa regra de conduta adequada às relações negociais, correspondendo às expectativas legítimas que as partes depositam na negociação. Uma vez demonstrado nos autos o descumprimento, pela demandada, do dever de informar à autora acerca dos **riscos do serviço por aquela oferecido, concernentes na recuperação de créditos fiscais, resta caracterizada a violação positiva do contrato, por descumprimento do dever anexo (Nebenpflichten) de informação**. Evidenciado, ainda, o descumprimento do dever anexo de assistência, tendo em vista que diante da glosa do Fisco aos creditamentos realizados pela autora, por orientação da ré, exigiu esta a celebração de novo contrato para buscar, em juízo, os créditos fiscais que havia prometido à autora na via administrativa. **Descumprimento de deveres anexos que consubstancia ilícito de natureza objetiva, ensejando a rescisão do contrato e a indenização pelos prejuízos suportados pela requerente.** II. Danos materiais cuja reparação se limita, na hipótese dos autos, à devolução dos valores pagos por conta do contrato rescindido. III. Cabimento da indenização por danos morais causados à demandante. Incidência do instituto tu quoque, derivação do venire contra factum proprium no âmbito contratual, a respeito do qual se objetiva vedar a adoção de comportamentos contraditórios no interior de relações obrigacionais com referência a determinado direito subjetivo derivado do contrato. A circunstância de estar consolidada na jurisprudência pátria (Súmula 227 do STJ) a possibilidade da pessoa jurídica sofrer danos morais, não a desincumbe, neste caso, e como regra, de comprovar o abalo sofrido. Contudo, em se tratando de protesto indevido de título de crédito e respectiva inclusão em cadastros de inadimplentes, por consignar valores acima daqueles repactuados em acordo verbal descumprido pela ré, a recente orientação da Corte Superior é no sentido de que tais danos, nessa hipótese, são de natureza in re ipsa. Precedente do STJ. IV. Quantum indenizatório fixado a título de danos morais que se mostra razoável e adequado às balizas indicadas pela doutrina e jurisprudência, bem assim aos parâmetros desta

inclusive levando-se em consideração o fato de o Enunciado nº 24 da I Jornada de Direito Civil ter colocado a violação de deveres anexos de conduta em pé de igualdade com o inadimplemento e a mora, como uma espécie de inadimplemento, como vimos anteriormente.

Parece-nos que, justamente pela maior integração entre as partes, pela confiança que os contratantes depositam um no outro, e também pelo fato de muitas vezes tais avenças serem bastante complexas, e outras vezes representarem forte dependência entre as partes, fato é que o descumprimento de um dever de cooperação – que se traduz, dependendo da dinâmica contratual em um dever de informação, de sigilo, de cuidado, de proteção, de renegociação, entre outros – pode representar uma trinca insuperável no relacionamento das partes.[586]

Na relação duradoura "o descumprimento, seja de um único dever de prestação, seja de um único dever lateral, não poderá ser analisado de modo isolado, porém, de acordo com a globalidade da relação".[587]

Obviamente que a resposta positiva não se dará de forma automática, nem mesmo apartada de uma detalhada análise fática da relação contratual em questão. Não se pode dissociar uma resposta a tal pergunta de uma compreensiva análise do caso concreto. Diversos exemplos tendem a demonstrar que a resposta deve ser negativa em vez de positiva, como dissemos acima, e os apresentaremos aqui meramente para ilustrar nosso raciocínio, já que – assim como os deveres anexos não podem ser taxativamente considerados e nem mesmo aprioristicamente, sendo necessário o desenrolar da relação contratual para que se possa indicá-los, conforme

---

Câmara. Apelo desprovido." (Décima Sétima Câmara Cível. Relator Desembargador Liege Puricelli Pires. Julgado em 08.04.2010, grifos nossos.)

[586] "A desatenção à boa-fé, que impõe comportamentos adequados já na fase das tratativas (*culpa in contrahendo*), na celebração, durante a vigência do contrato e mesmo depois (*culpa post factum finitum*), tal seja sua gravidade, poderá ensejar a eliminação do interesse do credor em receber a prestação principal, assumindo o caráter de incumprimento definitivo." (AGUIAR JÚNIOR, Ruy Rosado de. *Extinção dos contratos por incumprimento do devedor (resolução)*, cit., p. 126.)

[587] HAICAL, Gustavo Luís da Cruz. O inadimplemento pelo descumprimento exclusivo de dever lateral advindo da boa-fé objetiva, cit., p. 514. Vale destacar que o autor observa tal fato apenas quanto aos deveres laterais imediatamente vinculados aos deveres de prestação e entende que a resolução não seria cabível para aqueles deveres laterais que ele chama de "mediatamente vinculados ao dever de prestação", que seriam os deveres de proteção. Em nossa opinião, se os deveres acessórios mediatamente relacionados à prestação são descumpridos, pode ser possível enquadrar tal violação na mora, já que a prestação não terá sido cumprida da forma adequada.

o momento e progressão dos atos encadeados – não se consegue de antemão pensar em exemplos que esgotariam a análise.

Imagine-se inicialmente um contrato milionário de empreitada, para que seja construída uma enorme planta industrial, no qual a empresa empreiteira acaba estragando pequena máquina do dono da obra, que havia sido levada ao local ainda durante as obras, para testes e outras inspeções. Evidente aqui que se tem violado o dever de cuidado e proteção com os bens do dono da obra. No entanto, pelo vulto do negócio face à violação verificada, seria difícil aceitar a possibilidade de o dono da obra pretender ter o contrato resolvido por essa questão. É evidente que o dono da obra terá direito à indenização pelos danos causados à sua máquina pela empresa empreiteira (incluindo-se aí lucros cessantes se cabível), mas o encerramento do contrato parece ser solução que não se coaduna com a razoabilidade.

O mesmo poderia ocorrer, por hipótese, em um contrato de locação de área industrial, no qual o locador fica sabendo sobre o novo plano diretor que afetará o entorno do imóvel e obrigará o locatário a fazer modificações em suas entradas e saídas, e deixa de informá-lo, sendo que o locatário vem a saber, muito depois, com o prazo quase que escoado para tais alterações serem feitas, sob pena de multa a ser aplicada pela Prefeitura. Ora, não há dúvida de que em tal hipótese o locatário terá direito a indenização pelos danos causados pela falta de informação, mas o encerramento do contrato parece desproporcional, já que basta a realização de tais alterações em suas entradas e saídas para que o uso do imóvel possa ser mantido.

Por outro lado, a depender da gravidade da situação e do dever violado, seria razoável entender-se pela resolução logo na primeira infração. Isso pode acontecer porque o contrato, em razão da perda da confiança, tende a tornar-se inútil ao credor, assemelhando-se assim ao inadimplemento absoluto, mas sem que haja propriamente a aplicação do conceito de inadimplemento, em razão das peculiaridades da violação.[588]

Nos casos de resolução de contrato de longa duração, entendemos que, na maioria das hipóteses, a resolução se operará apenas com efeitos a par-

---

[588] Werner F. Ebke e Bettina M. Steinhauer afirmam que o direito à resolução existe apenas nos casos de quebra material, casos em que a execução não seria razoável. Além disso, sustentam que nos contratos de longo prazo, a rescisão teria efeitos *ex nunc*. (EBKE, Werner F.; STEINHAUER, Bettina M. The Doctrine of Good Faith in German Contract Law, cit., p. 175.)

tir daquela data, ou seja, *ex nunc*, já que as prestações entregues e acabadas muitas vezes não poderão ser devolvidas ou até mesmo o credor não terá interesse em devolvê-las e nem o devedor em recebê-las de volta. Dependendo do tipo contratual, as prestações periódicas poderão inclusive já ter sido consumidas e não estarem mais disponíveis para devolução, como ocorre em contrato de distribuição ou fornecimento. No primeiro, o distribuidor eventualmente já terá vendido a mercadoria a terceiros, não tendo nem mesmo condições de devolvê-la, se for o caso. No segundo, o cliente do fornecedor poderá já ter consumido o produto, muitas vezes em sua atividade empresarial. Assim, na maioria dos casos de contratações de longo prazo, a resolução vau se operar de forma *ex nunc*, não retroagindo ao passado, mas tendo efeitos apenas a partir do descumprimento à frente.

De todo modo, não deixamos de considerar os contratos de execução diferida, que aí sim terão a resolução *ex tunc*, já que, normalmente, haverá uma específica prestação correspondente a outra que está diferida no tempo, sendo possível que sua resolução tenha o condão de fazer a situação jurídica das partes voltar ao que era antes da contratação.[589]

5.3.2. Exceção do contrato não cumprido

Os casos de descumprimento de deveres anexos são "verdadeiros casos de inadimplemento, em essência nada distintos dos descumprimentos dos deveres de prestação, capazes de provocar todos os efeitos comuns ao inadimplemento, como o direito de resolução e a possibilidade de oposição do contrato não cumprido"[590], além da indenização em casos de perdas e danos sofridos pelo prejudicado.

Dessa forma, embora o Código Civil brasileiro não contenha disposição expressa sobre as consequências da violação dos deveres anexos de conduta, não nos parece difícil concluir que, aceitando tutelar tais deveres, nossos tribunais devem, como, aliás, já estão fazendo pelos exemplos que

---

[589] Segundo Orlando Gomes: "Extinto o contrato pela *resolução*, apaga-se o que se executou, devendo-se proceder a restituições recíprocas, se couberem. Contudo, só é possível remontar à situação anterior à celebração do contrato se este não for de *trato sucessivo*, pois, do contrário, a resolução não tem efeito em relação ao passado; as prestações cumpridas não se restituem. O efeito da resolução entre as partes varia, pois, conforme o contrato, seja de execução única ou de duração. No primeiro caso a resolução opera *ex tunc*, no segundo, *ex nunc*." (GOMES, Orlando. *Contratos*, cit., p. 210, grifos no original.)

[590] SILVA, Jorge Cesa Ferreira da. *A boa-fé e a violação positiva do contrato*, cit., p. 273.

trouxemos nos itens relativos a cada um dos deveres analisados, aplicar a tais casos efeitos análogos da mora e do inadimplemento.

A análise do vínculo contratual (ou mesmo obrigacional) de forma alargada nos permite concluir que os deveres anexos de conduta são muitas vezes tão importantes quanto os próprios interesses de prestação em si, merecendo tutela compatível, em especial nos casos de contratos que se alongam no tempo e contêm particularidades tais que merecem uma posição de destaque ao dever de cooperação das partes.[591]

Parece-nos absolutamente lógico que, em razão do descumprimento de um dever anexo de conduta, o prejudicado decida suspender o cumprimento de sua prestação, até que aquele dever seja cumprido, nos termos do artigo 476 do Código Civil[592].

Evidente que o recurso à exceção do contrato não cumprido, pelo prejudicado com o descumprimento de um dever anexo, só terá sentido quando o cumprimento de tal dever ainda seja útil ao prejudicado, que decide assim manter o contrato em vigor, mesmo após a ocorrência do descumprimento. Nos contratos de longo prazo às vezes será mais vantajoso ao contratante – se o descumprimento não for tal que abale a estrutura da relação entre as partes – exigir o cumprimento daquele dever específico e manter a contratação, que pode ter características muito peculiares e específicas, que simplesmente encerrar a relação que eventualmente levou muito tempo para ser ajustada.

Dessa forma, o contratante prejudicado poderia recusar-se a cumprir sua prestação, até que o outro cumpra um determinado dever lateral de conduta que tenha sido violado.

Especialmente nos contratos de longo prazo, a manutenção do sinalagma funcional pode não se dar somente em razão da equivalência das prestações e contraprestações, mas requerer uma especial necessidade de

---

[591] Interessante a seguinte passagem de Paulo Sérgio Velten Pereira: "Esses são critérios que, mediante a utilização do raciocínio tópico, podem ser fixados para, com base na exceção do contrato não cumprido, se passar do simples confronto entre deveres de prestação para a conexão entre esses e os deveres laterais, estabelecendo, concretamente, a tutela dos interesses envolvidos na relação e a própria comutatividade das obrigações." (PEREIRA, Paulo Sérgio Velten. *A exceção do contrato não cumprido fundada na violação de dever lateral*, cit., p. 182.)

[592] "Art. 476. Nos contratos bilaterais, nenhum dos contratantes, antes de cumprida a sua obrigação, pode exigir o implemento da do outro."

observância dos deveres laterais de conduta, para que o programa contratual seja realizado da forma mais eficiente possível.

Muito embora se trate de diferentes obrigações, sendo uma um dever anexo de conduta, ou seja um dever que não é de prestação, mas sim de proteção (ainda que exija uma conduta positiva da parte, usamos aqui proteção apenas para denotar que não se trata de uma obrigação especificamente decorrente das disposições contratuais), e a outra um dever próprio de prestação, ou seja de cumprir uma obrigação contratual específica, o alargamento do vínculo contratual permite que seja dada proteção específica ao dever lateral de conduta, justificando que reste sobrestado o cumprimento da prestação pelo devedor, até que o outro contratante cumpra seu dever lateral de conduta.

E como sustenta Paulo Sérgio Velten Pereira, outra figura decorrente da boa-fé objetiva em sua vertente de limitadora do exercício de deveres subjetivos, o *tu quoque*, justifica e fundamenta a exceção do contrato não cumprido, inclusive para a situação de descumprimento de dever anexo de conduta.[593]

Novamente, e como já discorremos aqui, a análise do caso concreto e da postura e conduta das partes será crucial para que se verifique a ocorrência de eventual abuso da parte em recusar-se a cumprir a prestação até que o dever lateral de conduta seja cumprido.[594] Em primeiro lugar, como o dever anexo de conduta não é uma disposição expressa do contrato ou mesmo conhecido das partes por meio de um rol taxativo e antes de o contrato ter seu início, já que muitas vezes o dever anexo só nasce durante o programa contratual, é necessário que a parte prejudicada tenha uma postura adequada e informe a outra parte, de forma inequívoca, que se sente prejudicada porque um determinado dever anexo de conduta foi violado,

---

[593] PEREIRA, Paulo Sérgio Velten. *A exceção do contrato não cumprido fundada na violação de dever lateral*, cit., p. 181.

[594] Rafael Villar Gagliardi observa que, para ser cabível a exceção, o descumprimento dos deveres anexos deve fortemente impactar a própria prestação, gerando perturbações na dinâmica da obrigação. Vale destacar que o autor entende que a figura específica da violação positiva do crédito não possui tanta utilidade no País, na medida em que nosso conceito de mora é alargado. Não concordamos com essa posição, como já dissemos acima, considerando que, apesar de ter seu conceito alargado, a mora se refere à prestação em si. (GAGLIARDI, Rafael Villar. *A exceção de contrato não cumprido*. Dissertação (Mestrado) – Pontifícia Universidade Católica de São Paulo, 2006, p. 147-148)

causando-lhe assim prejuízos (ou podendo vir a lhe causar prejuízos caso não seja cumprido rapidamente). Com essa conduta, a parte que está violando o dever poderá ter total ciência do dever violado e de que o contratante prejudicado espera que aquilo seja observado.

Dessa forma, o contratante que está violando o dever poderá cumpri-lo, se assim for possível, ou poderá reagir de forma apropriada, se por hipótese entender que aquele dever não é algo que efetivamente lhe pode ser exigido, defendendo-se oportunamente e, inclusive, se assim entender necessário, chamando a outra parte para uma negociação, caso entenda que aquela conduta não pode ser considerada um dever anexo de conduta, seja por lhe causar custos muito significativos que não estavam previstos no contrato, seja por entender que não tem a obrigação de fornecer determinada informação específica, seja por qualquer outra hipótese que justifique a discordância.

Assim, caso o credor da prestação decida cobrar o devedor, supostamente prejudicado com a violação de um dever anexo de conduta, em Juízo, e o devedor se defenda por meio de exceção do contrato não cumprido[595], caberá ao Juiz analisar com bastante cautela a situação concreta para que possa aferir se de fato há ali um dever de conduta violado apto a justificar a exceção do contrato não cumprido.

5.3.3. Perdas e danos

Evidentemente, o descumprimento de um dever anexo de conduta poderá dar ensejo a perdas e danos, se assim for o caso, sem excluírem-se outros remédios, como a execução específica, a resolução do contrato e a exceção do contrato não cumprido. Com isso, a cobrança de perdas e danos poderá somar-se a alguma outra medida da parte contratante ou será requerida de forma autônoma, dependendo da situação em concreto.

A cobrança de perdas e danos pela parte prejudicada com a violação do dever anexo será feita nos mesmos moldes da mora ou inadimplemento, nos termos dos artigos 389 e 402 e seguintes do Código Civil.[596]

---

[595] Sobre o ônus da prova, observa Rafael Villar Gagliardi que terá lugar a regra do artigo 333 do Código de Processo Civil e, assim, como a exceção trará um fato impeditivo do direito do autor, caberá ao réu-excipiente comprovar tais fatos. (GAGLIARDI, Rafael Villar. *A exceção de contrato não cumprido, cit.*, p. 258-260.)

[596] "Art. 389. Não cumprida a obrigação, responde o devedor por perdas e danos, mais juros e atualização monetária segundo índices oficiais regularmente estabelecidos, e honorários de advogado."

Justamente por ocorrer praticamente da mesma maneira que ocorreria em hipóteses de mora ou inadimplemento contratual, a cobrança de perdas e danos em caso de violação do dever anexo não enseja maiores digressões ou análises.

Com raras exceções, a cobrança de perdas e danos sem que o credor do dever anexo requeira alguma outra medida aqui discorrida parece-nos pouco provável, até mesmo pela relação de confiança e todas as demais características específicas dos contratos de longo prazo.

De todo modo, se a situação fática assim permitir e até mesmo justificar – se considerados os interesses específicos daquele credor, a dificuldade de encontrar outro fornecedor[597] e outros aspectos que podem justificar tal fato –, nada obsta tal cobrança, mesmo que haja a manutenção do vínculo contratual.

Em alguns casos, aliás, deve-se ponderar bem se o credor das perdas e danos efetivamente teria direito a outras medidas, especialmente se a violação ao dever anexo de conduta não for tão grave a ponto de abalar fortemente a relação e justificar outras medidas, como vimos em alguns exemplos anteriormente citados.

De todo modo, havendo prejuízo, não há dúvida de que o descumprimento do dever lateral de conduta deve gerar direito à indenização.

5.3.4. Execução específica do dever anexo de conduta

Dificuldade que surge ao analisar os deveres anexos é se eles poderiam sustentar pedidos de execução específica pelo credor do dever. Por essa razão, embora a rigor a execução específica seja a primeira das possibili-

---

"Art. 402. Salvo as exceções expressamente previstas em lei, as perdas e danos devidas ao credor abrangem, além do que ele efetivamente perdeu, o que razoavelmente deixou de lucrar.
Art. 403. Ainda que a inexecução resulte de dolo do devedor, as perdas e danos só incluem os prejuízos efetivos e os lucros cessantes por efeito dela direto e imediato, sem prejuízo do disposto na lei processual.
Art. 404. As perdas e danos, nas obrigações de pagamento em dinheiro, serão pagas com atualização monetária segundo índices oficiais regularmente estabelecidos, abrangendo juros, custas e honorários de advogado, sem prejuízo da pena convencional.
Parágrafo único. Provado que os juros da mora não cobrem o prejuízo, e não havendo pena convencional, pode o juiz conceder ao credor indenização suplementar.
Art. 405. Contam-se os juros de mora desde a citação inicial."

[597] Fornecedor aqui usado em sentido *lato*, englobando prestador de serviço, locador, empreiteiro, etc.

dades que o prejudicado tenha em mente, quando a execução ainda lhe é útil, deixamos essa hipótese para a última análise, porque entendemos que ela pode trazer alguns questionamentos mais difíceis do que as hipóteses de perdas e danos e de exceção do contrato não cumprido.

Num primeiro momento a reação mais natural a tal questão seria negar tal possibilidade de execução específica. Tal negativa se daria por alguns aspectos. Inicialmente, temos o fato de que, como observa Carneiro da Frada, normalmente os deveres anexos de conduta não são facilmente aferíveis, muitas vezes não se consegue vislumbrá-los a *priori*, mas apenas durante o desenrolar do programa contratual. E dessa forma, na maioria das vezes, a atenção para o dever anexo só surge depois de ocorrer sua violação, não sendo possível, em algumas hipóteses, que o cumprimento em atraso tenha utilidade ao credor da obrigação. Ademais, não seria incomum o fato de que a morosidade do Judiciário afastaria o interesse no cumprimento específico, deixando a opção por perdas e danos, ou mesma a resolução, como a mais frequente.[598]

De todo modo, não nos parece adequado negar-se de antemão a possibilidade de execução específica do dever anexo de conduta.[599] Aliás, essa possibilidade bastante se coaduna inclusive com o fato de que a violação ao dever anexo pode gerar a exceção do contrato não cumprido. Assim, se a parte pode suspender a entrega de uma prestação em razão de não ter antes sido observado um dever anexo de conduta da parte contrária, parece-nos de todo razoável que possa haver a exigência de cumprimento específico desse dever.

Com isso, entendemos que, se for clara a hipótese de nascimento de um dever anexo de conduta para uma determinada parte, bem como se restar verificado seu descumprimento, caso a parte prejudicada entenda que ainda pode aguardar pelo cumprimento – ou seja, se este ainda lhe

---

[598] FRADA, Manuel A. Carneiro da. *Contrato e Deveres de Proteção*, cit., p. 39-40.
[599] Orlando Gomes entende que não é possível "compelir o devedor inadimplente ao cumprimento da obrigação, porque, sendo negativa, a ação infratora torna-se irreparável." (GOMES, Orlando. *Transformações gerais do direito das obrigações, cit.*, p. 161). Vale, porém, destacar, como já mencionamos em outras passagens, que a compreensão de violação positiva para o autor seria a de quebra de deveres negativos, deveres de omissão. Ele não contempla uma compreensão geral de deveres anexos de conduta, tal como fazemos. Dessa forma, de fato não seria razoável exigir-se, por hipótese, a execução específica de um dever de sigilo, depois de sua violação.

for útil – entendemos que o pedido de cumprimento específico da obrigação é de todo razoável.

Tome-se como exemplo um contrato de empreitada, no qual a empresa empreiteira vai construir partes de uma planta industrial que já existe. Evidente que a empreiteira deve ter absoluto zelo com a guarda de materiais da obra, até mesmo para que não haja prejuízo à parte já existente da planta e que continua em pleno funcionamento durante a obra. Os materiais da obra devem ser acondicionados em locais corretos e adequadamente, para não prejudicar a manufatura que ocorre na parte existente. No entanto, imaginemos que a empreiteira não tem o zelo necessário e deixa diversos materiais espalhados, com o risco de, havendo um forte vento ou chuva, eles entrarem na parte da manufatura e atrapalhar ou estragar a produção. Mesmo depois de ser notificada, a empreiteira não toma os cuidados esperados. O contrato entre as partes é muito simples e nada dispõe sobre o correto acondicionamento dos materiais, não havendo assim obrigação expressa contratual da empreiteira em ter o correto cuidado com o acondicionamento. Não há dúvida de que o dono da obra poderia requerer em Juízo uma tutela específica determinando que a empreiteira acondicione os materiais corretamente, com base no dever lateral de cuidado e proteção, sob pena inclusive de multa diária pelo descumprimento, nos termos do artigo 461 do CPC.[600]

---

[600] "Art. 461. Na ação que tenha por objeto o cumprimento de obrigação de fazer ou não fazer, o juiz concederá a tutela específica da obrigação ou, se procedente o pedido, determinará providências que assegurem o resultado prático equivalente ao do adimplemento.

§ 1º A obrigação somente se converterá em perdas e danos se o autor o requerer ou se impossível a tutela específica ou a obtenção do resultado prático correspondente.

§ 2º A indenização por perdas e danos dar-se-á sem prejuízo da multa (art. 287).

§ 3º Sendo relevante o fundamento da demanda e havendo justificado receio de ineficácia do provimento final, é lícito ao juiz conceder a tutela liminarmente ou mediante justificação prévia, citado o réu. A medida liminar poderá ser revogada ou modificada, a qualquer tempo, em decisão fundamentada.

§ 4º O juiz poderá, na hipótese do parágrafo anterior ou na sentença, impor multa diária ao réu, independentemente de pedido do autor, se for suficiente ou compatível com a obrigação, fixando-lhe prazo razoável para o cumprimento do preceito.

§ 5º Para a efetivação da tutela específica ou a obtenção do resultado prático equivalente, poderá o juiz, de ofício ou a requerimento, determinar as medidas necessárias, tais como a imposição de multa por tempo de atraso, busca e apreensão, remoção de pessoas e coisas, desfazimento de obras e impedimento de atividade nociva, se necessário com requisição de força policial.

Dessa forma, entendemos que não é possível antecipar uma solução e tê-la como definitiva quanto à possibilidade de execução específica do dever anexo de conduta. Haverá casos em que apenas a resolução do contrato e/ou a indenização por perdas e danos serão suficientes para tutelar os interesses do credor do dever de cooperação. Em outros, porém, o credor poderá ter o interesse em receber efetivamente a prestação acessória de conduta e, assim, não há razão para se limitar seu direito.

§ 6º O juiz poderá, de ofício, modificar o valor ou a periodicidade da multa, caso verifique que se tornou insuficiente ou excessiva."

CONCLUSÃO

Nossa intenção, neste trabalho, foi analisar se as particularidades dos contratos de longo prazo seriam motivos suficientes para exigir-se dos contratantes uma postura diferenciada quanto à cooperação que eles devem entre si, para que a execução do contrato ocorra de forma eficiente. Também pretendemos analisar o dever de cooperação decorrente da boa-fé objetiva, suas características e forma de aplicação aos contratos de longo prazo.

Os estudos mostraram que o contrato de longo prazo é interessante e proveitoso para as partes, especialmente em razão de ser mais eficiente recorrer a contratos de longo prazo que realizar seguidas contratações, inclusive como forma de evitar custos de transação. Ademais, outro aspecto da relação duradoura que diminui os custos de transação é justamente a confiança que um contratante detém no outro, reduzindo a necessidade de obter informação, bem como custos com a busca de elementos artificiais que supram a ausência da confiança, tal como a maior participação dos advogados, a exigência de garantias, entre outros.

Como pudemos verificar, as relações contratuais contínuas são valiosas formas de explorar os benefícios do planejamento e coordenação de longo prazo e traduzem, também, a decisão de a empresa não internalizar determinados serviços e produções. Ademais, muitas vezes a duração do contrato é necessária para que se possa implementar o programa contratual, como em contratos de empreitada e de grandes obras em geral.

Porém, os contratos de longo prazo possuem determinadas características peculiares. Na grande maioria das vezes, eles são contratos relacionais, nos quais se observa que o relacionamento e a ligação entre as partes possuem destaque e determinam uma postura diferenciada dos contratantes. Todo o histórico da contratação e de aspectos de confiança fazem diferença em contratos relacionais, já que as partes prezam o relacionamento porque imaginam contatos posteriores entre elas.

Os contratos de longo prazo como regra também são contratos incompletos, ou seja, as partes não conseguem de antemão definir absolutamente todas as condições que vão reger a contratação, ainda que façam praticamente tudo que está a seu alcance para evitar que o contrato contenha lacunas ou deixe de apresentar informações importantes para a transação. Os principais fatores que levam à incompletude contratual são a assimetria de informação e os custos de transação.

Nesse sentido, observamos que os deveres anexos de conduta acabam tendo papel de destaque, de forma a direcionar as partes a determinados comportamentos não acordados expressamente, de modo que elas atuem de forma cooperativa e visando à eficiência do programa contratual. A cooperação entre as partes nos contratos constitui uma exigência legal, decorrente do princípio da boa-fé objetiva.

Pelas análises da teoria dos jogos, concluímos que as partes que estão em constante contato, fazendo negócios repetitivos, seja por meio de contratos duradouros ou contratos curtos que se repetem, tendem a cooperar mais entre si, justamente porque sabem que a cooperação será positiva para maior eficiência de seu relacionamento duradouro.

Dessa forma, é de todo razoável esperar-se que o Direito Contratual perceba a necessidade de fomentar a cooperação com uma intensidade maior nas contratações duradouras.

É importante destacar, também, que verificamos que a cooperação não deve ser vislumbrada como um fator filantrópico ou solidário, ou estimulada apenas para que as partes tenham posturas altruístas e bondosas. Comportamentos cooperativos devem ser apoiados porque eles resultam em efetivos ganhos às partes envolvidas, permitindo que as avenças atinjam níveis ótimos de eficiência para ambas as partes.

Assim, além do simples cumprimento da prestação, a lei deve incentivar a cooperação, por meio do cumprimento de deveres laterais de conduta. Nesse contexto, um dos papéis da boa-fé é justamente obrigar as partes a cumprir os deveres anexos.

Os deveres anexos de conduta não são possíveis de conhecimento aprioristico, não havendo um rol taxativo, sendo necessária a análise de cada contratação particular, de forma dinâmica. Com isso, o dever de cooperação pode ser entendido como gênero do qual outros deveres, que conhecemos de forma "tipificada", serão espécie, tais como o dever de informação, o dever de mitigar o próprio prejuízo, o dever de renegociação, o dever de sigilo, de cuidado, entre outros.

Com base nessas análises, e levando em conta as características específicas dos contratos de longo prazo, o intérprete deve exigir maior intensidade do dever de cooperação entre as partes em tais contratações, considerando inclusive os usos e costumes. Sustentamos, assim, um padrão diferenciado na exigência da cooperação entre as partes, traduzindo-se em maior rigor nos deveres anexos de conduta.

Porém, o intérprete não pode descurar da análise das características específicas da contratação em si, considerando o caso concreto, os costumes e padrões do negócio e do local daquela contratação, para que a compreensão dos deveres anexos naquele contrato singular seja a mais completa e adequada possível.

Com isso, devem ser sempre considerados, para fins da análise do dever de cooperação, os limites exigidos do contratante no tocante à sua postura e ao dever anexo de conduta esperado. O dever lateral de conduta não pode trazer ao contratante um ônus ou um peso que não aquele normalmente esperado do contratante naquele tipo específico de contratação, considerando-se todas as suas particularidades. Não se pode transferir ao contratante determinada obrigação tão gravosa que deixa de ser acessória, lateral, e passa a ser algo que deveria ter sido parte do rol das prestações das partes, inclusive para que custos fossem alocados tendo por base tal obrigação.

Observadas tais condições na compreensão do dever anexo de conduta, a parte prejudicada com a sua violação poderá requerer as medidas cabíveis contra a parte contrária, tal como se o descumprimento fosse propriamente da prestação contratual. Assim, será cabível à parte prejudicada opor a exceção do contrato não cumprido ou requerer a execução específica da obrigação, a resolução do contrato e/ou perdas e danos.

E, nesse sentido, poder-se-ia sustentar, por hipótese, que não havendo inadimplemento (relativo ou absoluto) no tocante à obrigação principal, eventual violação de dever anexo não seria forte o suficiente para determinar a resolução do contrato. No entanto, nos casos de descumprimento de deveres anexos em contratos de longo prazo, nos quais o dever de cooperação deve guardar maior intensidade, é imperioso considerar-se a confiança que uma parte deposita na outra, a complexidade do vínculo e a importância da contratação, para que se autorize, sim, a resolução (e/ou as demais medidas aqui analisadas) apenas com base em tal violação.

Nossa tese, portanto, é a de que os contratos de longo prazo requerem uma análise mais rigorosa do dever de cooperação – que se concretiza pelos deveres laterais de conduta determinados pela boa-fé objetiva – e, havendo violação de tal dever, a parte prejudicada poderá tomar todas as medidas cabíveis, tal como se tivesse ocorrido verdadeiro inadimplemento da prestação contratual.

REFERÊNCIAS

AGUIAR JÚNIOR, Ruy Rosado de. *Extinção dos contratos por incumprimento do devedor (resolução)*. Rio de Janeiro: Aide, 2003.

___. O Código Civil de 2002 e a jurisprudência do STJ em matéria obrigacional. In: LOTUFO, Renan; NANNI, Giovanni Ettore; MARTINS, Fernando Rodrigues. (Coord.) *Temas relevantes do direito civil contemporâneo: reflexões sobre os dez anos do Código Civil*. São Paulo: Atlas, 2012.

AGUIRRE, João Ricardo Brandão. *Responsabilidade e informação: efeitos jurídicos das informações, conselhos e recomendações entre particulares*. São Paulo: RT, 2011.

AKERLOF, George A. The Market for "Lemons": Quality Uncertainty and the Market Mechanism. *The Quarterly Journal of Economics*, Vol. 84, No. 3., p. 488-500, Aug. 1970.

AMBROISE, Laure; MAQUE, Isabelle; PRIM-ALLAZ, Isabelle. *Ian Macneil et la théorie du contrat social: Proposition d'un outil d'analyse dês relations pour l'emsemble des domaines de gestion*. Disponível em <http://halshs.archives-ouvertes.fr/docs/00/47/05/70/PDF/AIMS09_Ambroise_Maque_Prim_V2.pdf>. Acesso em 20.04.2012.

ARAÚJO, Fernando. *Teoria econômica do contrato*. Coimbra: Almeida, 2007.

___. *Análise económica do direito: programa e guia de estudo*. Coimbra: Almedina, 2008.

___. Uma análise econômica dos contratos – a abordagem econômica, a responsabilidade e a tutela dos interesses contratuais. In: TIMM, Luciano Benetti (Org.). *Direito & Economia*. Porto Alegre: Livraria do Advogado, p. 97-174, 2008.

ARAÚJO, Paulo Dóron Rehder de. *Prorrogação Compulsória de Contratos a Prazo*. 2011. Tese (Doutorado) – Faculdade de Direito, Universidade de São Paulo, São Paulo, 2011.

ASCENSÃO, José de Oliveira. A alteração das circunstâncias e justiça contratual no novo Código Civil. *Universitas/Jus*, Brasília, n. 11, 2003.

ASSIS, Araken. *Resolução do contrato por inadimplemento*. 2ª ed. rev. e atual. São Paulo: Editora Revista dos Tribunais, 1994.

ATIYAH, Patrick Selim. *An introduction to the law of contract*. 5. ed. Oxford: Oxford University Press, 1996.

AXELROD, Robert. *The complexity of cooperation: agent-based models of competition and collaboration*. Princeton: Princeton University Press, 1997.

___. *The evolution of cooperation*. New York: Basic Books, 2006.

AZÉMA, Jacques. *La durée des contrats successifs*. Paris: LGDJ, 1969.

AZEVEDO, Antonio Junqueira de. *Estudos e pareceres de direito privado*. São Paulo: Saraiva, 2004.

___. *Novos estudos e pareceres de direito privado*. São Paulo: Saraiva, 2009.

___. *Negócio jurídico: existência, validade e eficácia*. 4. ed. São Paulo: Saraiva, 2010.

BAIRD, Douglas G. Self-Interest and Cooperation in Long-Term Contracts. *Journal of Legal Studies*, Chicago, vol. XIX, p. 583-596, June, 1990.

BAPTISTA, Luiz Olavo. O risco nas transações internacionais problemática jurídica e instrumentos (de defesa). *Revista de Direito Público*. São Paulo: RT, ano 16, n. 66, p. 265-273, abr.-jun./1983.

BASTOS, Antonio Carlos de Leme. Violação positiva do contrato. In: *Tranformações Contemporâneas do Direito das Obrigações*. Org. MOTA, Mauricio; KLOH, Gustavo. Rio de Janeiro: Elsevier, p. 351-428, 2011.

BEALE, Hugh. General Clauses and Specific Rules in the Principles of European Contract Law: The "Good Faith" Clause. In: GRUNDMANN, Stefan; MAZEAUD, Denis (Org.). *General Clauses and Standards in European Contract Law – Comparative Law, EC Law and Contract Law Codification*. The Hague: Kluwer Law International, p. 205-218, 2006.

BERGSTEIN, Gilberto. *A informação na relação médico-paciente*. São Paulo: Saraiva, 2013.

BESSONE, Darcy. *Do contrato: teoria geral*. 1. ed. Rio de Janeiro: Forense, 1960.

BETTI, Emilio. *Teoria geral das obrigações*. Trad. Francisco José Galvão Bueno. Campinas: Bookseller, 2005.

BEZERRA, Andréia Cristina; PARENTONI, Leonardo Netto. A reconsideração da personalidade jurídica nos contratos mercantis de colaboração. *Revista de Direito Mercantil, Industrial, Econômico e Financeiro*, São Paulo, ano L, n. 158, p. 189-210, abr./jun. 2011.

BIANCA, C. Massimo. *Diritto Civile* (L'Obbligazione). Vol. IV. Milano: Dott. A Giuffré Editore, 1993.

BIZARRIA, Juliana Carolina Frutuoso. O dever de cooperação no contrato de seguro. *Revista de Direito Privado*. São Paulo, v. 50, ano 13, p. 143-204, abr./jun. 2012.

BROWNSWORD, Roger. Contract Law, Co-operation, and Good Faith: The Movement from Static to Dynamic Market-Individualism. In: DEAKIN, Simon; MICHIE, Jonathan (Ed.). *Contracts, Co-operation and Competition: Studies in Economics, Management, and*

REFERÊNCIAS

Law. Oxford: Oxford University Press, p. 255-284, 2003.

BROWNSWORD, Roger; HIRD, Norma J.; HOWELLS, Geraint. *Good faith in contract: concept and context*. Aldershot: Ashgate, 2006.

CAMPBELL, David. The incompleteness of our understanding of the law and economics of relational contract. *Wisconsin Law Review*, p. 645-678, 2004.

___. Ian Macneil and the relational theory of contract. Disponível em <http://www.lib.kobe-u.ac.jp/repository/80100023.pdf>. Acesso em 20.04.2012.

CAMPBELL, David; COLLINS, Hugh; WIGHTMAN, John. *Implicit Dimensions of Contract: Discrete, Relational and Network Contracts*. Oxford: Hart, 2003.

CAMPBELL, David; HARRIS, Donald. Flexibility in Long-term Contractual Relationships: The Role of Co-operation. *Journal of Law and Society*, vol. 20, nº 2, p. 166-191, 1993.

CARDOSO, Patrícia. Oponibilidade dos efeitos dos contratos: determinante da responsabilidade civil do terceiro que coopera com o devedor na violação do pacto contratual. *Revista Trimestral de Direito Civil*, Rio de Janeiro, v. 20, p. 125-150, out/dez. 2004.

CARVAJAL-ARENAS, Lorena. *Good Faith in the Lex Mercatoria: An Analysis of Arbitral Practice and Major Western Legal Systems*. Disponível em <http://eprints.port.ac.uk/6040/1/GOOD_FAITH_IN_THE_LEX_MERCATORIA.pdf>. Acesso em 27.02.2013.

CARVAJAL-ARENAS, Lorena; MANIRUZZAMAN, A. F. M. Cooperation as Philosophical Foundation of Good Faith in the International Business Contracting – A View Through the Prism of Transnational Law. (2012) *Oxford University Comparative Law Forum*. Disponível em <http://ouclf.iuscomp.org/articles/carjaval_maniruzzaman.shtml>. Acesso em 27.02.2013.

CATALAN, Marcos Jorge. *Considerações iniciais sobre a quebra antecipado do contrato e sua recepção pelo direito brasileiro*. Disponível em <http://www.diritto.it/pdf/26875.pdf>. Acesso em 23.03.2013.

CATEB, Alexandre Bueno; GALLO, José Alberto A. Breves considerações sobre a teoria dos contratos incompletos. *Berkley Program in Law and Economics Working Papers*: 050107-4/2007. Disponível em <http://repositories.cdlib.org/bple/alacde/050107-4>. Acesso em 15.04.2012.

COGO, Rodrigo Barreto. *A frustração do fim do contrato: o impacto dos fatos supervenientes sobre o programa contratual*. Rio de Janeiro: Renovar, 2012.

COLLINS, Hugh. *Regulating Contracts*. Oxford: Oxford University Press, 2002.

___. *The European Civil Code: the way forward*. Cambridge: Cambridge University Press, 2008.

___. *The Law of Contract*. 4 ed. Cambridge: Cambridge University Press, 2008.

___. Implied Duty to Give Information During Performance of Contracts. *The Modern Law Review*, 55, p. 556-562, July 1992. Disponível em <heinonline.org>. Acesso em 06.03.2013.

COOTER, Robert; ULEN, Thomas. *Direito & Economia*. Trad. Luis Marcos Sander, Francisco Araújo Costa. 5ª ed. Porto Alegre: Bookman, 2010.

CORDEIRO, António Menezes. *Da boa-fé no direito civil*. Coimbra: Almedina, 2001.

COSTA, José Augusto Fontoura; NUSDEO, Ana Maria de Oliveira. As cláusulas de força maior e de "hardship" nos contratos internacionais. *Revista de Direito Mercantil, Industrial, Econômico e Financeiro*, São Paulo, ano XXXIV, n. 97, p. 76-103, jan-mar. 1995.

CRASWELL, Richard. The "incomplete contracts". Literature and efficient precautions. *Case Western. Res. Law Review*, vol. 56, p. 151-168, 2005-2006.

DIATHESOPOULOS, Michael D. *First Approaches Towards Relational Contracts*. Disponível em < http://ssrn.com/abstract=1625364>. Acesso em 23.04.2012.

D'AMICO, Giovanni. Mancata cooperazione del creditore e violazione contrattuale. *Rivista di Diritto Civile*, Padova, v. 50, p. 77-106, genn/feb., 2004.

D'ANGELO, Andrea; MONATERI, Pier Giuseppe; SOMMA, Alessandro. *Buona fede e giustiza contrattuale. Modelli cooperativi e modelli conflittuali a confronto*. Torino, G. Giappichelli Editore, 2005.

DEAKIN, Simon; LANE, Christel; WILKINSON, Frank. Contract Law, Trust Relations, and Incentives for Co-operation: A Comparative Study. In: DEAKIN, Simon; MICHIE, Jonathan (Ed.). *Contracts, Co-operation and Competition: Studies in Economics, Management, and Law*. Oxford: Oxford University Press, p. 105-142, 2003.

DEAKIN, Simon; MICHIE, Jonathan (Ed.). *Contracts, Co-operation and Competition: Studies in Economics, Management, and Law*. Oxford: Oxford University Press, 2003.

DIDIER JR., Fredie. Multa coercitiva, boa-fé processual e suppressio: aplicação do duty to mitigate the loss no processo civil. *Revista de Processo*, São Paulo, ano 34, nº 171, p. 35-48, maio/2009.

DIAS, Daniel Pires Novais Dias. O *duty to ditigate the loss* no Direito civil brasileiro e o encargo de evitar o próprio dano. *Revista do Curso de Direito da UNIFACS*, nº 139, 2012. Disponível em <http://www.revistas.unifacs.br/index.php/redu/article/view/1894>. Acesso em 11.05.2013.

DIAS, José de Aguiar. *Da responsabilidade civil*. 8ª ed. Rio de Janeiro: Forense, 1987.

DIESSE, François. Le devoir de cooperation comme príncipe directeur du contrat. *Archives de Philosophie Du Droit*, Paris, nº 43, p. 259-302, 1999.

___. La bonne foi, La cooperation et le raisonnable dans la Convention des Nations Unies relative à la vente internationale de marchandises (CVIM). *Journal du Droit International*, Paris, v. 129, p. 55-112, jan/mars, 2002.

EBKE, Werner F.; STEINHAUER, Bettina M. The Doctrine of Good Faith in German Contract Law. In: BEATSON, Jack; FRIEDMANN, Daniel. (Ed.) *Good Faith and Fault in Contract Law*. Oxford: Oxford University Press, p. 171-190, 2001.

FACHIN, Luis Edson. Responsabilidade por dano de cumprimento diante do desaproveitamento da função social do contrato. In: NERY, Rosa; DONNINI, Rogério (Coord.). *Responsabilidade civil: estudos em homenagem ao professor Rui Geraldo Camargo Viana*. São Paulo: RT, 2009.

FARIA, José Eduardo. *Direito e Conjuntura*. São Paulo: Saraiva, 2009.

___. *O Estado e o direito depois da crise*. São Paulo: Saraiva, 2011.

FABIAN, Christoph. *O dever de informar no direito civil*. São Paulo: RT, 2002.

FABRE-MAGNAN, Muriel. *De l'obligation d'information dans les contrats: essai d'une theorie*. Paris: Librairie Générale de Droit et de Jurisprudence, 1992.

___. *Droit des obligations (1- Contrat et engagement unilatéral)*. 3ª ed. Paris: Presses Universitaires de France, 2012.

FARNSWORTH, E. Allan. Good Faith in Contract Performance. In: BEATSON, Jack; FRIEDMANN, Daniel. (Ed.) *Good Faith and Fault in Contract Law*. Oxford: Oxford University Press, p. 153-170, 2001.

FERNANDES, Wanderley. *Cláusulas de exoneração e de limitação de responsabilidade*. São Paulo: Saraiva, 2013.

FRADA, Manuel A. Carneiro da. *Contrato e Deveres de Proteção*. Coimbra: Gráfica de Coimbra, 1994.

___. *Teoria da Confiança e Responsabilidade Civil*. Coimbra: Almedina, 2001.

FRADERA, Véra Maria Jacob de. A Quebra Positiva do Contrato. *Revista da Ajuris: Associação dos magistrados do Rio Grande do Sul*, nº 44, p. 144-152, 1998.

___. Pode ser o credor instado a diminuir o próprio prejuízo? *Revista Trimestral de Direito Civil*, Rio de Janeiro, v. 19, p. 109-119, jun./set. 2004.

___. A Noção de Contrato na Convenção de Viena de 1980 sobre Venda Internacional de Mercadorias. Disponível em < http://www.cisg-brasil.net/doc/vfraderal.pdf>. Acesso em 09.07.2012.

FRANTZ, Laura Coradini. *Revisão dos contratos*. São Paulo: Saraiva, 2007.

FORGIONI, Paula A. *Contrato de Distribuição*. São Paulo: RT, 2005.

___. Interpretação dos Negócios Empresariais. In: FERNANDES, Wanderley (Coord.). *Contratos empresariais: Fundamentos e Princípios Dos Contratos Empresariais*. São Paulo: Saraiva, 2007, p. 77-155.

___. *Teoria Geral dos Contratos Empresariais*. São Paulo: RT, 2009.

GAGLIARDI, Rafael Villar. *A exceção de contrato não cumprido*. Dissertação (Mestrado) – Pontifícia Universidade Católica de São Paulo, 2006.

GAMA JUNIOR, Lauro. A Convenção de Viena sobre a compra e venda internacional de mercadorias – 1980: essa grande desconhecida. *Revista de Arbitragem e Mediação*. São Paulo, v. 3, n. 9, p. 134-149, abr./jun. 2006.

GALLO, Paolo. *Contratto e buona fede: buena fede in senso oggetivo e transformazioni del contrato*. Torino: UTET Giuridica, 2009.

GARCIA, Ricardo Lupion. *Boa-fé objetiva nos contratos empresariais: contornos dogmáticos dos deveres de conduta*. Porto Alegre: Livraria do Advogado, 2011.

GHESTIN, Jacques. L'Analyse Économique de la Clause Générale. In: GRUNDMANN, Stefan; MAZEAUD, Denis (Org.). *General Clauses and Standards in European Contract Law – Comparative Law, EC Law and Contract Law Codification*. The Hague: Kluwer Law International, p. 165-188, 2006.

GILSON, Ronald J. "Value Creation by Business Lawyers: Legal Skills and Asset Pricing.". *Yale Law Journal. New Haven*, v. 94, n. 2, p. 239-313, Dec. 1984.

GODOY, Claudio Luiz Bueno de. *Função social do contrato: os novos princípios contratuais*. São Paulo: Saraiva, 2004.

___. O princípio da boa-fé objetiva. In: GOZZO, Débora; MOREIRA ALVES, José Carlos; REALE, Miguel. *Principais controvérsias no novo código civil: textos apresentados no II Simpósio Nacional de Direito Civil*. São Paulo: Saraiva, p. 55-72, 2006.

GOMES, Orlando. *Contratos*. 26ª ed. Rio de Janeiro: Forense, 2009.

___. *Transformações gerais do direito das obrigações*. 2. ed. São Paulo: Ed. Revista dos Tribunais, 1980.

GONÇALVES, Carlos Roberto. *Responsabilidade Civil*. 7ª ed. São Paulo: Saraiva, 2002.

GORDON, Robert W. Macaulay, Macneil e a Descoberta da Solidariedade e do Poder no Direito Contratual. Trad. Ludwig Marcos de Campos. *Revista Direito GV*, v. 3, nº 11, p. 187-202, jan.-jun. 2007.

GRAMSTRUP, Erik Frederico. Contratos Relacionais. In: LOTUFO, Renan; NANNI, Giovanni Ettore. *Teoria Geral dos Contratos*. São Paulo: Atlas, p. 321-333, 2011.

GRANIERI, Massimiliano. *Il tempo e il contrato. Itineario storico-comparativo sui contratti di durata*. Milano: Giuffrè, 2007.

GRAU, Eros Roberto. Um novo paradigma dos contratos? *Revista Trimestral de Direito Civil*, Rio de Janeiro, v. 2, n. 5, p. 73-82, jan./mar. 2001.

HADDAD, Luís Gustavo Haddad. *Função Social do Contrato: um ensaio sobre seus usos e sentidos*. Dissertação (Mestrado) – Faculdade de Direito, Universidade de São Paulo, São Paulo, 2009.

HAICAL, Gustavo Luís da Cruz. O inadimplemento pelo descumprimento exclusivo de dever lateral advindo da boa-fé objetiva. In: MOTA, Mauricio; KLOH, Gustavo (Org.). *Transformações Contemporâneas do Direito das Obrigações*. Rio de Janeiro: Elsevier, p. 485-522, 2011.

___. Os usos do tráfico como modelo jurídico hermenêutico no Código Civil de 2002. *Revista de Direito Privado*, São Paulo, ano 13, vol. 50, p. 11-50, abr.-jun. 2012.

HART, Oliver; MOORE, John. Foundations of Incomplete Contracts. *The Review of Economics Studies*, vol. 66, no. 1, Special Issue: Contracts, p. 115-138, Jan., 1999.

___. Incomplete Contracts and Renegotiation. *The Review of Economics Studies*, vol. 56, n. 4, p. 755-785, Jul., 1988.

HERMALIN, Benjamin E.; KATZ, Avery; CRASWELL, Richard. *The law and economics of contracts*. Disponível em <http://papers.ssrn.com/sol3/papers.

cfm?abstract_id=907678##>. Acesso em 10.04.2012.

HILDEBRECHT, Ronald O. Uma Introdução à Teoria dos Jogos. In: TIMM, Luciano Benetti (Org.). *Direito e Economia no Brasil*. São Paulo: Atlas, 115-138, 2012.

HIRONAKA, Giselda Maria Fernandes Novaes. Contrato: estrutura milenar de fundação do direito privado. Superando a crise e renovando princípios, no início do vigésimo primeiro século, ao tempo da transição legislativa brasileira. In: BARROSO, Lucas de Abreu (Org.). *Introdução crítica ao Código Civil*. Rio de Janeiro: Forense, p. 117-132, 2006.

IRTI, Natalino. Gli "scritti giuridici" di Giorgio Oppo: obligazione e negozio giuridico. *Rivista di Diritto Civile*, Padova, v. 38, n. 6, p. 547-49, nov./dic. 1992.

JALUZOT, Béatrice. *La bonne foi dans les contrats: Étude comparative de droit français, allemand et japonais*. Paris: Dalloz, 2001.

KARAM-SILVEIRA. Marco Antonio. Contratos cativos de longa duração: tempo e equilíbrio nas relações contratuais. In: MARQUES, Claudia Lima (Coord.). *A nova crise do contrato: estudos sobre a nova teoria contratual*. São Paulo: RT, p. 482-503, 2007.

KATZ, Avery W. Contractual incompleteness: a transactional perspective. *Case Western Res. Law Review*, vol. 56, p. 169-186, 2005-2006.

KIRCHNER, Felipe. Os novos poderes oriundos do contrato: readaptação e ruptura do vínculo contratual em razão da impossibilidade material. *Revista de Direito do Consumidor*, São Paulo, ano 16, n. 62, p. 40-85, abr./jun. 2007.

KHOURI, Paulo R. Roque A. *A revisão judicial nos contratos no novo Código Civil, Código do Consumidor e Lei nº 8.666/93*: a onerosidade excessiva superveniente. São Paulo: Atlas, 2006.

LABORDERIE, Anne-Sophie Lavefve. *La Pérennité Contractuelle*. Paris: LGDJ, 2005.

LAHR, Duzolina Helena. Deveres acessórios de conduta: perfil histórico-dogmático. Dissertação (Mestrado) – Faculdade de Direito da Universidade de São Paulo, 2003.

LARENZ, Karl. *Derecho de Obligaciones*. Tomo I. Versão espanhola e notas de Jaime Santos Briz. Madrid: Revista de Derecho Privado, 1958.

LEIB, Ethan. Contracts and friendships. *Emory Law Journal*, vol. 59, p. 649-726, 2010.

LEMES, Selma Ferreira. As peculiaridades e os efeitos jurídicos da cláusula escalonada: mediação ou conciliação e arbitragem. 359-376. In: FERRAZ, Rafaella; MUNIZ, Joaquim de Paiva. (Coord.). *Arbitragem Doméstica e Internacional: estudos em homenagem ao prof. Theóphilo de Azeredo Santos*. Rio de Janeiro: Forense, p. 359-376, 2008.

LEQUETTE, Suzanne. *Le contrat-coopération – contribution à la théorie générale du contrat*. Paris: Economica, 2012.

LÔBO, Paulo Luiz Netto. Princípios sociais dos contratos no Código de Defesa do Consumidor e no novo Código Civil. *Revista de Direito do Con-*

sumidor, São Paulo, v. 11, n. 42, p. 187-195, abr./jun. 2002.

___. *Teoria Geral das Obrigações*. São Paulo: Saraiva: 2005.

LOPEZ, Teresa Ancona. Princípios Contratuais. In: FERNANDES, Wanderley (Coord.). *Contratos Empresariais: Fundamentos e Princípios dos Contratos Empresariais*. São Paulo: Saraiva, 2007, p. 3-74.

___. *Nexo Causal e Produtos potencialmente Nocivos – a Experiência Brasileira do Tabaco*. São Paulo: Quartier Latin, 2008.

LORENZETTI, Ricardo Luis. *Tratado de los contratos*. Tomo 1. Buenos Aires: Runbizal-Culzoni, 1999.

LOUREIRO, Luiz Guilherme. *Teoria geral dos contratos no novo Código Civil*. São Paulo: Método, 2002.

MACARIO, Francesco. *Adeguamento e rinegoziazione nei contratti a lungo termine*. Napoli: Jovene Editore, 1996.

MACEDO JR., Ronaldo Porto. *Contratos relacionais e defesa do consumidor*. 2ª ed. São Paulo: RT, 2007.

___. *Contratos relacionais no direito brasileiro*. Disponível em <http://lasa.international.pitt.edu/LASA97/portomacedopor.pdf.> Acesso em 20.04.2012.

MACNEIL, Ian. The many futures of contracts. *South California Law Review*, vol. 47, p. 691-896, 1973-1974.

___. Contracts: adjustment of long-term economic relations under classical, neoclassical, and relational contract law. *Northwestern University Law Review*, vol. 72, p. 854-905, 1977--1978.

___. Relational contract: what we do and do not know. *Wisconsin Law Review*, p. 483-525, 1985.

___. Reflections on relational contract. *Journal of Institutions and Theoretical Economics*, vol. 141, p. 541-546, 1985.

___. Relational contract theory: challenges and queries. *Northwestern University Law Review*, vol. 94, p. 877-907, 1999-2000.

___. *O novo contrato social: uma análise das relações contratuais modernas*. Trad. Alvamar Lampareli. Rio de Janeiro: Elsevier, 2009.

MACAULAY, Stewart. The Real and the Paper Deal: Empirical Pictures of Relationships, Complexity and the Urge for Transparent Simple Rules, In: CAMPBELL, David; COLLINS, Hugh; WIGHTMAN, John. *Implicit Dimensions of Contract: Discrete, Relational and Network Contracts*. Oxford: Hart, p. 51-102, 2003.

___. Relational contracts floating on a sea of custom? Thoughts about the ideas of Ian Macneil and Lisa Bernstein. *Northwestern University Law Review*, vol. 94, p. 775-804, 1999-2000. Disponível em <http://heinonline.org/HOL/Print?collection=journals&handle=hein.journals/illlr94&id=786.> Acesso em 23.04.2012.

MARINANGELO, Rafael. *A violação positiva do contrato e o inadimplemento de veres lateraos impostos pela boa-fé*. Dissertação (Mestrado) – Pontifícia Universidade Católica de São Paulo, 2005.

MARINO, Francisco Paulo de Crescenzo. *Interpretação do Negócio Jurídico*. São Paulo: Saraiva, 2011.

MARQUES, Cláudia Lima. *Contratos no Código de Defesa do Consumidor*: o novo regime das relações contratuais. 4. ed. São Paulo: Ed. Revista dos Tribunais, 2002.

MARQUES, Claudia Lima. A chamada nova crise do contrato e o modelo de direito privado brasileiro: crise de confiança ou de crescimento do contrato? In: MARQUES, Claudia Lima (Coord.). *A nova crise do contrato: estudos sobre a nova teoria contratual*. São Paulo: RT, p. 17-86, 2007.

MARTINS, Raphael Manhães. A teoria do inadimplemento e transformações no direito das obrigações. *Revista de Direito Privado*. São Paulo, ano 9, n. 33, p. 250-289, jan./mar. 2008.

MARTINS-COSTA, Judith. *A boa-fé no direito privado*. São Paulo: Ed. Revista dos Tribunais, 1999.

___. A revisão dos contratos no Código Civil brasileiro. *Roma e America*: diritto romano comune: rivista di diritto dell'integrazione e unificacione del diritto in Europa e in America Latina, Roma, n. 16, p. 65-172, 2003.

___. *Comentários ao novo Código Civil*. Vol V, tomo II: do inadimplemento das obrigações. Rio de Janeiro: Forense, 2004.

___. Princípio da confiança legítima e princípio da boa-fé objetiva. Termo de compromisso de cessação (TCC) ajustado com o CADE. Critérios da interpretação contratual: os "sistemas de referência extracontratuais" ("circunstâncias do caso") e sua função no quadro semântico da conduta devida. Princípio da unidade ou coerência hermenêutica e "usos do tráfego". Adimplemento contratual. *Revista dos Tribunais*, vol. 852, p. 87-126, out/2006.

___. Os campos normativos da boa--fé objetiva: as três perspectivas do direito privado brasileiro. In: AZEVEDO, Antonio Junqueira de; TÔRRES, Heleno Taveira; CARBONE, Paolo (Coord.). *Princípios do Novo Código Civil Brasileiro e Outros Temas – Homenagem a Tulio Ascarelli*. São Paulo: Quartier Latin, p. 387-421, 2008.

___. A cláusula de *hardship* e a obrigação de renegociar nos contratos de longa duração. In: MOTA, Mauricio; KLOH, Gustavo (Org.). *Transformações Contemporâneas do Direito das Obrigações*. Rio de Janeiro: Elsevier, p. 257-280, 2011.

___. Responsabilidade civil contratual. Lucros cessantes. Resolução. Interesse positivo e interesse negativo. Distinção entre lucros cessantes e lucros hipotéticos. Dever de mitigar o próprio dano. Dano moral e pessoa jurídica. In: LOTUFO, Renan; NANNI, Giovanni Ettore; MARTINS, Fernando Rodrigues. (Coord.) *Temas relevantes do direito civil contemporâneo: reflexões sobre os dez anos do Código Civil*. São Paulo: Atlas, 2012, p. 559-595.

MARZAGÃO, Nelcina C. de O. Tropardi. *Da informação e dos efeitos do excesso de informação no direito do consumidor*. Tese (Doutorado) – Faculdade de Direito, Universidade de São Paulo, São Paulo, 2005.

MATTIETTO, Leonardo. Ensaio sobre o princípio do equilíbrio contratual.

Revista IOB de Direito Civil e Processual Civil, Porto Alegre, v. 8, n. 48, p. 135, jul./ago. 2007.

MENDONÇA, Diogo Naves. *Análise econômica da responsabilidade civil: o dano e a sua quantificação*. São Paulo: Atlas, 2012.

MELLO, Adriana Mandim Theodoro de. *Franquia empresarial: responsabilidade civil na extinção do contrato*. Rio de Janeiro: Forense, 2001.

MILLER, Alan D; PERRY, Ronen. Good Faith Performance. *Iowa Law Review*, Vol 98, No 2, January 2013, p. 689-745. Disponível em <http://www.uiowa.edu/~ilr/issues/ILR_98-2_Perry.pdf>. Acesso em 04.03.2013.

MIRANDA, Pontes de. *Tratado de direito privado*. 4. ed. T. III. São Paulo: Ed. Revista dos Tribunais, 1983.

MOREIRA, José Carlos Barbosa. *Direito Aplicado I* (Acórdãos e Votos). 2ª ed. Rio de Janeiro: Forense, 2001.

MORIN, Ariane. *La responsabilité fondée sur la confiance: étude critique des fondements d'une innovation controversée*. Genebra: Helbing & Lichtenhahn, 2002.

NALIN, Paulo. A função social do contrato no futuro Código Civil brasileiro. *Revista de Direito Privado*, São Paulo, v. 3, n. 12, p. 50-60, out./dez. 2002.

NANNI, Giovanni Ettore. O dever de cooperação nas relações obrigacionais à luz do princípio constitucional da solidariedade. In: NANNI, Giovanni Ettore. (Coord.) *Temas relevantes do direito civil contemporâneo: reflexões sobre os cinco anos do Código Civil*. São Paulo: Atlas, p. 283-321, 2008.

___. A obrigação de renegociar no Direito Contratual brasileiro. In: *Revista do Advogado*, São Paulo, AASP, Ano XXXII, nº 116, p. 88-97, Julho de 2012.

NANNI, Luca. *La buona fede contratuale*. Padova: CEDAM, 1988.

NEGREIROS, Teresa. *Teoria do contrato*: novos paradigmas. 2. ed. Rio de Janeiro: Renovar, 2006.

___. O Princípio da Boa-Fé Contratual. In: MORAES, Maria Celina Bodin. (Coord.). *Princípios do direito civil contemporâneo*. Rio de Janeiro: Renovar, 2006.

NEIRA, Lilian C. San Martín. Sobre la naturaleza jurídica de la 'cooperación' del acreedor al cumplimiento de la obligación. La posicion dinâmica del acreedor en la relación obligatoria, como sujeto no sólo de derechos, sino también de cargas y deberes. *Revista de Derecho Privado*, nº 21, p. 208-282, Julio-Diciembre, 2011. Disponível em <http://ssrn.com/abstract=1964700>. Acesso em 25.02.2013.

NERY JR., Nelson; SANTOS, Thiago Rodovalho dos. Renegociação contratual. *Revista dos Tribunais*, ano 100, vol. 906, p. 113-155, abr./2011.

NERY JR., Nelson. A base do negócio jurídico e a revisão do contrato. In: REIS, Selma Negrão Pereira dos (Coord.). *Questões de direito civil e o novo Código*. São Paulo: Imprensa Oficial do Estado de São Paulo, 2004, p. 46--75.

NERY JR., Nelson; NERY, Rosa. *Código Civil comentado*. 4ª ed. São Paulo: Ed. Revista dos Tribunais, 2006.

NITSCHKE, Guilherme Carneiro Monteiro. Tempo e equilíbrio contratual. In: MOTA, Mauricio; KLOH, Gustavo (Org.). *Transformações Contemporâneas do Direito das Obrigações*. Rio de Janeiro: Elsevier, 2011, p. 85-122.

NORONHA, Fernando. *O direito dos contratos e seus princípios fundamentais*. São Paulo: Saraiva, 1994.

NUNES, Luiz Antonio Rizzatto. *Manual da Monografia Jurídica*. 4ª ed. São Paulo: Saraiva, 2002.

OPPO, Giorgio. I Contratti di Durata – Parte I. *Rivista del Diritto Commercial e del Diritto Generale dele Obligazioni*, v. XLI, Casa Editrice Dotore Francesco Vallardi, 1943, p. 143-250.

___. I Contratti di Durata – Parte II. *Rivista del Diritto Commercial e del Diritto Generale dele Obligazioni*, v. XLII, Casa Editrice Dotore Francesco Vallardi, 1944, p. 17-46.

PAULA, Carolina Bellini Arantes de. *As excludentes de responsabilidade civil objetiva*. São Paulo: Atlas, 2007.

PEIXOTO, Alessandra Cristina Tufvesson. Responsabilidade extracontratual – Algumas considerações sobre a participação da vítima na quantificação da indenização. *Revista da EMERJ*, v.11, n. 44, 2008.

PEREIRA, Paulo Sérgio Velten. *A exceção do contrato não cumprido fundada na violação de dever lateral*. Dissertação (Mestrado) – Pontifícia Universidade Católica de São Paulo, 2008.

PICKER, Randal. *An Introduction to the Game Theory*. Disponível em <http://www.law.uchicago.edu/files/files/22.Picker.IntroGame_0.pdf>. Acesso em 08.07.2012.

PICOD, Yves. *Le devoir de loyauté dans l'exécution du contrat*. Paris: Libr. générale de droit et de jurisprudence, 1989.

___. L'obligation de coopération dans l'execution du contrat. *JCP*, 1998, I, 3318.

PINHEIRO, Armando Castelar. *Segurança Jurídica, Crescimento e Exportações*. Texto para discussão nº 1125. IPEA, Rio de Janeiro, out. 2005. Disponível em <http://www.ipea.gov.br/pub/td/2005/td_1125.pdf>. Acesso em 25.04.2012.

PINHEIRO, Armando Castelar; SAADI, Jairo. *Direito, Economia e Mercados*. São Paulo: Campus, 2005.

PINTO, Carlos Alberto da Mota. *Cessão da Posição Contratual*. Coimbra: Almedina, 2003.

PUGLIESE, Antonio Celso Fonseca. Teoria da imprevisão e o novo Código Civil. *Revista dos Tribunais*, São Paulo, v. 93, n. 830, p. 12-26, dez. 2004.

REGO, Anna Lygia Costa. *Confiança e investimento estrangeiro: uma análise do ambiente jurídico brasileiro*. São Paulo: Singular, 2013.

RONGEAT-OUDIN, Federica; OUDIN, Martin. The Reception of the UNIDROIT Principles by the Lex Mercatoria: The Example of Good Faith. *International Business Law Journal*, 697-723, 2009.

REALE, Miguel. *O Projeto do novo Código Civil*. 2ª ed. São Paulo: Saraiva, 1999.

RODRIGUES JUNIOR, Otavio Luiz. Revisão judicial dos contratos: autonomia da *vontade e teoria da imprevisão*. 2. ed. São Paulo: Atlas, 2006.

RODRÍGUEZ, Arturo Solarte. La buena fe contractual y los deberes secundarios de conducta. Disponível em <http://www.javeriana.edu.co/juridicas/pub_rev/documents/7Solarteult..pdf>. Acesso em 15.09.2013.

ROPPO, Enzo. *Contrato*. Trad. Ana Coimbra, M. Januario C. Gomes. Coimbra: Almedina, 2009.

SALAMA, Bruno Meyerhof. O que é direito e economia. In: *Direito & Economia*. Org. TIMM, Luciano Benetti. Porto Alegre: Livraria do Advogado, p. 49-62, 2008.

SALVESTRONI, Umberto. Sulla macata cooperazione all'adempimento nel raporto tra debitori e creditore divenuto incapace. *Rivista Trimestrale di Diritto e Procedura Civile*, ano LV, n. 2, Milano, Giuffrè, p. 309-320, giugno 2001.

SCHLABENDORFF, Adriana. *A reconstrução do direito contratual*: o valor social do contrato. 2004. Tese (Doutorado) – Faculdade de Direito, Universidade de São Paulo, São Paulo, 2004.

SCHREIBER, Anderson. *A proibição de comportamento contraditório – Tutela da confiança e venire contra factum proprium*. 2ª ed. Rio de Janeiro: Renovar, 2007.

___. A tríplice transformação do adimplemento. Adimplemento substancial, inadimplemento antecipado e outras figuras. *Revista Trimestral de Direito Civil*, Rio de Janeiro, vol. 32, p. 3-27, out/dez, 2007.

SCHULTE-NÖLKE, Hans. *The New German Law of Obligations: an Introduction*. Disponível em <http://www.iuscomp.org/gla/literature/schulte-noelke.htm>. Acesso em 07.04.2013.

SCHUNCK, Giuliana Bonanno. *A onerosidade excessiva superveniente no novo Código Civil: críticas e questões controvertidas*. São Paulo: LTr, 2010.

SCOTT, Robert E., The Case for Formalism in Relational Contract. University of Virginia School of Law. *Law and Economics Working Papers*. Working Paper No. 00-13, Maio, 2000. Disponível em <http://papers.ssrn.com/paper.taf?abstract_id=215129>. Acesso em 10.04.2012.

SCOTT, Robert E. Conflict and Cooperation in Long-Term Contracts. *California Law Review*, vol. 75, p. 2005-2054, 1987.

SEGAL, Ilya. Complexity and Renegotiation: A Foundation for Incomplete Contracts. *The Review of Economic Studies*, vol. 66, n. 1, Special Issue: Contracts, p. 57-82, Jan., 1999.

SILVA, Clóvis do Couto e. O Princípio da Boa-fé no Direito Brasileiro e Português. In: *Estudos de direito civil brasileiro e português*. CAETANO, Marcello [et al.] São Paulo: Ed. Revista dos Tribunais, p. 43-72, 1980.

___. *A obrigação como processo*. Rio de Janeiro: Editora FGV, 2006.

SILVA, Jorge Cesa Ferreira da. *A boa-fé e a violação positiva do contrato*. Rio de Janeiro: Renovar, 2002.

___. *Inadimplemento das Obrigações*. São Paulo: Editora Revista dos Tribunais, 2007.

SILVA, Luis Renato Ferreira da. O tempo no direito e o tempo do direito. Provocação para uma releitura entre direito e literatura a partir de um tema borgiano. In: MARTINS-COSTA, Judith (Coord.). *Narração e normatividade: ensaios de direito e literatura*. Rio de Janeiro: GZ Ed., p. 95-100, 2013.

SILVA, Rafael Peteffi da. Teoria do adimplemento e modalidade de inadimplemento, atualizado pelo novo Código Civil. *Revista do Advogado*, São Paulo, AASP, Ano XXII, nº 68, p. 135-153, dez/2002.

SOMBRA, Thiago Luís Santos. *Adimplemento contratual e cooperação do credor*. São Paulo: Saraiva, 2011.

SOUZA, Thelma de Mesquita Garcia e. *O dever de informar e sua aplicação ao contrato de seguro*. Tese (Doutorado) – Faculdade de Direito da Universidade de São Paulo, 2012.

STIGLER, George J. The economics of information. *The Journal of Political Economy*, Volume 69, Issue 3, p. 213-225, Jun. 1961, Disponível em <http://home.uchicago.edu/~vlima/courses/econ200/spring01/stigler.pdf>. Acesso em 06.03.2013.

STIGLITZ, Rúben S. La obligación precontractual y contractual de información. El deber de consejo. *Revista de Direito do Consumidor*, São Paulo, n. 22, p. 9-25, abril/junho, 1997.

STOCO, Rui. *Tratado de responsabilidade civil: doutrina e jurisprudência*. 8ª ed. São Paulo: Editora Revista dos Tribunais, 2011.

SZTAJN, Rachel. Externalidades e custos de transação: a redistribuição de direitos no novo Código Civil. *Revista de Direito Mercantil, Industrial, Econômico e Financeiro*, São Paulo, ano XLIII, n. 133, p. 7-31, jan./mar. 2004.

___. Direito e Economia. *Revista de Direito Mercantil, Industrial, Econômico e Financeiro*, São Paulo, ano XLV, n. 144, p. 221-235, out-dez/2006.

___. Sociedades e contratos incompletos. *Revista da Faculdade de Direito da Universidade de São Paulo*, v. 101, p. 171-179, jan/dez., 2006.

TARDIA, Ignazio. Buona fede ed obblighi di informazione tra responsablitiá precontrattuale e responsabilitá contrattuale. *Rassegna di diritto civile*, Napoli, n. 3, p. 724- 776, 2004.

TEUBNER, Gunther. Legal Irritants: Good Faith in British Law or How Unifying Law Ends Up in New Divergences. *Modern Law Review*, London, v. 61, p. 11-32.

TOMASEVICIUS FILHO, Eduardo. *Informação assimétrica, custos de transação, princípio da boa-fé*. Tese (Doutorado) – Faculdade de Direito da Universidade de São Paulo, 2007.

THEODORO JÚNIOR, Humberto. *O contrato e sua função social*. Rio de Janeiro: Forense, 2004.

TREBILCOK, Michael J. *The limits of freedom of contract*. Cambridge: Harvard, 1997.

UDA, Giovanni Maria. *La buona fede nell'esecuzione del contratto*. Torino: G. Giappichelli, 2004.

VENOSA, Sílvio de Salvo. *Direito civil: responsabilidade civil*. 12 ed. São Paulo: Atlas, 2012.

ZIMMERMANN, Reinhard; WHITTAKER, Simon. *Good Faith in European Contract Law: surveying the legal landscape*.

Cambridge: Cambridge University Press, 2004.

ZYLBERSZTAJN, Decio; SZTAJN, Rachel. Análise Econômica do Direito e das Organizações. In: ZYLBERSZTAJN, Decio; SZTAJN, Rachel (Org.). *Direito & Economia*. Rio de Janeiro: Elsevier, p. 1-15, 2005.

SITES CONSULTADOS

Anteprojeto de Reforma do Direito das Obrigações e Prescrição francês (Rapport Catala): <http://www.justice.gouv.fr/art_pix/RAPPORTCATALASEPTEMBRE2005.pdf>

Câmara de Comércio Internacional (CCI):
<http://www.iccbooks.com>
Código Civil alemão:
<http://www.gesetze-im-internet.de/englisch_bgb/englisch_bgb.html#p0828>
Código Civil argentino:
<http://www.codigocivilonline.com.ar/codigo_civil_argentino_1_22.html>.
Código Civil chileno:
<http://www.leychile.cl/Navegar?idNorma=172986>
Código Civil espanhol:
<http://civil.udg.es/normacivil/estatal/CC/4T2.htm>
Código Civil francês:
<http://www.legifrance.gouv.fr>
Código Civil italiano:
< http://www.jus.unitn.it/cardozo/Obiter_Dictum/codciv/Lib4.htm>
Código Civil português:
<http://www.portolegal.com/CodigoCivil.html>
Código Civil de Quebec:
<http://www2.publicationsduquebec.gouv.qc.ca/dynamicSearch/telecharge.php?type=2&file=/CCQ_1991/CCQ1991_A.html>

Código Civil suíço:
<www.admin.ch/ch/e/rs/2/210.en.pdf>
Código Civil uruguaio:
<http://www.parlamento.gub.uy/htmlstat/pl/codigos/CodigoCivil/2002/L4pltlcls3.htm>
Convenção de Viena de 1980 sobre Venda Internacional de Mercadorias (CISG):
<http://www.uncitral.org/pdf/english/texts/sales/cisg/V1056997-CISG-e-book.pdf>
Dicionário de inglês Longman:
<http://www.ldoceonline.com>
Dicionário de português Houaiss:
<http://houaiss.uol.com.br>
Draft Common Frame of Reference: <http://www.publications.parliament.uk/pa/ld200809/ldselect/ldeucom/95/95.pdf>
Jornadas de Direito Civil:
< http://www.jf.jus.br/cjf/cej-publ/jornadas-de-direito-civil-enunciados-aprovados/>
Princípios do Direito Contratual Europeu (Principles of European Contract Law – PECL):
<http://frontpage.cbs.dk/law/commission_on_european_contract_law/pecl_full_text.htm#pecl1>
Projeto de Código Civil e Comercial Argentino: <http://www.nuevocodigocivil.com/pdf/Texto-del-Proyecto-de-Codigo-Civil-y-Comercial-de-la-Nacion.pdf>
Relatório da União Europeia sobre Direito Contratual europeu: o Draft Common Frame of Reference:
< http://www.publications.parliament.uk/pa/ld200809/ldselect/ldeucom/95/95.pdf>
Superior Tribunal de Justiça:
<www.stj.gov.br>
Tribunal de Justiça do Estado de São Paulo:
<www.tjsp.jus.br>
Tribunal de Justiça do Estado do Rio Grande do Sul:
<http://www.tjrs.jus.br/site/>
Tribunal Regional Federal da 4ª Região:
< http://www2.trf4.jus.br/trf4/>
Tribunal Regional do Trabalho da 4ª Região:
<http://www.trt4.jus.br/portal/portal/trt4/home>
UNIDROIT Princípios dos Contratos Comerciais Internacionais (UNIDROIT Principles of International Commercial Contracts): <http://www.unidroit.org/english/principles/contracts/main.htm>

ÍNDICE

AGRADECIMENTOS	7
APRESENTAÇÃO	11
PREFÁCIO	15
SUMÁRIO	19
INTRODUÇÃO	21
1. CONTRATOS DE LONGO PRAZO	27
2. COOPERAÇÃO E CONTRATOS	77
3. ORIGEM DO DEVER DE COOPERAÇÃO – BOA-FÉ OBJETIVA	91
4. DEVER DE COOPERAÇÃO E DEVERES ANEXOS DE CONDUTA	127
5. QUEBRA DO DEVER DE COOPERAÇÃO E CONSEQUÊNCIAS	207
CONCLUSÃO	241
REFERÊNCIAS	245
SITES CONSULTADOS	259